砥砺奋进 追求卓越

上海四个"新作为"2017年基层实践

上海社会科学院　人民网上海频道 / 编著

编 委 会

总策划

刘士安（人民日报社上海分社社长）

于信汇（上海社会科学院党委书记、教授）

主　编

李泓冰（人民日报社上海分社副社长）

王玉梅（上海社会科学院党委副书记、研究员）

副主编

金煜纯（人民网上海频道负责人）

汤蕴懿（上海社会科学院党委宣传部部长、研究员）

编　委

轩召强（人民网上海频道采编中心主任）

徐峻音　姚懿晨　袁文慧（上海社会科学院党委宣传部工作人员）

序言一 | Foreword

新时代,再出发

97年前,中国共产党在上海这片热土诞生。

自此,兴业路76号这栋典型的石库门,成为滋养、激励无数革命者和建设者的红色圣地。

当历史的指针划过2018,上海这座以当好新时代全国改革开放排头兵、创新发展先行者为己任的光荣城市,正朝气勃发,奋楫争先。

回顾砥砺奋进的2017年,人民网上海频道认真贯彻落实人民日报社和人民网的部署要求,坚持正确导向,讲好上海故事,传播上海声音,紧紧围绕政治、经济、社会、文化、生态等主题,在"党建+互联网""上海自贸区""科创中心+互联网创业""基层社会治理"等领域进行了持续深入的采访报道,真实记录了上海改革发展的时代足迹。

对于媒体报道,有人曾感叹再新的新闻也会成为"过去式"。至于网络新闻更浩如烟海,一些曾引起良好社会影响的典型报道,也往往随时光流逝而难为人知,这不能不说是媒体工作者的遗憾。

正因此,人民网上海频道此次和上海社会科学院的合作,不啻为一种创新尝试——发挥社科专家学者的学术特长,对案例报道进行点评,以其思想深度和观点力量,赋予新闻作品新的活力,使其在更大范围、更长时间体现价值并服务社会，可谓优势互补、相得益彰的佳事。

收入本书的四大板块40余篇报道案例，从《人民日报》、人民网上海频道2017年数百篇原创报道中精选而来。这其中，既有"线上线下虚实融合激发新活力"的"党建＋互联网"，又有"政策创新，不负国家使命"的上海自贸区新征程，还有"筑造全球新高地"的科创中心建设新引擎，以及"绣花功夫巧解治理难题"的社会治理新气象，生动展示了上海贯彻习近平总书记指示精神，努力实现"四个新作为"的奋进之路，诠释了上海"排头兵""先行者"的豪迈气概以及"大胆试、大胆闯、自主改"的进取精神。

2018年是贯彻党的十九大精神的开局之年，是改革开放40周年，是决胜全面小康社会的关键一年。这一年的上海，必将大事、喜事连连。身处追求卓越发展取向、构筑发展战略优势、建设"五个中心""四大品牌"的上海，作为媒体工作者，我们要适应新时代、迎接新挑战，保持饱满精神状态和昂扬工作姿态，深入深入再深入，贴近贴近再贴近，努力写出无愧于时代的新闻作品。

迎着新时代，我们再出发！

人民日报社上海分社社长 刘士安

2018年1月

序言二 | Foreword

让专家"话域"回归大众话语

中国特色社会主义进入了新时代——党的十九大标定了我国发展新的历史方位,也吹响了向新目标奋进的嘹亮号角。

新时代标定新方位,新使命开启新征程。"不忘初心,牢记使命"——铿锵的誓言,如磐的信念,中国共产党人从上海石库门寻找初心的力量,在新时代新气象新作为中,整装再出发。

与时俱进,求新求变。新时代哲学社会科学理论缘何创新?现实需求使然。在习近平新时代中国特色社会主义思想的指引下,如何将理论创新的思维和视野深深扎根于中国大地,是对广大理论工作者提出的新要求。本书的编撰,紧紧围绕习近平总书记对上海提出的"四个新作为"要求,结合上海在"勇当新时代全国改革开放排头兵、创新发展先行者"目标下社会各界在基层党建、自贸区建设、科创中心、社会治理的基层实践展开。全书选取了《人民日报》、人民网记者近期采写的上海基层实践中的重点、热点案例,由上海社会科学院党委宣传部组织院内各领域专家学者进行深度点评。学者们把基层实践放在新时代的大背景下,放在快速发展的大环境中,全面把握国情、市情,在深入历史的积淀与现实的跃迁之中,厘清一个个关键发展环节的演进脉络,深刻认识中国特色社会主义新时代的主题,把握"新时代中国特色社会主义思想和基本方略"。

以人为本,润物无声。新时代哲学社会科学成果如何更好引导社会?回归大众话语。本书选取的案例全部来源于上海的基层实践,来源于大众需求,这为哲学社会科学领域专家的"话域"回归大众话语提供了基础。中国哲学社会科学的繁荣是在牢固树立以人民为中心的工作导向基础上的,在以实践性为本质特征的马克思主义语境中,理论、学术话语无论是内容还是形式都要以大众话语为基础。大众话语直接源于生活,蕴含着大众经验和智慧的丰厚积累,理论话语从大众话语中来,还要回到大众话语中去。建立中国哲学社会科学的道路自信、理论自信、制度自信、文化自信,需要哲学社会科学工作者最终回归大众话语,也只有这样,哲学社会科学才真正具有传播力和影响力。

创新表达,上海智慧。新时代哲学社会科学成果如何创新传播?融合发展共赢。上海社会科学院作为国家首批高端智库试点单位,近年来积极参与到国家和地方决策中,特别是为上海改革开放、开拓创新建言献策。人民网上海频道在总网和人民日报社上海分社的指导下,围绕党中央、上海市工作大局,采写、编发了大量新闻稿件,向全国、世界传达了改革开放"排头兵"的声音。人民网和上海社会科学院的合作,发挥了高端智库和中央媒体的双重优势,牢牢把握正确的舆论导向,立足定位、创新形式,营造了改革创新的浓厚氛围。

本书的编撰及出版之时,恰逢中国共产党十九大胜利闭幕。这既是社会科学研究者大展身手的时期,也是党的重要宣传平台再攀高峰的良机。相信人民网上海频道和上海社会科学院的联手,一定会坚持在突出主流价值的同时提供多重视角,在贴近现实热点的同时把握长远方向,架构起"觅理论传布之道、思中国发展之道、践使命履行之道"的成熟与成就。

征程万里风正劲,重任千钧再扬鞭。

把握历史方位,才能看清前行的方向,走好脚下的道路。我们有理由相信,高擎新时代中国共产党人的思想旗帜,以永不懈怠的精神状态和一往无前的奋斗姿态,必将书写出更加广阔、辉煌的未来。

上海社会科学院党委书记 于信汇

2018 年 1 月

目录 Content

序言一：新时代，再出发 ………………………………………… 001
序言二：让专家"话域"回归大众话语 …………………………… 001

第一篇　基层党的建设

红色基因融入上海城市血脉
　　——新时代、新气象、新作为 ………………………………… 003
三位居委会干部的一天
　　——"党建引领　多元共治"社会治理新格局 …………………… 013
线上线下虚实融合激发新活力
　　——上海探索"党建＋互联网"勇为先行者 …………………… 019
在学懂、弄通、做实上下功夫
　　——上海基层书记十九大学习笔记吐心声 …………………… 027
"党建服务站建在家门口"
　　——上海党建引领社会治理添亮点 …………………………… 032
上海国资国企党建有了"样板房"
　　——树标立范促基层党建"强根铸魂" ………………………… 039

扎根"服务+" "绿叶"也能变"红花"
　　——上海石化公司塑料部包装车间党支部新作为 ………………… 046
"三服务"工程　锻造"最美电信人"
　　——中国电信上海公司嘉定局南翔分局党支部争当排头兵 ……… 054
用心点亮明灯　守卫外电入沪主动脉
　　——国网上海检修公司特高压交直流运检中心练塘党支部树标杆 …… 062
"周四讲习所"带来红色电波
　　——上海创新党课形式与时俱进新作为 ………………………… 069
线上线下同频共振
　　——浦东新区沪东新村街道党工委探索基层党建新路径 ……… 075

第二篇　自贸试验区改革

深化"放管服"改革　营造良好营商环境
　　——上海新时代新思路再出发 …………………………………… 083
瞄准"最高最好"　打造"中国样本"
　　——上海定位"全球卓越"新坐标底气足 ………………………… 092
勇当改革领头雁
　　——上海自贸区建设探新路 ……………………………………… 104
政策创新不负国家使命
　　——自由贸易港区开启上海自贸区建设新征程 ………………… 109
3.0方案对标最高标准最好水平
　　——上海自贸区健全"四大体系"新作为 ………………………… 112
多设路标　不设路障
　　——上海自贸区"放管服"树起新标杆 …………………………… 118

挂牌数 4 年超过 20 年
　　——上海自贸区制度创新激发企业新活力 ………………… 124
自动"捆绑"缔造通关新速度
　　——上海海关驶入改革"快车道" ……………………………… 129
"十检十放"让贸易更"自由"
　　——上海国检模式创新结硕果 ………………………………… 134
发挥创新叠加优势引凤来
　　——保税区管理局先行先试促转型 …………………………… 140
示范引领尽展开放姿态
　　——上海银监局助力金融中心建设新作为 …………………… 145
从一枝独秀到百花盛开
　　——上海自贸区建设进入"3.0 时代" ………………………… 150

第三篇　科技创新中心建设

攻坚高端制造　咬定转型升级
　　——上海坚持科技创新驱动新理念引领新发展 ……………… 163
借力长三角　当好"领头雁"
　　——李强率团取经苏浙皖谋划共赢新思路 …………………… 167
"文创 50 条"解渴管用擦亮金名片
　　——打响上海文化品牌再添新动力 …………………………… 175
科创中心建设筑造全球新高地
　　——上海打造新一代创新引擎激活新动能 …………………… 183
消费互联网方兴未艾　"上海样本"走向全国
　　——"上海十大互联网创业家"评选折射发展新趋势 ………… 188

搞科研　拿项目的机会更多了
　　——不再"九龙治水"　科研管理进入"新时代" …………… 199
擦亮"上海文化"品牌
　　——"人民浦东"文创基金全国首创新模式 ………………… 204
创新创业带动就业
　　——黄浦区探索人才支撑双创型城区新模式 ……………… 214
当互联网生活方式成为一种潮流和文化
　　——上海互联网大咖余建军、黄峥、陈韦予创业启示录 …… 220
筑一道网络世界的"守卫长城"
　　——上海众人科技打造国民网络信息安全之"盾" ………… 230
打造科创中心南部核心区
　　——闵行区新定位实现经济发展方式转变新跨越 ………… 235
创业神曲唱出"酸甜苦辣"
　　——"创业浦东"全球青年创新创业大赛展现新气象 ……… 241

第四篇　社会治理创新

"绣花"功夫巧解治理难题
　　——上海创新社会治理奋力实现新作为 …………………… 251
从"传呼电话"到"公众号"
　　——上海基层社会治理"绣"出新花样 ……………………… 260
给公益项目插上"互联网+"翅膀
　　——陆家嘴街道探索"互联网+党建+公益"新模式 ……… 268
千年古镇的新时尚
　　——上海美丽乡村田园综合体有了样板村 ………………… 274

自筹资金圆了电梯梦 "银发族"不再望楼兴叹
　　——普陀区长征镇社区居民自治成样本 …………………… 281

微信"yi"平台解决小区烦心事
　　——闵行区梅陇镇社区自治共治新气象 …………………… 287

环境治理的"张江样本"如何炼成
　　——浦东新区张江镇整治违建新理念 ………………………… 293

城市骑手的"速度"与"激情"
　　——上海城市创新治理新挑战 ………………………………… 300

一碗惊动了李克强总理的馄饨
　　——梦花街馄饨复出折射上海社会治理新理念 …………… 311

打造新时代美好生活先行区
　　——周家渡街道启动全面建设"美好周家渡" ……………… 318

第一篇

基层党的建设

上海作为"党的诞生地",城市的红色基因是城市精神的重要来源。上海城市精神既是对上海城市历史文化的概括,也是改革开放新时期上海在建设国际化大都市过程中现代化价值的体现。红色基因把优良传统融入城市精神之中,让上海城市精神成为传承红色基因的重要载体。红色基因通过城市精神发挥着鼓舞士气、振奋精神的作用,引领上海的城市发展。

红色基因融入上海城市血脉
—— 新时代、新气象、新作为

点 评 汤蕴懿
上海社会科学院·党委宣传部部长、研究员

对今天的城市而言,文化是软实力,更是硬实力,文化传承与发展,是体现城市竞争力的核心资源。拥有丰厚的红色资源,是上海这座城市的光荣与骄傲。正是这份荣光,让历史赋予上海更重的责任与使命,也让新时代的光荣与梦想从这里起航。

上海作为"党的诞生地",城市的红色基因是城市精神的重要来源。城市精神是城市发展的内核,是城市独特文化传统与现代化价值的集中概括,一方面体现出城市地域文化的历史性,另一方面体现出城市发

展的时代性。在上海市第九次党代会上,时任上海市委书记习近平同志在工作报告中提出"与时俱进地培育城市精神,大力塑造海纳百川、追求卓越、开明睿智、大气谦和的新形象,使全市人民始终保持艰苦奋斗、昂扬向上的精神状态"。上海城市精神既是对上海城市历史文化的概括,也是改革开放新时期上海在建设国际化大都市过程中现代化价值的体现。红色基因把优良传统融入城市精神之中,让上海城市精神成为传承红色基因的重要载体。红色基因通过城市精神发挥着鼓舞士气、振奋精神的作用,引领上海的城市发展。

上海作为"党的诞生地",城市的红色基因更是上海建设全球卓越城市的核心价值所在。国际经验表明,全球城市在强化经济等硬实力的同时,往往更加注重培育文化软实力,特别是注重"国际文化的交流中心、具有独特人文精神的城市"内涵。2040年,上海将围绕"创新之城、人文之城、生态之城"建成"卓越的全球城市"。近年来,上海"四个中心"建设稳步推进,自贸试验区和具有全球影响力的科创中心建设成果初显,经济结构、质量和效益持续向好,全球资源配置能力不断增强,文化大都市建设取得长足进步,社会主义现代化国际大都市目标日益接近。同时,上海作为国际大都市,群众期待更高,要求也更高。解决这些发展不平衡不充分的问题,对我们的经济、政治、文化、社会、生态文明建设,提出了全方位的新要求。如何按照中央要求,进一步深入研究把握产业发展规律和趋势,加快推动产业向更高端迈进;瞄准世界科技前沿,加快集聚创新人才,加快向具有全球影响力的科技创新中心进军;探索建设自由贸易港,不断深化改革开放,需要坚持以习近平新时代中国特色社会主义经济思想为指引,强化道路自信、理论自信、制度自信、文化自信,为世界发展提供中国方案。

党的十九大对我国经济社会发展的重大战略进行了全面部署。中国特色社会主义进入新时代,关键要把握我国社会主要矛盾的变化。正如上海市委书记李强指出:"不忘初心本色,对标最高水平。"站在新的历史起点上的上海,要不忘初心,传承城市的红色基因,弘扬城市精神,牢记使命,永远奋斗,向着新时代全国改革开放排头兵、创新发展先行者的更高目标奋勇前进。

案例 上海红色基因如何为满城"保温"
2017年12月06日《人民日报》中央厨房·大江东工作室

党的诞生地在哪里?上海兴业路76号。

兴业路76号,中共一大会址纪念馆,一座小巧而不失优雅的老上海石库门民居,青砖黛瓦嵌巴洛克雕花,黑漆大门挂着铜环,周边,是代表着现代与时尚的上海新天地,高楼林立间,与一大旧址形成一个奇妙且融洽的气场。兴业路这条树影婆娑的小马路两侧,历史的风云变幻、时代的发展进步,一幕幕、一卷卷,如同在镜面流淌,与新中国每一个中国人的命运,紧紧相牵、相系、相连……

96年前,中国共产党第一次全国代表大会在这里举行。2017年,党的十九大闭幕仅一周,习近平总书记又带领新一届中共中央政治局常委来到这里,

上海有红色的原点（魏根生摄）

重温入党誓词,宣示"不忘初心、牢记使命、永远奋斗"。你知道吗？总书记与常委们,不是在兴业路下车的,他们选择在一大会址一侧的黄陂路下车,步行前来瞻仰这一红色原点,瞻仰党的诞生地！

这是一块红色的圣地。中国共产党人,正是从这里出发,一路征程行至中华民族即将迎来伟大复兴的今天。而这,也是上海这座城市的巨大荣光,这座海纳百川的东方大城,据此肩负起天然的使命与责任——孕育了中国共产党的上海,正以党的诞生地为辐射源头,不断将基层党建创新落在实处,让红色基因融入城市血脉,融入城市运转方方面面的毛细血管中去,不忘初心、奋楫前行。

"从50米、2公里直至更远"——党建红线贯穿城市脉络

梧桐掩映中,从中共一大会址纪念馆出发,步行约50米,就到了上海黄浦区党建服务中心。

"中心选址挑在这里,跟一大会址就隔条马路,为的就是与丰厚的红色资源形成联动并扩散开去,形成倍增效应。"中心主任程扬勇说,"一大会址是红色之源,我们做的,就是将红色资源引流扩散开去,传播红色文化,弘扬建党

精神。"

这一上海首个实体化运作的新建区级党建服务中心,既是担纲党建工作服务指导的枢纽型平台,也是党组织和党员教育管理的开放式阵地。中心直接辐射周边聚集的"两新"组织、白领党员,全面服务黄浦区3 200多个基层党组织,成立不到半年已经接待党员群众和外国友人2万多人。

拥有丰厚的红色资源,是上海这座城市的光荣与骄傲。正是这份荣光,让历史赋予上海更重的责任与使命——让红色基因融入城市血脉,永葆党的先进性和纯洁性,奋力走好新时代的长征路,加快建成社会主义现代化国际大都市。

红色的源与流,已经密布上海城乡各地,成为开拓未来的丰富资源和不竭动力。

中共一大会址纪念馆(屠知力摄)

从一大会址一直往南约2公里,便是黄浦区五里桥街道。它是上海基层党建的老典型,也是上海基层党建工作的一张名片。中共中央政治局委员、上海市委书记李强来沪工作后的首次调研,就选择到五里桥街道调研基层党建工作,推动学习宣传贯彻党的十九大精神。

"十九大报告提出,党要领导一切工作。对此,我们感受特别深切。"街道党工委副书记潘燕兵说,近年来,五里桥街道一直突出一条主线,就是以党建为引领,把党建作为中心工作贯穿在社区工作的方方面面,不断提升社区群众的获得感和满意度。

不只是五里桥一个街道,在上海,党建工作从来都不是虚的。上海市积极用好红色资源的辐射力,推进基层党建创新,发挥党员先锋模范作用,做到党建工作全覆盖、无遗漏,在全面从严治党、创新社会治理等方面有新作为。

地处虹口区的中共四大纪念馆,深耕红色资源和历史文脉,努力讲好中共四大和上海党的诞生地故事,使之成为党员干部群众追寻光辉历程、缅怀先辈伟业的又一红色地标。两年来,纪念馆共开展现场教学74次,服务各级党组织开展教育活动近400场,打造"党史教育校园行""党史宣讲青年志愿服务队"等品牌项目,先后走进近百所大中小学校,免费配送党史学习资料近10万份,有力增强了红色场馆的感染力和亲和力。

数据显示,目前上海全市16个区全部建立以区域化党建联席会为主要载体的协调机构,引导区域机关、企业参与到社区社会性、群众性、公益性工作中。落实"双报到""双报告"制度,40多万名在职党员到居住地或工作所在地社区报到。区、街两级年均实施区域化党建项目1.4万个。

"让停车不再难于上青天"——党建引领聚合治理资源

如今的上海,拥有2400多万常住人口,地铁日均客流达1100万人次,每天有500多万辆机动车上路行驶……治理好这座超大的现代化城市,营造出更干净、更安全、更有序的城市面貌,非得有以人民为中心的宗旨情怀才行,非得有如绣花般精细的管理水平才行。而党建工作,实实在在成了上海提升社会治理能力的重要保障。

"停车难,难于上青天!"

这还真不算玩笑,这是当年五里桥街道一次党建交流会上大家共同的感慨。没错,即便是文明和谐示范社区,五里桥街道也面临着市区街道党建最经

俯瞰上海（魏根生摄）

典的"麻烦"：居民区与企业园区并存，老城区与新城区共建。停车难便是这种局面的一道缩影。每到白天上班时间，园区内白领总是为停车位焦头烂额。临近的居民区正相反，由于普遍是老旧小区，居民晚上总为停车难头疼不已……

"错峰停车"是个解决办法，但说来容易，实现却不易——随着经济体制改革日益深化，长期存在的按行政层级、以部门条线为主体的基层党建体系，难以适应持续快速发展的客观实际。也就是说，即便是一个"错峰停车"的问题，面对的也是"两新"组织与居民区组织隶属不同党委管理，党建资源被隔离开来的局面。

痛点就是解决问题的起点，难点就是工作用力的重点。上海努力深化拓展区域化党建，打破行政壁垒，拆除封闭藩篱，把区域内关系互不隶属、层级高低不同、领域多元多样的各类党组织连接起来、统领起来，构建目标一致、协同运作、互利共赢的利益共同体，有效拓展了党建资源，提升了党在城市基层的执政能力。

获益于此，五里桥街道的党建资源得以打通整合。街道定期召开区域党建联席会议，合力解决居民迫切需要解决的问题。2017年以来，他们挖掘出了192个可供"错峰停车"的车位,并组织园区与居民区签订"潮汐式"停车管理公约。"以前上班天天愁车位。现在停到单位边上的小区,既方便又实惠。"上海圆周率文化传播有限公司执行创意总监倪海郡感到很满意。

在上海,不同的城区有着不同的特点,相同的是,党建都在社会治理中发挥着重要的引领作用。奉贤是上海的郊区,正处在经济快速增长、外来人口大量导入的发展期。当地将社区党建服务中心和村居党建服务站延伸到宅基、企业、街面,建在最"接地气""聚人气"的群众身边,有效激活基层党组织的"神经末梢"。

奉城镇洪庙一居委的"党建微家",就坐落在热闹的街口。"微家"掌门人黄渭根是老党员,群众声望高。他说:"我人虽然退休了,但党员的身份是不会退休的。"十九大闭幕后,他一直忙着给社区居民和外来务工者宣讲十九大精神。"我们党就是为老百姓干实事的。大家现在都小康社会、衣食无忧,就是共产党带给我们的。今后的日子,会越来越美好!"朴素的话语,正是老百姓心目中所理解的十九大。

"覆盖海归,还有小学生"——党建目标重在聚才育人

一个有活力的组织体系,必定是开放的。

上海经济开放度高,新技术、新产业、新业态、新模式迅速成长。面对商务楼宇、各类园区、商圈市场、网络媒体等新兴领域,如何把基层党组织有效嵌入经济社会发展最活跃的经络?

632米的上海中心大厦是"中国第一高楼",地处寸土寸金的陆家嘴核心区域。就在大厦的空中花园,免费辟出了一块非公党群服务阵地——"金领驿站"。在这里,有党史教育课堂、支部活动成果展示区、读书角、健身点、咨询服务和信息发布平台等也都是标配。

如今,陆家嘴金融城已在26个商务楼宇建成"金领驿站",覆盖280多个党组织、8 000多名海归和高知人员中的党员。"金融城的特点、自贸区的本质在于开放性,党的建设也要凸显开放性思维,以管用有效的组织形式协调各

上海陆家嘴区域高楼林立（魏根生摄）

方、整合资源。"上海自贸区陆家嘴管理局党组书记、局长王华说。

面对商务楼宇、各类园区、商圈市场、网络媒体等新兴领域，上海不断织密党的组织网络，全市近2 000个重点商务楼宇、270个区级以上园区、120个重要商圈、155个亿元以上商品交易市场实现党组织全覆盖。同时，建立互联网企业党组织830个，聚集起社会最具活力的年轻群体。

地处徐汇区的天平社区党组织，则在打造一个没有围墙的德育中心平台。

向阳小学一年级的学生朱沐恬，前一阵学着动手制作了一块蛋糕。让孩子雀跃参加的，是天平社区德育圈联盟组织的向十九大献礼活动。

面积只有2.69平方公里的天平社区，历史文化积淀深厚，宋庆龄、陶行知等100多位历史名人曾居住于此，区域内有14所学校。"优质资源这么集中，非常罕见。如何将资源与德育结合，是我们的关注点。"天平街道党工委副书记、天平社区德育圈联盟主持人张健慈说。

2014年起，这个街道与上海社会科学院合作，打通家庭、学校、社区之间的横向联系，联手打造全国首个社区公共德育圈。"既然可以打造步行30分钟之内的绿化圈、体育圈、医疗圈，就完全可以依托社区各类资源，打破围墙，有效打造德育圈，这也是城市基层党建工作的重要组成。"上海社会科学院文明办主任王泠一感慨:"名校不能光讲升学率,更要树德育人。"

随着"德育圈"项目发展壮大,成长中的孩子们积极利用暑期社会实践等平台,探索未成年人自我教育、自我发展的有效路径。党建,正在孩子们心中留下深刻烙印。

曹玲娟　叶　琦

人民日报社

三位居委会干部的一天
——"党建引领 多元共治"社会治理新格局

点 评 齐凌云
上海社会科学院·政治与公共管理研究所助理研究员

强化城乡社区自治和服务功能,健全新型社区管理和服务体制,形成人民当家作主、共建共治共享的社会治理格局是党的十九大提出的新的社区治理思路。上海市积极响应党中央的号召,在创新社区治理模式方面进行积极探索,通过转变街道一级政府的职能、下沉和充实社区资源、有效吸纳社区自治组织和群众的积极参与、购买第三方服务等方式逐步改变以行政为中心的社会管理方式,打造一个党建引领、多元共治的社会治理格局。

第一，转变理念，形成"共治"思路。由管理模式向治理模式的转变首先是理念的转变，在治理模式下，不再是政府一家在"唱独角戏"，社会组织和社会团体也是多元治理中重要的主体，只有真正实现理念的变化，才能主动适应社区治理模式的根本转变，才能愿意由党政组织来搭台，实现多元主体共同参与的社区共治模式。

第二，培育社会组织，引进和购买服务资源。社会组织的成长与壮大是社区自治与共治的前提。目前，社会的自治组织还比较少、比较弱，社区的自我治理能力有限。因此，可以通过扶持和培育社会组织的方式来培育参与社区自治的一些主体。此外可以通过购买第三方服务的办法来引进服务。

第三，加强党的基层组织建设，培养一支优秀党务工作者队伍。在多元共治的现代治理体系中，党的基层组织要发挥有效的领导者的作用。这样就需要培养一支优秀党务工作者队伍，通过优秀的人才到基层建设中去，才能在多元共治中实现党组织的引领作用。文章中所提的三位优秀的居委会干部用自己充实、忙碌的一天，生动阐释了作为"小巷总理"的居委会书记在创新社区治理模式的过程中所发挥的重要作用。

案例 党建引领　多元共治——三位居委会干部的一天
2017年08月16日《人民日报》12版

"搭起有温度的自治平台"——静安区洛善居民区党总支书记黄蓓的一天

2017年7月28日，上海，8点30分。许多人还在上班早高峰路上突围，静安区共和新路街道洛善居民区党总支书记黄蓓和她的同伴们已经开始一天的工作。

9点不到，有居民送来清理好的利乐包装盒、塑料袋等回收垃圾。"明天就是社区一月一次的'绿伙伴'活动日，来送废旧包装、电子废弃物的居民会更

洛善社区居委会环保回收利乐包装、塑料袋（屠知力摄）

多。"黄蓓说。

整理好环保回收站，黄蓓穿过小区绿地，去看居民区西门旁的"悠悠农场"。悠和家园小区去年开始"垃圾分类减量"试点，居委会众筹了资金，引进公益组织和专业设计团队，改造垃圾厢房，干湿垃圾分类，不到20平方米的厢房屋顶建起了小农场，厨余垃圾交给小区花友会给"悠悠农场"培育堆肥，形成绿色循环。

算算小区里各类项目，仅2017年新开展的就有17个。"这么多项目要管理，忙不忙？"

"忙啊！不过，许多活动都是居民自主管理，我们忙的是搭建一个好平台。"

居民区年轻白领多、工作忙怎么办？黄蓓有办法：既然年轻人爱上网，那就把居委会延伸到网上，建立"网上居委会"平台，方便居民随时随地表达意见诉求。

有些问题超出了居委会能力范围怎么办？黄蓓有另外的"法宝"——约请制度，由居委会直接约请区里相关职能部门、单位，共同研究解决居民区实际问题。

2015年8月,"网上居委会"有帖子反映,小区附近的加油站存在安全隐患。黄蓓根据相关程序,约请规土、消防、工商部门以及加油站所在企业,和居民面对面,将问题一一摊开,逐条过关。企业则组织居民参观加油站,新增安全防护措施。最终,问题得到圆满解决,加油站也和居民区结成了共建关系。

"搭建一个有温度的平台,才能相互牵手,共建温暖的社区。"黄蓓说。

郝　洪

人民日报社上海分社

"社会组织让基层自治更专业"——杨浦区开鲁新村片党委书记范伟华的一天

2017年7月28日一早,杨浦区开鲁新村片党委书记范伟华正参加殷行街道社区自治办召集的会议,对社区治理引进第三方社会组织后提出的具体项目进行梳理。

开鲁新村所在的殷行街道,是上海最大的一个社区基层单位,辖区内有50个居委会。去年开始,街道在前期试点礼治社区建设基础上,以开鲁新村片为试点,探索片状礼治社区建设新路径。

前些年,开鲁一村12号楼在楼组长颜秉周的发动下开始楼组自治,但基本停留在搞搞卫生、刷刷墙壁上。

2015年后,随着街道成立"自治达人"俱乐部,通过政府购买服务方式引入馨宁、乐心这两家社会工作服务中心,老颜感觉到"自治"这文章越来越大了。项目开展一年间,社会组织的专家们向"自治达人"分享了一系列切合实际的社工实务技巧。2016年年初,在街道自治项目表彰会上,12号楼组获得"年度优秀"和"最佳展示"两项大奖。

如果说之前的楼组自治还只是相对单一的小项目,那么建设礼治社区则是一个系统工程。在专业社会组织给出的最新版《礼治社区建设导引》中,大到建设礼治社区的意义概述、背景,小到楼组建设的几十项评估标准,都在厚达 100 页的册子中一一写明。

"说实话,居委会干部人手有限、能力有限,做一些小活动还行,这么系统的工作我就感觉脑子不够用了。"范伟华说。现在,整个建设过程中,第三方社会组织全程参与,从前期调研、问题诊断到建立平台、辅导培训、监测督导直至最后的建成评估。范伟华感慨道:"有了社会组织参与,我们基层自治更加专业、规范、高效了。"

励 漪

人民日报社上海分社

"党建联合体打破围墙之隔"——浦东新区莱阳新家园居民区党总支书记奚小会的一天

在上海,区域化党建是基层共治的最大平台。"党建联合体打破围墙之隔,将专业服务带到了百姓家门口。"奚小会说。

奚小会是浦东新区沪东新村街道莱阳新家园居民区党总支书记。2017 年 7 月 28 日上午,她早早就到了办公室,等待市政公司来疏通小区下水道。

当天气温达 38 摄氏度,8 点 30 分不到,顶着洗洁精与油污结块散发出的阵阵恶臭,作业人员开始认真清理、疏通……路过的小区居民杨宝善老人忍不住连连点赞:"再有台风雨季来,我们也不担心了。"

沪东新村街道党工委副书记邓亮介绍说,2015 年,金桥市政与沪东街道结成党建联合体,10 多家养护公司与居民区签订对口服务协议,为居民区提供专业服务。

沪东新村街道的党建联合体是上海社区区域化党建的一个缩影。2004 年,上海出台《关于加强社区党建和社区建设工作的意见》,正式启动区域化党建工作,社区中原本没有交集的机关、学校、医院、企业,都被党建这条红线联结起来,社会优势资源被广泛整合,助力公共服务。

下午 3 点,居民区周边的大药房、超市等单位,以及业委会、物业公司、社区民警等齐聚一堂,召开社区"文化度夏"区域化党建联席会。

"我们可以出节目,也可以为居民们提供一些茶饮。"浦东卫生管理资源中心首先发言。

"我们出几个舞蹈节目没有问题。"博艺教育也不甘落后。

一个小时的讨论,问题都解决了。

奚小会满意地露出笑脸:"现如今我们的职责不再是戴着红袖章摇铃铛,真是要考虑如何激活区内资源,做好新形势下的'小巷总理'这个角色。"

唐小丽
人民网上海频道

线上线下虚实融合激发新活力
——上海探索"党建+互联网"勇为先行者

点评 李佳佳
上海社会科学院·政治与公共管理研究所助理研究员

习近平总书记指出,互联网是我们面临的"最大变量",如果党过不了互联网这一关,就过不了长期执政这一关。随着党员"数字原住民"比重持续攀升,传统的党建方式对党员特别是年轻一代党员的吸引力和凝聚力在降低。上海的党建工作以信息化、网络化、数据化推进全面从严治党、加强党员教育,让基层党的建设更好地服务党员、联系群众,在探索"互联网+党建"方面敢为先行,勇于创新,为互联网时代党的建设提供了诸多有益尝试。诸如通过"线上线下"的创新模式,提

高了对基层党员特别是网民党员的吸引力;通过多媒体的综合运用使党员的教育、管理和服务工作更为有效和便捷;零距离、嵌入式、接地气的"智慧党建"激发了基层党建工作的新活力,使基层党组织和党员成为社区治理的中坚、公共生活的楷模、政治行动的导向。随着"互联网＋党建"实践的有效展开,我们党将会在互联网时代不断创新组织架构、运作形式和执政方式,在践行网络强国战略中不断推进党的执政能力现代化。

案例 "党建＋互联网"上海勇为先行者

2017年04月26日人民网上海频道

"让我们用一百天学习习近平总书记重要讲话……"拿出手机,打开"喜马拉雅音频"APP,点击"党课随身听"中"习近平重要讲话百日学"第60篇……周末午后,伴随着柔和舒缓的声音,上海市闵行区漕河泾镇党总支委员范斌边洗碗边开始了自己的党员学习。

实际上,这般有意思的场景仅仅是上海积极创新"两学一做"学习教育模式的一角——去年年底,上海市党建服务中心率先在移动客户端中加入党课学习功能,运用新媒体技术将党的声音传递到党员的日常生活中。

2016年10月9日,习近平总书记在中共中央政治局就实施网络强国战略进行第三十六次集体学习时指出:"各级领导干部特别是高级干部,如果不懂互联网、不善于运用互联网,就无法有效开展工作。各级领导干部要学网、懂网、用网,积极谋划、推动、引导互联网发展。"前不久召开的全国组织部长会议上,赵乐际指出"要推动基层党建传统优势与信息技术高度融合"。

上海作为全国经济、金融、贸易中心，硬件和基础设施建设、城市化水平、信息化发展程度、网络普及率及接纳度都处于较高水平，近年来，许多基层党组织已经在运用互联网加强党员教育、听取党员意见、汇聚党内智慧、动员党员群众方面创造和积累了诸多宝贵经验。

"上海的党员结构日益呈现出青年党员多、高学历党员多、白领党员多的特点，普遍工作节奏快、时间碎片化明显。因此，信息技术在城市基层党建工作中的重要性愈加凸显，线上与线下相结合、虚拟与现实相融合必不可少。"上海市党建服务中心告诉记者。

其实，在上海，一场围绕党建信息化线上线下结合的创新，已经在基层一线悄然展开，全面开花。以新媒体为介，党建工作愈加"接地气"，看得见、摸得着、感受得到。

"线上线下"模式创新激发新活力

"现在有了'随身听'，随时随地都可以听，内容还很实用。"之所以叫"党课随身听"，顾名思义，便是党员可以根据自身的需求随时随地收听。

对于徐汇区82岁老党员孙老伯来说，党课可以"随身听"让他感觉回到了听广播喇叭的美好岁月。原来，由于行动不便，住的地方又离社区远，家里人便帮老人下载好党课，孙老伯听完后连连说好。

在浦东新区周浦镇，用手机听党课已经成为党员最时尚的学习方法。周浦社区党校"微党课"，自从去年上线以来，就因便捷性受到了广大基层党员的点赞。

"无论是在职年轻党员还是退休老党员，都可以随时随地学，有效整合、利用了党员'碎片式'学习时间，大大提升了基层党员教育的覆盖率。'互联网＋微党课'的形式，让党课有了新模式，实现了基层党员教育的信息化、便捷化。"周浦镇党建服务中心主任夏晓霞说。

"好样的，吴敏霞！你用实际行动为党旗增辉，不愧为一名优秀党员，也是广大党员的楷模！点赞！"在有着18万多粉丝的"上海基层党建"微信后台，有很多类似的留言。

周浦青年党员听党课（周浦镇党建服务中心供图）

在"两学一做"学习教育中，上海市党建服务中心以基层优秀党员为对象，摄制了11部《我是党员》系列微视频，在党员和广大观众中引起强烈反响。同时，反映上海歌剧院复排《长征组歌》的纪实片《歌声嘹亮》和《国之歌》等，同样好评不断。

"三十年前，我是连指导员、党支部书记，由我介绍并带领张鸿，在炮火硝烟的战场上向党旗宣誓入党。那种勇担重任、敢打敢拼、不怕牺牲、乐于奉献的精神，他仍然还保留着。我为弘扬社会的正气、民族的脊梁精神点赞！……一个曾经参战现已退休的老党员。"在"浦东党建"微信的留言板，记者看到这样一段话。

2016年，浦东新区推选出48位"善创新、敢担当、有作为"浦东好干部。新区组织部创新地运用新媒体平台"浦东党建"微信，将身边的好干部展现在广大网友面前。"3个月时间里，有几万次点击、上千个赞、几万条留言……咱浦东好干部成了朋友圈里的'口袋书'。"浦东党建服务中心告诉记者。

"互联网＋时代，浦东新区运用'互联网＋党建'的模式，通过微信搭建网友与党员学习交流的平台。最细节的故事、最平凡朴素的语言、最真实的现场图片，大家看着故事，如身临其境，对党员干部的工作环境和喜怒哀乐感同身受。"浦东新区区委组织部向记者介绍。

认领"微心愿"党员便捷圆梦送温暖

"今天能拿到帮扶家庭的地址和信息吗?当天拿到我们当天就采购电视机,第二天就送温暖上门,一定确保最快的速度。"新年伊始,某爱心企业上海运营总监徐阳、总经理储开逢便匆匆来到上海中心金领驿站,希望认领一个"浦东党建"微信平台困难家庭的微心愿。

这是"浦东党建"微信平台启动的"情暖冬日——扶贫攻坚我助力"第三期微心愿征集活动,面向浦东新区范围内137个经济薄弱村内的困难群众。

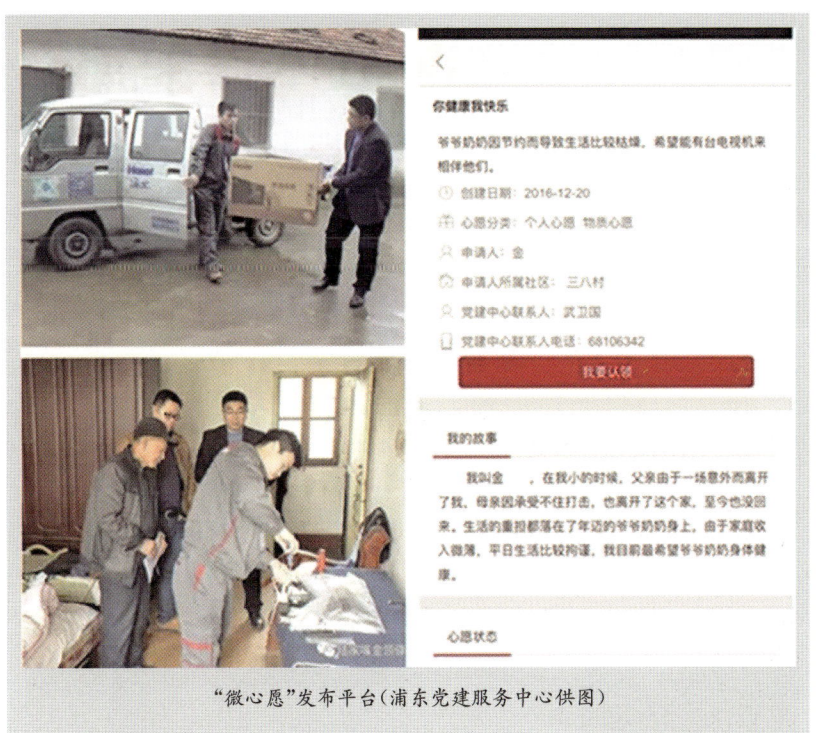

"微心愿"发布平台(浦东党建服务中心供图)

"一个月不到,全区各级党组织、党员群众通过'浦东党建'微信平台认领微心愿,312个微心愿一一实现。"浦东新区党建服务中心相关负责人告诉记者。

与"微心愿"一样,为了方便党员参与社会治理,在社区发挥先锋模范作用,被搬上互联网的还有"在职党员"。

以往党员报到,必须到各居委登记。如今,这一过程都可以通过手机完成。党员们只要借助微信号里的菜单栏,填写相关信息,就可以完成在职党员报到。今天,通过"上海基层党建"公众号,已有6万党员到社区报到。

小小一块手机屏,背后却连接起了每一个党员的热情,连接了社区单位的各类资源,这就是"互联网+"思维下,上海基层党建呈现出的新面貌。

远程"微课堂"党员学习实现"零距离"

为什么必须进行探索创新?基层党员和党组织负责人最有发言权。

对于青年党员浏阳来说,日常生活就是一个"忙"字。"遇上社区里通知的党员培训、党课活动,常常因为抽不出时间而错过。作为一名党员,我非常清楚须不断更新自己的党性涵养,经常参加组织生活,但心有余而力不足。"浏阳

杨浦区平凉路街道社区党校远程教育现场(杨浦区党建服务中心供图)

的话,道出了不少青年党员的心声。

经过数十年的发展完善,党员教育培训形成了"三会一课"、专题教育、集中轮训等制度,依托各级党校和爱国主义教育基地等阵地,拓展现代远程教育、报刊、电视、网络等媒体,发挥了不可替代的作用。

但在高速发展的现代社会,党员教育开始遭遇窘境。在时代的变迁中,人们固有的学习、工作与思维方式都在潜移默化中改变,党员教育工作也从内容到形式、从观念到载体都面临着前所未有的挑战。

杨浦区平凉路街道社区党校运用远教平台,采取"实地参观一次党建服务中心、举办一次专题党课、观看一部远教短片、开展一次座谈讨论"的方式,为基层党组织打造定制党课,加强党员教育管理。

"通过大数据分析,做到教育课程设置与党员需求的'零距离',互联网＋党建,让我们做到了方便教育、方便管理,更加方便党员。"杨浦区党建服务中心主任缪静深有体会。

在年轻人"扎堆"的徐汇区虹梅街道社区党校,党员教育采取"参与式学习、体验式成长、行动式研究"。在"两学一做"学习教育中,虹梅街道党校开展了"听说读写行"的课程教学计划,让年轻党员在活动当中进行学习、有所收获。

嘉定区通过推动政治学习进宅基、组织生活进家门,就近就便开设党员学习"微课堂",使得党员不出居村、不出楼组,不出宅基,便可参加学习、参加活动。"现在,参加活动更加便捷了,互相之间更加熟悉了,活动更加丰富了,感情更加深厚了。"老党员们如是说。

此外,2016年上海还命名全市70家党性教育基地和4家入党宣誓基地,党性教育基地成为党建思想宣传"主力军"。

党建进家门畅通服务"最后一公里"

地处上海远郊的奉贤区奉城镇,如今,"党建微家"成了基层一线党建阵地。镇党委在农宅、社区、企业里的党建服务阵地,不少党员腾出了自家客堂间来作"党建微家",供党员活动。

"'党建微家'把党旗插在了农村宅基上,农村党员干事热情更高,村民感觉也更踏实了!"75岁的"微家掌门人"金桂福告诉记者。

近年来,由于党员人户分离、人口老龄化、常态化教育管理机制缺失等原因,部分基层党组织作用和功能出现弱化。为了更好地发挥党员联系群众的作用,一批建在居民、村民家门口的党建服务阵地应运而生。

2015年,上海市委出台"创新社会治理 加强基层建设"的"1+6"文件之后,全市加快推进各类党建服务站点建设。"截至目前,全市居村及以下党建服务站点合计超过万余个。"上海市党建服务中心相关负责人向记者介绍。

闵行区在开展"创建全国卫生城区"活动中,各党建服务站做了将民意、问题进行梳理归类、跟踪反馈等工作,配合"说说百姓身边的烦心事,看看闵行的短板在哪里"的大讨论活动,把上级党组织的声音、关怀、服务及时送至党员群众的家门口,被党员群众纷纷点赞。

"有了居村党建服务站点,多了一个上级党组织联系服务群众的桥梁和平台,有效促进了上级党组织工作重心的下移。"一位村居书记这样评价。

"星星之火、星罗棋布",如今,在上海,零距离、嵌入式、接地气的居村党建服务站点,正日益成为基层党建工作的第一线阵地,成为基层党组织和党员开展活动、发挥作用的根据地,也越来越成为上海党建引领社会治理创新的一抹亮色。

董志雯　轩召强
人民网上海频道

在学懂、弄通、做实上下功夫
—— 上海基层书记十九大学习笔记吐心声

点评 王 芳
上海社会科学院·社会学研究所助理研究员

十九大精神的学习贯彻能否深入实践,关键在于基层。五里桥街道作为上海基层党建的先进,在落实学习贯彻党的十九大精神上,围绕"学懂""弄通""做实",在基层党建工作方面具有创新性和新亮点。也因此,上海市委书记李强到任后的第一次调研,便来到黄浦区五里桥街道社区党建服务中心,与基层干部一起交流学习心得,带头学,带头写,为基层书记作出表率,不断推动十九大精神进社区、进企业、进校园,使十九大精神深入基层、深入人心。而作为基层街道党工委书记,要推动十九大精神落地,就必须坚持以人民为中心,践行全心全意为人民服务的根本宗旨。五里桥街道党工委书记在工作中坚持需求导向、问题导向、效果导向,努力解决实际问题,深入走访社区和市民群众,了解实情,倾听诉求,围绕人民群众在为民服务、城区环境、社区安全等方面最关心最直接最现实的利益问题,积极探索实践,化解难题,用实际行动让身边的老百姓得实惠,体现了上海基层组织对十九大精神的深入学习和贯彻落实。

案 例　上海基层书记十九大学习笔记
在学懂、弄通、做实上下功夫 全面贯彻落实十九大精神

2017年12月19日人民网上海频道

举世瞩目的中国共产党第十九次全国代表大会已于2017年10月下旬顺利闭幕,全国各地随即掀起了学习宣传贯彻十九大精神的高潮。12月4日,李强书记在《人民日报》发表署名文章《牢记嘱托　勇担使命　建设和守护好中国共产党人的精神家园——深入学习贯彻习近平总书记瞻仰中共一大会址时的重要讲话精神》。市委书记带头学,带头写,为基层书记作出了表率。

十九大精神的学习贯彻能否深入实践,关键在于基层。2017年10月30日,上海市委书记李强到任后的第一次调研,是在黄浦区五里桥街道社区党建服务中心。为何这里能成为李强书记调研的第一站?五里桥街道在落实学习贯彻党的十九大精神上有何创新和亮点?

在学懂、弄通、做实上下功夫

学习宣传贯彻落实好党的十九大精神,是当前的首要政治任务,结合上海市委书记李强提出的"使十九大精神深入基层、深入人心"的工作要求,五里桥街道党工委在区委的坚强领导下,精心组织,周密安排,在学懂、弄通、做实上下功夫,努力把十九大精神贯彻到工作各领域全过程。

上海市黄浦区五里桥街道工作委员会书记、人大工委主任沈永兵

围绕"学懂"。我们把学习活动覆盖社区、机关、企业、园区、社会组织等各方面,做到原原本本学习《报告》,原汁原味领会精神。如通过观看直播、自学、讨论、专题党课等形式组织各级党组织和广大党员认真研读十九大报告和新修订的党章,让大家熟悉原文、熟知要点;通过学习辅导读本,结合学习《人民日报》、新华社等权威媒体刊发的评论员文章,帮助大家领会精深、把握关键;邀请十九大代表现身说法谈体会,进一步增强广大党员的"四个意识"、坚定"四个自信",使大家始终在思想上、政治上、行动上同以习近平同志为核心的党中央保持高度一致。

围绕"弄通"。我们丰富学习形式,在思想交融和智慧碰撞中加深各方对党的十九大精神的认识理解。如依托社区党校阵地,开展"两新"组织晚自习、专家理论宣讲团主题讲座;以基层党建信息化建设为契机,组织基层党组织书记通过网络开展微党课导读;借助区域化党建平台优势,组织区域化党建联席会议成员单位共同开展讨论。努力引导广大党员干部准确领会十九大精神的思想精髓、丰富内涵、精神实质、核心要义,做到入脑入心,使学习取得实效。

围绕"做实"。我们对标十九大对基层党建和社区治理提出的新要求,把落实党的十九大精神同贯彻党中央的战略部署、上海市委区委的工作要求和我们街道的重点工作任务推进有机结合，充分依托街道党建工作优势，整合区域内各类资源，通过推进"和美五里"建设，带着问题学，奔着问题去，边学习精神，边转化成果。如针对辖区老龄化现状，推进了综合为老服务中心建设；针对社区居民、园区白领停车难问题，制定了错时停车互助计划；针对居民反映较为强烈的违章搭建、无序设摊、跨门营业等城市顽症，开展了社区生态环境综合治理，得到了社区居民的肯定和认可。

五里桥成为李强书记调研的第一站

10月30日下午，李强书记来到五里桥街道党建中心调研基层党建工作，推动学习宣传贯彻党的十九大精神，并在我们社区党校参加"十九大精神学习讨论座谈会"，与基层党员同志一起交流学习心得体会。

李强书记在调研时指出，刚刚胜利闭幕的党的十九大令举国振奋、使全球瞩目，是具有里程碑意义的一次重要大会。当前，我们首要的政治任务和工作主题就是学习宣传贯彻党的十九大精神，要推动十九大精神进社区、进企业、进校园，使十九大精神深入基层、深入人心。要从三个方面进一步深刻领会和把握：一是深刻领会和把握十九大的重大意义和重大贡献；二是深刻领会和把握十九大提出的新思想、新论断、新要求；三是深刻领会和把握十九大新时代党的建设的总要求。

五里桥街道的党建服务中心作为调研的第一站，一方面，说明李强书记非常重视和关心十九大精神在基层的贯彻落实情况；另一方面，李强书记一再强调要深入基层大兴调查研究之风，第一站就选择基层，充分展现其带头宣传、身体力行的扎实作风，具有鲜明的导向性。此外，五里桥街道又是上海基层党建的老先进，我们的情况具有一定的典型性。

不忘初心　推动十九大精神落地

中国特色社会主义进入了新时代，作为基层街道党工委书记，我最大的体会就是要不忘初心、牢记使命，努力推动十九大精神在我们五里桥街道落地生根,开花结果,把人民对美好生活的向往作为我们今后工作的奋斗目标,通过不懈努力,让人民群众过上更加幸福美好的新生活。

具体来说,要推动十九大精神落地,就必须要坚持党对一切工作的领导。党政军民学,东西南北中,党是领导一切的,作为基层街道,我们要进一步加强党建引领,通过拓展和深化"4+1"工作法、完善党建网络、推进区域化党建等工作,发挥好各基层党组织和党员作用,筑牢发展根基,通过服务群众增强党组织的凝聚力,巩固党的执政基础,使人民群众更加自觉地热爱党、跟党走。

要推动十九大精神落地,就必须坚持以人民为中心,践行全心全意为人民服务的根本宗旨。人民对美好生活的向往,就是我们的奋斗目标,一方面,我们要坚持以人民为中心的发展思想,对照十九大精神找差距,补短板、强弱项,深入推进保障和改善民生各项工作,不断增强人民的获得感、幸福感;另一方面,我们要坚持人民当家做主,组织引导社会力量参与社区治理,加强居民群众自治基础性建设,并通过学习其他街道的先进经验,更好地汇聚各方力量,构建"四治一体"的社会治理新格局,让人民群众生活得更方便、更舒心、更美好。

要推动十九大精神落地,就必须坚持需求导向、问题导向、效果导向,努力解决实际问题。李强书记提出的"三个导向"为我们明确了工作思路,我们要继续以"和美五里"建设为契机,大兴调查研究之风,深入调研走访"两新"组织、城区社区和市民群众,更好地了解实情、倾听诉求,围绕人民群众在为民服务、城区环境、社区安全等方面最关心最直接最现实的利益问题,牢牢把握需求导向、问题导向、效果导向,积极探索实践,化解难题,用实际行动让身边的老百姓得实惠。

沈永兵
上海市黄浦区五里桥街道

"党建服务站建在家门口"
—— 上海党建引领社会治理添亮点

点 评 来庆立
上海社会科学院·中国马克思主义研究所助理研究员

中国特色社会主义的本质特征是中国共产党的领导,党的领导是通过各级党组织卓有成效的工作来实现的。社会治理不单纯是维护社会秩序,而且还要把党的领导植根于基层,植根于人民群众之中。创新社会治理,就是在党组织领导下,组织群众依法管理基层社会事务,只有把基层党组织建设好,才能为社会治理和基层建设提供坚强有力的组织保证。所以,加强基层党的建设、巩固党的执政基础是贯穿社会治理和基层建设的一条红线。在以党的建设引领社会治理创新

方面,上海走在全国前列。将"党建服务站建在家门口",就是上海党建引领社会治理的一个创新型举措。上海在"1+6"文件之后,全市加快推进各类党建服务平台建设,着眼于打造"街镇社区党建服务中心、居村党建服务站、单元党建服务点"的基层党建阵地体系。尤其是居村党建服务站建设"延伸到家门口",构建零距离、嵌入式、接地气的一线基层党建工作阵地,推动党建工作和服务全覆盖,实现党建"大服务",为基层党的建设引领基层社会治理创新的新实践提供了上海经验、上海智慧和上海方案。

案例 "党建服务站建在家门口"上海党建引领社会治理添亮点
2016年12月22日人民网上海频道

"自从有了居村党建服务站点,基层党组织发挥战斗堡垒作用就有了重要阵地,党员在居村发挥先锋模范作用就有了载体平台。""站点建在了家门口,阵地就在我们身边。"近日,有基层党组织、党员向记者这样反映。

2015年,上海市委出台"创新社会治理,加强基层建设""1+6"文件之后,全市加快推进各类党建服务站点建设。"截至目前,全市居村及以下党建服务站点合计7000余个。"上海市党建服务中心相关负责人向记者介绍。

"加强居村党建服务站点建设，是深化落实市委'1+6'文件精神，推动党建引领社会治理创新的有效举措，也是深化城市基层党建工作，拓展基层党组织政治功能和服务功能的重要抓手。"近日，上海召开推进居村党建服务站点建设现场会，市委组织部副部长郑健麟指出。

聚力平台　基层党建阵地体系更加健全

地处上海远郊的奉贤区奉城镇，如今，"党建微家"成了基层一线党建阵地。镇党委在农宅、社区、企业里的党建服务阵地，不少党员腾出了自家客堂间来作"党建微家"，供党员活动。

"'党建微家'把党旗插在了农村宅基上，农村党员干事热情更高，村民感觉也更踏实了！"75岁的"微家掌门人"金桂福告诉记者。

近年来，由于党员人户分离、人口老龄化、常态化教育管理机制缺失等原因，部分基层党组织作用和功能出现弱化。为了更好地发挥党员联系群众的作用，一批建在居民、村民家门口的党建服务阵地应运而生。

据了解，上海正着眼于整合资源、延伸功能、做强平台，正着力打造"街镇社区党建服务中心，居村党建服务站，楼组、楼道、宅基地、街面等单元党建服务点"的基层党建阵地体系。

徐汇区凌云街道各居民区党建服务站依托梅陇三村"绿主妇"、梅陇五村"茶友沙龙"、梅陇九村"创意环保手工制作"等居民区自治团队，围绕小区生活重点难点问题开展工作，带动居民群众群策群力，协同治理，在促进邻里和谐方面发挥重要作用。

静安区临汾路街道闻喜路555弄居民区，2010年时曾诞生了14户"世博人家"，成为向海内外宾客展示社区文化、上海魅力的名片。世博会结束后，街道党工委传承世博党建的好方法，动员其中的党员在家门口换上了"党员之家"的牌子，向小区居民、楼组党员敞开大门，成为楼组居民党员议事、活动的阵地。在他们的带动下，越来越多的党员亮明身份。现在，已有200多党员家门口挂上了"党员家庭"的牌子，党小组活动也从原来局限在党小组长家，到现在党员抢着"做东",在"党员之家"轮流开展。"党员带头走访,让邻里间关系和谐了,小区的事情也好办了。"街道负责人告诉记者。

杨浦区设立的党建服务站为居民区自治提供场地,由党员骨干、业委会、物业公司等共同组建"议木堂""党建议事亭""党群议事会"等,发挥引领服务、反映诉求、化解矛盾作用。服务站为"双报到"工作提供舞台,驻区单位与居民区党总支结对共建、担任"大总支"委员,在职党员认领服务站公益项目,共同开展随手公益、健康咨询、文体活动等。

"居村党建服务站点的建立,有效缓解了居村党组织资源不足的矛盾,有效激活了居村党组织、居住单元党支部或党小组联系服务群众的动能,也有效激发了居村党务干部、党小组长、党建志愿者等骨干参与党建服务、社会治理的热情。"上海市党建服务中心相关负责人告诉记者。

一个个小站点,推动党建工作和服务全覆盖,实现了党建"大服务"。

学习课堂　党员参与党组织活动更加便捷

静安区共和新路街道洛善小区是一个高档商品房小区。居民区党总支在物业公司党组织的大力支持下,把小区会所打造为居民健身、娱乐的场所,布

共和新路街道洛善居民区党建服务站

置成为党建服务站,设立党员远教终端站点,配置党旗、党徽,安排党员志愿者值班,使之成为居民区党员学习、议事、活动的固定阵地,打通服务群众"最后一公里"。

嘉定区通过推动政治学习进宅基、组织生活进家门,就近就便开设党员学习"微课堂",使得党员不出居村、不出楼组、不出宅基,便可参加学习、参与活动。

"现在,参加活动更加便捷了,互相之间更加熟悉了,活动更加丰富了,感情更加深厚了。"老党员们如是说。

杨浦区长白新村街道社区党校分教学点

记者走访发现,"两学一做"学习教育开展以来,上海各居村党建服务站点成了建在党员家门口的学习课堂,是党组织就地、就近教育管理服务党员的活动阵地。

服务窗口　联系服务群众更加精准有效

"有困难来找我们党员。"一句平实的话语,背后却有着一个响亮的承诺。

青浦区练塘镇泖甸村党员家庭服务点

家住青浦区练塘镇泖甸村的虞阿婆向服务点求助,其独自抚养上小学的孙女,仅凭退休金生活,经济困难。服务点马上将此事告知村"两委",为改善祖孙的生活,村里为阿婆安排了清理垃圾等力所能及的工作,并为其孙女申请了低保,减轻了生活压力。

杨浦区长白街道在安图、控江路18弄等居民区党建服务站建立"管家中心""议木堂",搭建了民情窗口、互动平台,让群众反映问题的渠道更直接、议事协商更畅通,群策群力解决了电梯改造、环境整治等问题,让百姓受益。

虹口区嘉兴路街道定期组织居民区党建服务站负责人调研分析各自特色,形成"一站点一特色",以特色吸引辖区各类党组织和党员群众的参与,以特色来展示党组织和党员风采,形成共建共享正能量。经多年培育,27个党建服务站均建立了各具特色的党员志愿者工作室。

长宁、黄浦、徐汇、松江等区通过站点及时回应群众诉求,许多居村书记说,现在"站出来的党员更加多了,各种情况更加听得到了,问题更加能够解决了"。

在基层党员们看来,自从有了党员家庭服务点,村级党组织便有了更灵活的"耳""嘴"和"腿";党员常到服务点坐一坐,把事情议一议、评一评,主动参与到党组织的工作中,延伸了工作触角,挖掘党组织的"潜在能源",激活了基层党组织的"神经末梢"。

现如今,"百姓动嘴,党员跑腿"成了上海不少党建服务站的常态场景。

联动纽带　基层党建重心下移更加凸显

如何提供"百花齐放"的服务,让党员群众齐点赞,是党建服务站运转的关键。党建服务站将更多党建服务资源输送到基层,充实了基层社区治理的能量。

闵行区在开展"创建全国卫生城区"活动中,各党建服务站做了将民意、问题进行梳理归类、跟踪反馈等工作,配合"说说百姓身边的烦心事,看看闵行的短板在哪里"的大讨论活动,把上级党组织的声音、关怀、服务及时送至党员群众的家门口,被党员群众纷纷点赞。

"有了居村党建服务站点,多了一个上级党组织联系服务群众的桥梁和平台,有效促进了上级党组织工作重心的下移。"一位村居书记这样评价。

"星星之火、星罗棋布",如今,在上海,零距离、嵌入式、接地气的居村党建服务站点正日益成为基层党建工作的第一线阵地,成为基层党组织和党员开展活动、发挥作用的根据地,也越来越成为上海党建引领社会治理创新的一抹亮色。

董志雯

人民网上海频道

上海国资国企党建有了"样板房"
—— 树标立范促基层党建"强根铸魂"

点评 束赟
上海社会科学院·政治与公共管理研究所助理研究员

"典型本身就是一种政治力量。"上海市经济和信息化工作党委所运用的"党支部建设示范点""巡礼展示活动"等方式,通过树立榜样、发挥先锋模范作用来引领整个系统内的党建工作,最终把党的政治优势转化为核心竞争力,保证了企业的发展方向。要发挥榜样的作用,首先,要抓住身边的亮点,榜样来源于系统中各支部的成功实践,都是鲜活、生动,与时代共同发展出来的组织案例。唯有如此,才能吸引人、激励人。其次,要对案例进行总结与推广,形成可学习、可效仿的榜样。"巡礼小组"活动的开展显得尤为重要,上海市经信委的这一活动形式,不仅在各个支部中形成了相互学习的风气,同时通过活动本身也提升了各参展支部自身的凝聚力。最后,支部活动因地制宜、与时俱进、不断开拓创新,经信委的巡展凸显了上海市各企业支部的创新精神、各企业将党建工作与生产经营的深度融合,形成了有本企业特点、与时代合拍的支部精神与支部活动。

案例　深入发掘基层党支部闪光点　上海国资国企党建有了"样板房"

2017年07月03日人民网上海频道

2017年6月29日下午,在即将迎来建党96周年之际,来自上海卫星工程研究所四室党支部等104个党支部的书记代表们,从上海市经济和信息化工作党委领导手中接过"党支部建设示范点"的牌匾——这也标志着从2017年4月份以来,上海市经信工作党委在系统内广泛开展"五好支部大巡礼、百强支部大展示"活动进入了新阶段。

上海是国资国企重镇,在沪央企成为全市生产总值和税收增长的主力军,为上海科创中心建设提供了有力支撑。作为在沪央企党员干部的组织之家,上海市经信系统各级党组织抓住"关键少数",抓实基层支部,深入推进"两学一做"学习教育常态化制度化工作,充分发挥了基层党组织的战斗堡垒作用和党员的先锋模范作用,为上海产业发展和信息化建设作出了重要贡献。

此次从"五好支部大巡礼、百强支部大展示"

活动中遴选而出的104个党支部,被命名为"上海市经济和信息化系统'党支部建设示范点'"并授牌,为期两年。

每一块"党支部建设示范点"的牌匾,不仅仅代表了一份闪光的荣誉,更凝聚了基层党组织长期实践得来的好经验、好做法和"秘笈"。这些"示范点"如同一间间各具特色的"样板房",让更多的基层党支部在对标中看到了自己的长处和差距。

正如上海市经信工作党委书记陆晓春在命名和授牌仪式上所说:"通过开展形式多样的巡礼展示活动,形成了一批可复制、可推广的基层党建成果,使更多基层党支部学有目标、建有示范,为进一步提高基层党支部建设规范化水平树立了标杆、榜样。"

挖掘"五好"党支部亮点特色,互巡互学共同提高

经济和信息化系统,是中国产业工人和产业党组织的摇篮,具有光荣革命传统,历来是上海经济社会发展的主阵地、主战场。自2010年中组部、中宣部提出"五好支部"的创建要求以来,上海市经信系统各级党组织积极开展创建活动,涌现出一批"五好"党支部。

为进一步强化党的一切工作到支部的鲜明导向,2017年4月,根据中央、市委要求,市经济和信息化工作党委在系统广泛开展了"五好支部大巡礼、百强支部大展示"活动,通过自下而上推荐申报、支部互巡互学、专家推荐点评等方式,按照全面从严治党、推进科创中心建设、壮大实体经济、服务和凝聚基层群众等方面,从系统3 700多个党支部中筛选出150个"五好"党支部并分成10个巡礼小组,这些支部具有不同类型、不同行业、不同领域的特色和亮点,是系统单位在服务上海产业和信息化发展中获得多个先进荣誉、取得良好工作实绩的"五好"党支部。

各巡礼小组本着互巡互学、共同提高的目的,扎实推进巡礼工作。有的巡礼小组为提高巡礼效率、减少路途时间,根据组内支部所在地域划分成几个小片区进行片区内的"咬尾"巡礼,三天内高效有序完成了巡礼观摩;有的则采取

各小组成员分工负责制,按组内支部序号分成几个板块,几名组员联络各板块的支部开展相互巡礼、召开推荐点评会。各巡礼小组认真筹划,周密组织,做好推荐点评会的支部书记现场发布、专家点评、群众推荐等环节工作。许多巡礼小组在会前印制了支部书记发布的书面材料,使参会的领导、点评专家以及其他同志更深入地了解支部书记发布的内容。推荐点评会现场妙语连珠、精彩纷呈,基层党支部的展示内容和形式也相当丰富,既有视频又有 PPT 讲述,以各种形式凸显出党支部工作机制完善、工作方法创新、工作成效显著。如海外党支部——伊拉克华事德项目部党支部书记由于身在伊拉克工地不能亲自到会汇报,特地精心准备了 PPT,还配上了音乐,委托支部党员同志代为发布。

各巡礼小组组织各支部互巡互学、召开推荐点评会后,对本小组工作进行小结,并进一步挖掘各个支部的特点特色,纷纷亮出本小组内"五好"党支部建设"秘笈"、典型案例。许多基层党支部在参加巡礼推荐活动后,认为巡礼的目标精确、过程精彩,"巡出了方向、巡出了差距、巡出了友谊";有的认为互相观摩学习促进了各个党支部开拓思维、开阔眼界,实现了"跨行业、跨单位、跨专业的深度交流互动",起到了"相互取经、相互促进,不断开拓工作思路、不断提升党建水平"的作用;有的认为点评专家的层次高、水平高、理论性强,"上接天线、下接地气","点在刀刃上、评到要害处",具有实实在在的指导意义。

其中,一位有 38 年党建思想政治工作经验的专家,用"实"(克服"两张皮")、"精"(精准)、"活"(活力)、"新"(创新)、"灵"(成效)5 个字概括点评各个党支部建设的特色;有的专家在点评中用"一二三四五"归纳了各个党支部的工作特点(即紧紧围绕"一个"从严治党的核心,把握"两学一做"常态化制度化的要点,体现国家、社会、个人"三个"层面的社会主义核心价值观,提升"四个意识",推动"五大发展理念"落地);还有的专家以"问渠哪得清如许,为有源头活水来"、"等闲识得东风面,万紫千红总是春"等诗词概括了各党支部的工作特点。

分享党支部建设"秘笈",用基层实践引领基层创新

一花独放不是春,百花齐放春满园。

深入挖掘基层党支部的特色亮点,让好经验好做法可复制可推广,这才是"五好支部大巡礼、百强支部大展示"的目的所在。而这些经过层层遴选、脱颖而出的基层"五好"党支部,都是系统单位党委(党组)精心培育、长期创建、成果丰硕的基层党组织,都有符合自身实际的党建工作的好经验、好做法和"秘笈"。

其中上海航天局812所卫星总装党支部的做法是:重要岗位有党员,主要骨干是党员,关键时刻见党员。该党支部承担着上海航天局全部卫星的部装、总装、电装等核心业务,是卫星研制最后一道关卡,工作质量要求高,具有特殊的高风险和高压力。作为型号一线主力军和"距离卫星最近的人",卫星总装党支部致力打造"卫星总装尖兵"品牌,建设党支部A(行动)·I(创新)·T(团队)文化,做强支部、做优队伍、做实基础。

上海市经信系统庆祝中国共产党成立96周年座谈会暨加强党的基层组织建设工作推进会

针对以"风云四号"为代表的2016年重大型号发射任务,党支部开展"发射星党员作先锋"主题活动。发射星组建党员责任团队,落实岗位责任,在团队中充分发挥党员、骨干的作用,圆满完成上海航天局所有卫星发射任务,成功实现发射场两个百分之百和总装过程质量问题为零的目标。党支部坚持"融入式、科学化"在基层落地,围绕做强卫星总装集成中心工作,积极发挥战斗堡垒作用。党支部探索总装现场管理新模式,开展"五星级"卫星标准工位建设,优化厂房工艺布局,建成标准化质量特性测试工位、机构展开工位和18个卫星总装标准工位,配置卫星转运停放车等12套标准装备;如同打造五星级酒店客房,标准工位实现任意一颗在研卫星随时"拎包入住";以党支部"每日一改进"制度为载体,建立职工合理化建议长效机制;依托上海市、集团、上海航天局卫星总装首席技师工作室和卫星总装操作实训中心,培养多名技术创新能手和工人发明家,获得专利15项,降本1050万元。

中国铁塔股份有限公司上海市分公司本部第三党支部的"秘笈"则是"以设计小创新服务智慧大上海"。2017年3月22日,在第三党支部的组织推进下,"上海铁塔室分创新工作室"正式揭牌成立,该工作室由支部党员陆蓓隽作为领军人,主要聚焦上海室内分布系统建设的创新、设计及业务培训和推广,是中国铁塔全国首家创新工作室,不仅展示了上海铁塔党建工作与生产经营的深度融合,也标志着上海铁塔在室分建设与管理上有了新的高度和跨越。

工作室不仅以支部党员为技术领军人物,而且还通过建章立制、教学培训、技术创新等形式,重视建立"以设计小创新服务智慧大上海"的室内分布系统建设运营管理模式。该党支部在实践"围绕生产抓党建、抓好党建促生产"的工作目标中,积极发挥了党支部的战斗堡垒作用和党员的先锋模范作用,从行业特征、企业特性、支部特长出发,创新工作方法,为上海"智慧城市"建设贡献力量。

此外,国网上海市电力公司市北供电公司运检部本部党支部的经验是:支部建在工地,党建深入现场,党徽配在胸,责任系于心。

中国石化上海石油化工股份有限公司塑料部包装车间支部党也有自己的好做法:"服务+"——服务企业发展,服务职工群众,服务全体党员!

上海电力股份有限公司田集发电厂生产党支部的"秘笈"是:"小支部"打造"大舞台",为企业的安全生产保驾护航。

中船上海船舶工业有限公司上海船舶研究设计院船舶设计一部党支部也有好经验：科技创新，人才先行，党员先锋。

一个个鲜活生动的基层党建实例，让每个参与交流互评的党支部都看到了其他企业、其他行业在支部建设方面的优秀做法，不仅大大深化了基层党支部对支部建设工作的认识和进一步加强支部建设的思路，还通过总结提炼其中的优秀经验做法，形成一批可复制、可推广的基层党建成果，供系统单位学习借鉴。

用基层经验推动基层实践，用基层实践引领基层创新，使经信系统内更多基层党支部学有方向、学有载体，为"党支部建设示范点"的宣传展示、扩大"五好"党支部的示范效应打下了扎实的基础。

据了解，市经信工作党委今后还将组织开展培训班，对104个"党支部建设示范点"的支部书记，采取现场案例教学、"书记讲给书记听"、参观红色教育基地等方式进行培训。此外，还将进一步落实经常性督导机制，通过建"五好支部"标准、立"百强支部"标杆，牢固树立"党的一切工作到支部"的鲜明导向，达到抓两头、带中间，促使"党支部建设示范点"不断完善组织建设，确保先进性和示范性，使系统中其他基层党组织知道如何对标，做到学有榜样、赶有目标，从而带动和促进基层党建工作整体发展、全面提高。

轩召强

人民网上海频道

扎根"服务+" "绿叶"也能变"红花"
——上海石化公司塑料部包装车间党支部新作为

点评 李锦峰
上海社会科学院·政治与公共管理研究所助理研究员

党的建设不只是一套理论体系,也不只是一系列组织架构,而且是党员群众实实在在的行动。作为一名党员同志,需要思想牢靠、行为过硬,在深学笃行中严守规矩,在干事创业中坚守底线。这就是说,党员同志一方面要以党规党纪为本,切实履职尽责,把立规矩、讲规矩、守规矩贯穿到选干部配班子、抓基层打基础、建队伍聚人才等具体工作中;另一方面又要讲究辩证,不能让守规矩、守底线捆住干事创业的手脚,而是要富有创新精神和赶超精神。上海石化包装车间的党

员同志严格生产管理底线,不但对自己高标准、严要求,同时对同事、对身边的工作不放松、不懈怠,充分体现了作为中国共产党员的党内要求和社会要求。与此同时,他们对工作勤勤恳恳、任劳任怨、毫不懈怠、仔细认真,在平凡的岗位上做出了突出的成绩,发挥了一个共产党员应有的作用。虽然个体是微小的,但是对基层党的建设的意义是重大的。

案例 上海石化公司塑料部包装车间党支部:扎根"服务+" "绿叶"也能变"红花"

2017年08月11日人民网上海频道

2017年4月起,上海市经济和信息化工作党委在系统广泛开展了"五好支部大巡礼、百强支部大展示"活动,从系统3 700多个党支部中遴选产生了104个"党支部建设示范点",并通过形式多样的巡礼展示活动,形成了一批可复制、可推广的基层党建成果。

即日起,上海市经济和信息化工作党委携手人民网上海频道推出"百强支部 榜样力量"系列报道,使更多基层党支部学有目标、建有示范,为进一步提高基层党支部建设规范化水平树立标杆、做好榜样,为上海继续"当好排头兵"、实现"四个新作为"发挥更大的示范引领作用。

一个近二十年的老车间、非核心业务部门，85 位员工中有 20 名党员，还几乎清一色的 60 后、70 后……这样的"高龄"+"边缘"标签，要想激发员工的创新和活力，恐怕在很多传统国企中都属于"老大难"。

不过，中国石化上海石油化工股份有限公司（以下简称"上海石化公司"）塑料部包装车间似乎是个"另类"——这支平均年龄高达 48 岁的团队，却连续多年荣获上海市经信系统及上海石化公司先进基层党组织，近日更是捧回了"2017 年度经信系统党支部建设示范点"的"金字招牌"。

如何激发老党员工作中的创新力？如何让党建工作找到着力点？如何让传统国企的"绿叶"部门开出"红花"？日前，记者走近这支位于杭州湾畔的"老男孩"团队，去探究他们得以成功"逆袭"的秘诀所在。

践行产品承诺，探索"服务+"模式

伴随一声刺耳的刹车声，一辆红色铲车一个转向，停在上海石化公司塑料部包装车间聚丙烯产品区域交接班室门口，轮胎不偏不倚压在绿色通道边缘。

"等等……李师傅。"当班班长顾红辉三步并作两步赶到老李面前。

"小顾啊，什么事？"铲车师傅老李没两年就退休了，平时有些倚老卖老。

"请你把铲车停到规定位置，这里不允许停车。"顾红辉对老李说。

"我的轮胎也没有压在绿色通道上。"老李有些不悦。

顾红辉稳了稳情绪道："李师傅，你看，停的位置离门太近，很容易被铲车叉脚绊倒。"

"这样吧，我把劳防用品发掉就开走，最多十分钟。"

"不行，一分钟也不行，立刻开走！""老实人"发起了耿劲。

"轰——"油门声响起，红色铲车缓缓驶离了交接班室门口。

这是记者在上海石化公司塑料部包装车间前遇到的真实一幕。

动真格的"老实人"顾洪辉，是上海石化公司塑料部包装车间支部党员、聚

包装车间成立三全带建班组——管理人员为班组员工讲授设备原理（上海石化供图）

丙烯乙班班长。他所在的上海石化公司塑料部包装车间，成立于1996年6月，拥有13条25公斤小包装流水线和4条大包装生产线，担负着90余万吨塑料树脂的包装任务。

尽管与上海石化公司主要业务部门相比，包装车间算是"绿叶"式部门，但正如"人靠衣裳马靠鞍"，包装质量和效率如何，直接关系到产品的"脸面"。顾洪辉的"较真"，也正体现了包装车间团队的严谨与细心。

塑料部包装车间党支部书记、副主任、工会主席董建华告诉记者："'每一包产品都是我们的承诺'是我们多年来的工作理念。包装车间作为塑料部的一个直属车间，实质上也是一个服务型的车间。结合党建工作的要求和车间工作的性质，包装车间党支部将服务的工作理念贯穿于党建工作的始终，探索并推行'服务+'工作模式，以效能、规范、创新为切入点，不断提高党支部堡垒指数和党员先锋指数，服务企业发展、服务职工群众、服务全体党员。"

党建工作服务企业生产，产生出实实在在的效能

2012年12月，董建华从一名基层生产管理者转型为党务工作者，负责车间党支部工作。岗位的转变,也让这位从生产一线走出来的党支部书记感到了巨大压力:如何保持支部工作既有的优势,带领党员发挥更大的作用、取得更大的业绩?党建工作在服务企业的过程中,如何解决实际工作中的难题?……这些问题一度深深地困扰着他。

地脚料率、重膜利用率是体现塑料车间效能的主要经济指标。下降这些指标,创造更好的经济效益,一直是车间需要攻坚的核心问题。于是,围绕"提升包装薄膜质量"目标,党支部以支部结对共建和党员攻关揭榜等形式,与薄膜制品公司党支部结对共建,通过各种形式的支部活动确保聚烯烃产品的包装质量、降低包装材料费用。

塑料部党委副书记、纪委书记、工会主席常城告诉记者这样一组数据:地脚料率由2012年的0.023 2%下降到2016年的0.013 1%,下降幅度为43.5%;重膜利用率由2012年的96.11%提高到2016年的97.79%。"仅提升重膜品质一项,2016年就为企业节约包装材料费达50万元。"

包装机是车间的核心装备,如何让党建工作服务中心工作?依靠党员中坚力量保养维护好包装机,成了党员起表率作用的重要窗口。

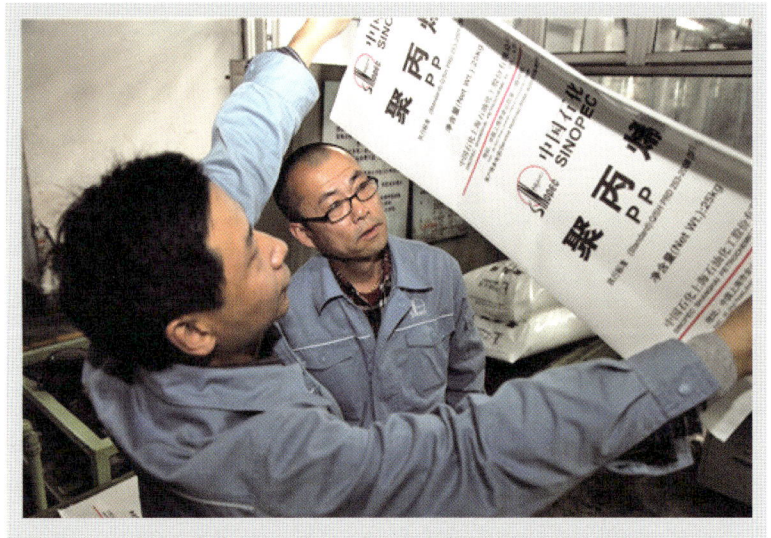

包装车间党员针对重膜利用率的提升进行攻关(上海石化供图)

支部在车间建立了党员设备保养示范点,通过对车间生产最重要、保养最困难设备的高质量保养,树立设备保养的高标准,以此带动和提高整体车间设备管理水平,减少备品备件费用。

"党员带头把那些最脏的地方都弄成了一个样板间,其他员工看在眼里,也都跟着把自己手里的机器设备保养到位,甚至还互相作对比。"塑料部包装车间第二党小组长姚国军告诉记者。

"基层党建工作的最终目的是提高党建工作的实效性,让党建工作服务企业生产,才能产生出实实在在的效能。"董建华说。

主动为职工排忧解难,沟通让心与心更近

在包装车间,员工平均年龄在48岁左右,对于这样一个老龄化日趋严重的车间,对职工的关心爱护也是党支部工作中非常重要的一项内容。

为此,党支部建立了"日一小时沟通"的工作制度,管理人员坚持每天主动到现场和班组走访,了解职工的困难和需求,及时反馈和处置职工热点、难点问题和遇到的困难。

车间里有一位即将退休的员工,在很长一段时间里工作积极性不高。通过上海石化公司的"联系和服务职工群众工作体系与机制",党小组第一时间了解到,该员工离异后,生活压力大,由此造成工作态度消极。针对这一情况,党小组立刻组织上门慰问,与其拉家常,从不同角度了解其遇到的实际困难和需求。在党小组的关心下,该员工很快从消极状态中走了出来,自觉学起了标准化操作;如今,还被评为班组的优秀员工。

"知职工家庭成员状况、知职工思想状况,职工家庭有重要变故第一时间慰问到、职工有急难需求第一时间帮助到。"如今,家访慰问的"二知二到",已在党小组内人人熟记于心。

"在服务群众上,我们是服务加上规范。通过规范的工作,来让职工群众体会到党员、党支部的存在。"董建华告诉记者。"聊天式的关心,让心与心走得更近了!"

创新形式搭建平台,让党员主动亮出风采

2017年,反腐大剧《人民的名义》的热播,不仅成为街谈巷议的热点话题,就连包装车间党支部的党课也赶起了"时髦"——这部热播剧的情节和人物成为党员"讲党课"课件里最鲜活的例子。

"我是党课主讲人"是包装车间在党支部活动上的新尝试。从听党课到讲党课,一字之差,却让党员的积极性明显提高。

包装车间党员阮晔看过《人民的名义》第一集后,便决定改变原来准备了2周的党课课件,找了多方资料,结合这部电视剧情节和人物,给党小组的成员讲一堂从严治党的党课。"党课丰富多彩一点,内容多一点,让党员在这个平台上,能够展示自己的一技之长,对每个党员各方面的素质都有一定的提升。"

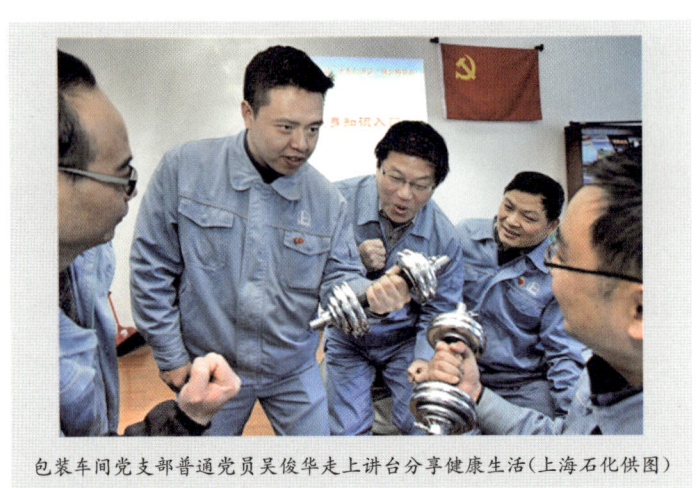

包装车间党支部普通党员吴俊华走上讲台分享健康生活(上海石化供图)

"要让一线党员发挥先锋模范作用,基层党支部就要做好服务党员的工作。为党员搭建有吸引力,能让党员们发挥作用、展现风采、树立形象的平台。要让党员在多种形式的组织生活下接受教育。"在支部书记董建华心中,始终有着这样一条信念:基层党支部必须要服务好党员。

2015年,针对车间党员年龄偏大,学习和工作主动性不强的现状,支部设计了以"致敬"为主题的组织生活,通过"向雷锋同志致敬""向创业者致敬""向革命先烈致敬""向最可爱的人致敬"等系列活动,激发党员的工作和学习的热情。"这些活动,让我们在行动中有了思考。"包装车间安全技术管理助理师、党小组长姚国军说。

围绕服务党员,党支部还在上海石化公司党委连续十多年组织开展的"两带一挑战"(党小组带班组、党员带群众,挑战先进水平)党内主题活动的基础上,发展和创新出以"三全班组带建"(党小组带建班组、管理人员带建班组、技术人员带建班组)为主的、适合包装生产的带建模式,为每个党员发挥示范引领作用搭建平台,促进带建班组创先争优。

2016年,为了提高"两学一做"学习教育的实效,党支部还策划开展了"我为什么入党""我心目中的共产党员"和"我与优秀党员之间的差距"专题讨论。"这种带着问题学、针对问题改,带来了很多自身深刻的思考。"一场场讨论,不仅让支部党员们消除了疑惑,更统一了思想,坚定了信念。

与此同时,党支部还走出车间,和石化街道卫清居民区党支部开展党建共建,治安巡逻、文明创建、扶残帮困等各位志愿服务的现场,总能看到车间党员们忙碌的身影……在社区活动中,这些老党员们主动对接社区需求,在社区服务中展现党员风采。

以规范、创新和效能为切入点,服务企业发展、服务职工群众、服务全体党员,把党组织的服务理念贯彻到车间的每一个角落。这个由"老男孩"们组成的党支部,让"服务+"不仅仅成为一句口号,也让车间党支部在真正意义上有了影响力、战斗力与活力!

轩召强　董志雯　葛俊俊
人民网上海频道

"三服务"工程 锻造"最美电信人"
——中国电信上海公司嘉定局南翔分局党支部争当排头兵

点评 冯 莉
上海社会科学院·中国马克思主义研究所副研究员

基层党的建设是实践党的群众路线、密切党群关系、维护一方安定和谐的最佳平台，也是我们党增强凝聚力、向心力和战斗力的最佳路径。要搞好基层党建并不是一件容易的事，特别是社会环境的日趋多元化和复杂化，更是对基层党建工作提出了更高的要求，需要更多的耐心、细心和恒心。中国电信上海公司嘉定局南翔分局党支部无疑在这方面作出了表率。南翔分局通过积极践行"教育党员、团结群众、攻坚克难"，以"1＋3"工作模式，强化党支部的政治功能，着力抓实和

打造了"服务智慧城市建设、服务区域党建联建、服务员工队伍建设"的"三服务"工程。这对于充分发挥基层党支部教育管理党员的主体功能、促进广大党员以身作则发挥先锋模范作用、推动企业事业各项业务的发展等起到了重要的引领和建设作用。"三服务"工程着眼于切实把思想政治工作落到支部、把从严教育管理党员落到支部、把群众工作落到支部,这对于推进上海基层党的建设,推进上海党建以引领上海的智慧城市建设作出了可贵的尝试和有益的创新。

案例 中国电信上海公司嘉定局南翔分局党支部:
"三服务"工程,锻造"最美电信人"

2017年08月08日人民网上海频道

一提到南翔,恐怕很多人想到的就是"小笼包",这一传统名吃早已成为南翔的金字招牌誉满天下。而在上海电信系统内,同样活跃着这样一支"小笼包"式的金牌团队——

连续三年实现业务收入完成率、贡献值位居中国电信上海公司嘉定局第一,连续两年移动和宽带增量第一,ICT2.0新业务拓展每年都有新突破……这一份份优秀的答卷都来自于嘉定局南翔分局。

嘉定区南翔镇历来享有"银南翔"的美誉,在面积33平方公里的土地上,有6万常住人口和11万外来人口,优越的地理位置使南翔通信市场竞争异常激烈。而南翔分局却在市场日趋饱和的情况下另辟蹊径,不仅顺利完成各项指标任务,还在创新领域开拓出自己的天地。作为嘉定局人数最少分局的南翔分局,何以能够成功突围,赢得市场的认可?

"如此成绩的背后,离不开党员在其中发挥的先锋模范作用。"嘉定局南翔分局党支部书记、局长沈继翔说。"多年来,党支部始终坚持把推进中心工作与党建工作深度融合,充分发挥党支部的战斗堡垒作用和党员的先锋模范作用。虽然人数不多,但却是一支'叫得响、做得实、过得硬'的队伍,这些党员在各个不同的岗位上发光发热。"

支部是避风港,大家都为一个共同的目标

正值炎炎夏日,连续的高温天让人感到炙热难耐。但一走进南翔分局营业大厅,迎面而来的是清凉的微风与亲切的微笑,再加上党员胸前流动的"一抹红"——党员标识牌,顿时让人心旷神怡了许多。

上海电信南翔分局支部集体照(嘉定局南翔分局供图)

南翔分局现有合同制员工 18 名,业务外包单位员工 50 名,其中党员 7 名,包含 1 名业务外包单位党员。说起党员的先锋带头作用,嘉定局南翔分局挂职前端副分局长吴斌对 2015 年分局党支部合力攻坚克难的项目记忆犹新。当时,公司需要推广一项新的技术,然而在推广初期却处处碰壁。恰逢上海提出建立全球有影响力的科创中心重大契机,支部的党员们便想着如何将此业务嵌入其中。不过,有想法易,实施起来却是障碍重重——从沟通到实施,足足经历了半年的协调。最后,在支部书记沈继翔的带领下,支部党员各自发挥特长,终于赶在年底前,成功把技术精华和客户需求完美整合成电信解决方案,获得客户高度认可,该项目也成为上海电信公司的创新案例之一。

"工作中,党组织像我们的家,都为一个共同的目标。只不过分工不同,有的做着基础的工作,有的挑战创新性更高,但是目标是一致的,就是务实踏实地做好每一件小事情。"吴斌说。

上海电信南翔支部党员学习掠影(嘉定局南翔分局供图)

1988 年出生的普通营业员吕昭君,成为一名入党积极分子后,在党支部的鼓励下,勇于挑起大梁,成功竞聘南翔营业厅店长。短短一年的时间,她倡导的"班组学习园地"和"岗位技能竞赛"活动提升了员工的业务能力和团队的向心力,工作业绩领先于区局其他所有门店,获得公司、区局多项荣誉。其中员工小吴之前是被别的门店淘汰后来到南翔分局,在吕昭君的带教下充分发掘其潜能,性格也由原来的内向转为外向,营销业绩由最后上升至前三。

"我的工作就是每天接待用户。日积月累,这些用户就像自己亲戚一样的感觉。分局就是我们的避风港,我们有什么问题,党支部会第一时间来支持我们。氛围好,心情也好,工作起来就更有干劲、更自信。"快人快语的吕昭君,匆匆告别记者,投入到忙碌中。

正因有了这样的氛围,支部里的每个党员各司其职,发挥每个人的能力。

近年来,面对传统电信业务市场的日趋饱和,寻找新的业务增量一直困扰着支部书记沈继翔。

一次,听说某大型企业将落户南翔,其ICT业务自然成为各家争抢的香饽饽。沈继翔深知,这既要有"手中电击倚天剑,直斩长鲸海水开"的霸气,更要有"滴水穿石,永不服输"的创新精神,才能取得成功。业广惟勤,进行客户拜访沟通当然是必需的。此外,沈继翔还遵循"创新就是找方法"的思路,策划与政府部门签订《城市化通信建设合作协议》,形成"政府推动、市场引导、企业运作、资源整合"的指导原则,取得政府支持借力发展,组合优化,凸显优势。目前,电信技术竞标成功,还有三家用户正在商谈中,这些都为未来市场拓展打好了基础。可喜的是,在支部书记的身体力行下,2017年以来南翔分局已签署了16个重大项目协议,重大项目无一旁落。

沈继翔告诉记者,南翔分局党支部以"1+3"工作模式,着眼强化党支部的政治功能,着力抓实"服务智慧城市建设、服务区域党建联建、服务员工队伍建设"的"三服务"工程。这其中,需要充分发挥党支部教育管理党员的主体作用,促进广大党员以身作则发挥先锋模范作用,推动企业各项业务的发展。

服务智慧城市建设,发挥党员先锋作用

近年来,面对人员老化和员工退多进少的局面,南翔分局党支部有意识培

育打造营业与装维营外协左右"两个拳头"。

管卫彬,从一名驾驶员到明星线务员、南翔分局装维班长,再到南翔分局营维合一 CEO,已经和电信共同经风历雨了 20 多年。如今,他也已成为一名光荣的共产党员,实现了嘉定电信局装维业务外包单位员工入党的"零突破",并且在 2015 年成立"管卫彬党员工作室",被公司命名为"首批装维工作室",管卫彬也荣获集团公司首届"身边最美电信人""最佳小 CEO"称号。

前阵子,一位名叫陈爱根的用户来到南翔分局,将一面印有"急客户所急,解百姓之难"的锦旗送到装维营团队小 CEO 管卫彬手中;两天后,南翔镇金地格林世界瑞林社区居委会的张主任也将一面"热心社区事业,真诚为民服务"的锦旗送到沈继翔手中。实际上,这两面锦旗的背后是同一个故事,那就是南翔分局装维营团队圆满解决了瑞林社区用户的高速上网和高清电视需求。

金地格林世界是南翔地区一处比较高档的大型居民社区,然而 2 000 多户家庭的光纤入户却成了难题。如何解决金地格林世界栖林路沿线的 5 个小区光纤入户?这个难题交到了南翔分局管卫彬党员工作室。

面对难题,工作室成立攻坚队,冒着酷暑,经过一个多月的实地调查排摸后,独创了多种穿线技术,终于摸清了不同房型结构的管道走向规律,为成功实施光纤入户彻底扫清了障碍。当小区用户获知可以用上光纤网络,实现升速百兆宽带和高清电视后,纷纷赶到营业厅申请业务。

"我们有一个共同的目标,要提高自己的网络质量,要提升我们的服务,让更多的老百姓更好地用好它。现在比拼的就是质量和服务。上海打造国际化大都市,网速要向世界先进城市看齐,我们的服务也要和世界先进城市一样。"

管卫彬和他的团队,正为了他们心中的梦想而默默努力。功夫不负有心人,管卫彬党员工作室骨干徐剑出征 2016 年集团光宽带技能竞赛,便捧回了团体一等奖的荣誉。

正是在党员先锋作用的带动下,南翔分局紧紧围绕智慧城市建设和企业转型发展等中心工作,启动了"新业务党员领先拓展"活动,每年围绕重点项目、难点任务组建党员攻坚团队,先后完成"智慧社区""智慧园区""智慧交通"

"智慧医疗"等10多个重大项目,服务智慧城市建设成效显著。

两年来,南翔分局参与实施政府社会管理需求项目超1 300万元;市级科创孵化基地——南翔智地园区"无忧科创,拎包入驻"电信"创客云桌面"、公安系统"平安城市路面监控智能分析"2个项目成为上海公司ICT2.0行业标杆,先后获得公司级创新奖。

服务区域党建联建,央企在行动

服务智慧城市建设、服务区域党建联建、服务员工队伍建设,是南翔分局着力抓实的"三服务"工程。这其中,服务区域党建联建是格外重要的一环。如今,以区域化党建为载体,南翔分局党支部与多个社区结对共建,深入开展了"创美丽家园,党员在行动"主题实践活动。

其中,"管卫彬党员工作室"已在南翔镇全部28个社区开设"翼民社区服务站",驻点提供"一站式"通信服务,出台24小时快速维修响应机制、维修人员电瓶车独创个性化二维码、小区业主微信群实时响应等举措,打通为民服务"最后一公里"。

管卫彬党员工作室(嘉定局南翔分局供图)

记者在虹翔社区居委会看到,整洁有序的居委会办事大厅内,"翼民社区服务站"的标示格外醒目,各种公益宣传手册整齐地摆放在办事柜台前,让前来办事的社区居民便捷地了解到"一站式"服务的具体信息。

据介绍,"创美丽家园,党员在行动"主题实践活动,还包括持续开展"党建+公益"主题党日活动,做好社区志愿者服务、文明创城、防通讯诈骗、黑色污染整治、特殊群体上门服务等工作,参与社区综合治理。

"党支部是我们党全部工作和战斗力的基础。我们将积极践行'教育党员、团结群众、攻坚克难'的要求,切实把思想政治工作落到支部、把从严教育管理党员落到支部、把群众工作落到支部,努力为上海城市信息化建设作出更大的贡献!"沈继翔的话语,坚定而自信。

轩召强　董志雯　葛俊俊
人民网上海频道

用心点亮明灯　守卫外电入沪主动脉
——国网上海检修公司特高压交直流运检中心练塘党支部树标杆

点评 **李佳佳**
上海社会科学院·政治与公共管理研究所助理研究员

　　党的十八届六中全会重新强调了党建工作中要注重发挥党员主体地位的作用。而党员主体作用的发挥，很大程度上取决于党的基层组织能否积极探索适合解决本单位实际问题的具体做法和措施，将党的基层组织建设与所在单位的中心工作紧密结合起来。练塘站党支部积极探索，注重发挥基层党组织的实际功能，通过推进"凝、责、创"三字诀，持续有效地激发党员的工作热情，充分发挥党员在实际工作中的示范带头作用，努力将党支部打造为坚强的战斗堡垒。一是党

支部通过把党员先进性教育与工作项目相结合的方式,凝练出"党员必须在关键时刻身先士卒"的特高压精神,引领带动党员在工作中当先锋、当表率;二是以"责"为导向,带动党员守护责任田,做好安全生产,把党员工作优势转化为凝心聚力的环境优势;三是通过定期举办创新平台和党员说技术分享会,号召党员争做技术骨干带头人,推动党务人员整体业务素质的有效提升,以打造党员标杆团队为目标,使党支部成为上海特高压电网安全的坚强堡垒。打造好基层党支部,推动每一个党员提振精气神、展示新作为,走在前列、干在实处,党的根基就会更加牢固。

案 例 国网上海检修公司特高压交直流运检中心练塘党支部:
用心点亮明灯 守卫外电入沪主动脉
2017年08月14日人民网上海频道

即日起,上海市经济和信息化工作党委携手人民网上海频道推出"百强支部 榜样力量"系列报道,使更多基层党支部学有目标、建有示范,为进一步提高基层党支部建设规范化水平树立标杆、做好榜样,为上海继续"当好排头兵"、实现"四个新作为"发挥更大的示范引领作用。这个夏天,申城市民迎来百年一遇的极端高温天,以至于"见面都是'熟人'"的调侃火爆朋友圈,人们也纷纷减少外出,待在家里或办公室"孵空调"——这也意味着,一波又一波用电高峰持续来袭。

2017年7月下旬的一个中午,当记者来到地处市郊的青浦区练塘镇时,气温已经攀升至40℃。还未抵达目的地,一幅科幻大片式壮观景象早已迎面扑来——森林般的输电管线密密麻麻、巨大的特高压主变机组直刺云霄。当然,扑面而来的,还有滚滚的热浪。

这里,就是蜚声海内外的上海首个特高压工程——1 000千伏特高压练塘变电站。

说起练塘站,有着太多的骄傲。这里是皖电东送工程的入沪唯一终端变电站,也是上海首座特高压交流变电站;同时,又是国内电压等级最齐全的超大型枢纽变电站,满负荷输送下可以满足上海超过1/3的用电需求。

"作为跨区电能输送中典型的受电端城市,外来电力是上海城市用电的重要来源。黄浦江两岸间,每三盏灯中就有一盏的电能来自特高压练塘变电站。练塘站满负荷输送可以满足上海超过三分之一的用电需求。"国网上海检修公司特高压交直流运检中心主任兼党总支书记刁冠勋告诉记者。

这座占地总面积194 810平方米的特高压变电站,仅有22名工作人员,而

练塘党支部合影(国网上海检修公司练塘站供图)

党员比例占到了 70%，拥有一支平均年龄 32 岁的年轻党员组成的团队，自豪地肩负起了守卫外电入沪的重任，管理和维护着这座全国电压等级最高、上海市第一座也是唯一一座特高压变电站，用心点亮明灯。

"特高压练塘站党支部下设 2 个党小组，党支部始终把发挥党员在安全生产中的示范带头作用作为党支部建设的重中之重，通过推进念好'凝、责、创'三字诀，不断打造坚强战斗堡垒，确保上海特高压电网安全稳定运行。"支部书记周勇说。

凝聚起来，引领党员走在前

据练塘站站长毛颖科介绍，1 000 千伏特高压练塘站的设备 100%实现了国产化，即全部为国内自主开发、自主设计、自主制造、自主试验及自主安装调试，标志着上海电网全面进入特高压时代。从 2013 年 8 月成立党支部以来，党支部已承担重大项目 8 项，完成重大保电任务 68 次。

短短 4 年的时间里，如何激发党员的工作热情、持续发挥党员作用？

"首先我们党支部一定要凝聚党员，把党员凝聚起来以后我们很多工作就可以开展。"支部书记周勇和伙伴们动足了脑筋。

2014 年 8 月，全国首例特高压部分带电年度检修在练塘站进行时，恰逢迎峰度夏期间，特高压线路采取的轮换检修模式给运维工作带来了极大压力。面对工期紧、任务重、施工难度高的工作要求，党支部把党员的先进性教育融入了项目工作中，凝练出了"党员必须在关键时刻身先士卒"的特高压精神，开展"党员走前头"活动。

此时，刚刚大病出院正休息在家的周勇——这个平时同事眼中"24 小时打鸡血的支部书记"——丝毫不敢耽搁，迅速回到了小伙伴们身边一起战斗。

正值 8 月的上海，酷暑难耐，巡视一遍下来，个个都成了"水人"，经常忙得顾不上喝一口水……但在特高压精神的引领下，在党员的带动下，所有的工作人员每天每班都坚持多测温一次、多巡视一次、多操作一次。

连续 90 天，练塘站灯火通明。在工作现场，到处是一件件湿透的工作服，一张张屏息凝神的脸庞。

练塘党支部党员烈日下开展特巡（国网上海检修公司练塘站供图）

一丝不苟地做好操作、许可、验收、消缺工作，积累了大量特高压运维的现场数据和检修经验，确保了练塘站如期完成了首次带电检修。作为1 000千伏特高压练塘站的守护者，为确保变电站设备安全稳定可靠运行，他们始终作着不懈的努力。

此外，在"两学一做"学习教育中，党支部还组织开展了"强党性、树规矩""学先进、促交流""亮责任、创佳绩"等系列主题党日活动，通过常态化的党员教育，引领带动党员在安全生产中当先锋，在电网发展中作表率。

守好责任田，带动党员护电网

"特高压练塘站的位置十分重要、设备经济价值高，因此我们每一名党员肩负的责任都格外重要。"毛颖科告诉记者，"所以我们以'责'为导向，带动党员同志们一定要守护好。"

在练塘党支部每一名党员的内心，都有这样一个共识——自己面对的不仅仅是一户人家、一个小区的用电需求，而且是整个上海电能的安全输送。

G20峰会保电期间，连续的高温让原本就繁重的运维工作难上加难。练塘站党支部提出了"打赢保电攻坚战"的口号，号召党员主动挑重担，开展了

"党员安全责任包干"活动,组织14名党员对全站2 211个红外测温点和1 164个表计进行实时监测。一时间,党员的工作热情高涨。

某日深夜3点,青年党员尹赟在夜间巡逻时,突然发现地上有一滴油。职业警觉让他赶紧通知党支部书记周勇。经仔细检查,原来是设备顶端出现了故障,党员先锋队立刻排查,连夜解决了问题,避免了爆炸的隐患,挽回了近250万元的经济损失。

还有一次,党员在地毯式巡视时,及时发现并处理了一起线路高抗高压套管故障,消除了可能引起特高压通道停电的重大隐患,实现了设备零故障、客户零闪动、工作零差错、服务零投诉。

在党支部的带动下,不论是在2016年上海迪士尼配套用电、自贸区发展及多条轨道交通、隧道建设的用电配套建设中,还是在夏季负荷与高温"齐飞"、迎峰度夏攻坚阶段中,全体党员都主动冲锋在保电一线,用严、细、实的工作作风实现了工作的万无一失,筑牢了严密、坚固的电力安全堡垒。

练塘站党员在劳模的带领下进行技术攻关(国网上海检修公司练塘站供图)

助力科技创新,指引党员克难关

特高压技术是我国能源领域自主创新、世界首创的重大技术,练塘站又是我国首批特高压变电站，在运维技术上没有现成经验可循。

"为攻克技术难关，党支部提出党员的示范引领，不应只是精神上的迎难而上，而且是提升到技术上的从容应对。这就要求我们党员工作之余一定要扎根学技术。"毛颖科说。

"争做技术骨干带头人"成了党员的口号，党支部定期举办创新平台和党员说技术分享会，党员牵头，身体力行学习新技术，攻坚克难。

此外，党支部还组织了"比干劲、比奉献、比业绩"活动，提升党员发现、分析、解决问题的能力。一系列的付出获得了丰硕的成果：支部党员参与建立了一套行之有效的运维标准和现场作业指导书，为推动中国特高压技术"走出去"积累了丰富的运维经验。

记者采访期间，恰逢一台智能巡检机器人"瓦力"正穿行于巡检路线上，虽然样子看上去萌萌哒，但它的本领却不小——不仅具有红外测温、表计识别、报表生成、路径规划、全自主遥控模式巡检等功能，还可以在恶劣天气条件下完成对于设备的巡检，同时不需要既定轨道，可以通过激光自主前行和避障。

随着电网建设的不断发展，变电运检专业管理所涉及的对象也越来越丰富，数量日趋增多。大量数据、信息的规范管理和有效应用是亟待解决的课题。练塘站党员专项课题小组以《基于物联网的特高压变电运检资源管理技术研究》为命题，探索智能巡检机器人与人工巡检的最优融合，以安全、质量、效率、效益四个方面为突破口，解决生产资源和信息管理上存在的局限性和不可控因素。该项目一经提出，就获得了变电运维管理人员的一致认同。

"打造'保障上海特高压电网安全的坚强堡垒'是练塘站党支部一贯的宗旨。在'努力超越、追求卓越'的路上，练塘站党支部将以打造党员标杆团队为目标，不忘初心、继续前进，带领党员以百倍的努力确保特高压电网安全稳定运行。为推动上海城市发展再添新功！"支部书记周勇坚定地说。

轩召强　董志雯　葛俊俊
人民网上海频道

"周四讲习所"带来红色电波
—— 上海创新党课形式与时俱进新作为

点 评 李庆云
上海社会科学院·中国马克思主义研究所副研究员

在中国革命历史上,我们党开创的"讲习所"曾经发挥了重要的理论宣传和传播作用,培养了大批优秀革命干部。上海市梅陇镇党建服务中心创办的音频"周四讲习所"是上海基层党的建设继承党的优良传统并与时俱进发扬光大的生动案例,音频"周四讲习所"将现代科技手段和传统授课方式结合起来,打破了传统授课方式因场地等因素造成的受众面有限的局限,从而极大地扩大了政治理论教育的受众面。而且这种音频党课将每次重要的讲课内容放在网络平台上,便

于更多的党员不受时间、地点的限制而利用碎片化的时间来学习党的理论知识。这种将面授和虚拟空间教学相结合的创新党课方式不仅让梅龙镇党建中心的党员,而且让上海乃至全国的党员都能随时随地学习、接触名师名家的深度授课。这种党课形式,对基层党组织而言,有效扩大了党的理论宣传和传播范围,增强了宣传和传播效果;对党员个人而言,增加了学习和培训的途径和机会,实现了学习机会的均等,使党员个人对提高自身党性素养有了信心、积极性和动力。音频"周四讲习所"的创意,很好地体现了上海基层党的建设在宣传和传播党的理论知识方面走在时代的前列。

案例　上海创新党课形式　音频"周四讲习所"首场开播

2017年09月08日人民网上海频道

2017年9月7日周四晚上,上海市梅陇镇党建服务中心灯火通明,讲台上,上海市委党校副校长曾峻教授一如以往那样侃侃而讲,讲台周围,来自所属中心的居民区书记、党务工作者、入党积极分子等50余名党员群众聚精会神地侧耳倾听。

这堂名为"周四讲习所"的党课,是一堂"崭新"的党课,是一堂"创新"的党课。它的听众,不仅是梅龙镇党建中心的50余名学员,而且是全上海,乃至上海以外的学员。因为，只要大家打开手机，就能同步收听到音频党课，还可以在线实时向老师提问。

"如何把党建设得更加坚强有力？进行伟大斗争、推进伟大事业、实现伟大梦想、建设伟大工程、应对重大挑战、抵御重大风险、克服重大阻力、解决重大矛盾。"这是曾峻授课内容的关键词。

"周四讲习所"首场党课由上海市委党校副校长曾峻教授主讲，主题是"7·26"重要讲话是坚持和发展中国特色社会主义的政治宣言和行动纲领。曾峻表示，受众广是音频党课的一大特色，以前课堂最多容纳 80 至 100 名学生，现在的音频课堂可以辐射到更多的党员，另一方面，党校、党员培训机构虽然很多，一般党员能够来学习的机会却很少，通过音频形式可以把党课传递到更多的党员那里去。

"我是第一次通过音频直播形式讲党课，具有挑战性。"曾峻坦言，"我接到这个任务还是挺紧张的，理论知识政治性很强，我们不仅要严格按照中央的有关精神来把握讲课的内容，而且要考虑到听众个体的需求，在把握课程政治性的前提下，尽可能讲的内容生动、活泼，让听众愿意听、听下去、听后有所收获。"

音频党课是一种创新的党课形式，扩大了党校政治理论教育的受众面。曾峻说："以前的广播上面，其他类型的访谈节目很多，但是党的理论、党性教育、党史、党建、经济发展的热点话题等内容很少。音频党课将每次重要的讲课内容，放在基层党员的活动中心，不仅现场有一些基层党员代表参与，而且平台上有更多的党员参加，将面授和虚拟空间教学相结合。"

"不是党员和干部对理论、经典著作不感兴趣，而是我们提供的产品从内容、形式上和党员的要求还有一定的距离。"曾峻说，"我们要不断地创新党课形式，提高讲课艺术性，把握听众需求，与时俱进地上好党课。

"没想到，党课还可以这么上"

"总书记'7·26'重要讲话指出，要推动全面从严治党向纵深发展，那么请

主持人秦畅现场邀请党员提问

问您对这个纵深是怎么样理解的？"曾峻老师的课堂上，来自梅陇镇罗阳八居党支部的石慧鸿提出这样的问题，而这个问题和答案将同步直播到音频平台上。

在党课课堂上，学员可以现场提问，也可以通过在线平台留言，平台将问题提供给授课老师，授课老师现场作答。曾峻说："现场听课的党员和音频平台上的听众都可以向我提问，不同的群体关注重点、兴趣点不一样，所以提出的问题也会更广泛，他(她)不一定提出和讲课内容有关的问题，也可能根据自己的工作、生活的具体领域提出问题。"

"真没想到，原来党课还可以这么上，这么学！"来自上海市闵行区梅陇镇民建村的党员李兰芳禁不住这样感叹道。这种形式非常新颖、接地气，不仅能够接触名师名家的深度授课，而且可以和老师互动，利用碎片化的时间进行学习。"今天的直播党课，真是使人耳目一新、形式活泼。通过新媒体汇集了更多的、优质的党课资源，拓展了我们的学习途径。"梅陇镇机关党员李莉发出同样感慨。

"这种党课形式深受年轻党员的欢迎，适合年轻人的工作、生活节奏，之前他们对党章的学习、对党的理解可能比较碎片化,音频平台的建立是年轻人对党的系统学习的开始。"上海市闵行区梅陇镇党委书记杨建华说。基层党建服务中心正在探索,如何将党性教育深耕到每一个平台上面,而这种党课模式改变了原来教学的机械性,党课内容有录音录像,可以在不同的平台回放,课程比较灵活,可以复制传播。

创新探索党建理论宣传

"周四讲习所"是"学习同心圆"音频党课的一个栏目,是一次对党建理论宣传的创新探索。9月7日为开播第一讲,今后每逢周四晚定时开讲1小时,由党校老师或基层党员为党员群众面对面上课,并通过广播及新媒体进行直播,上海全体党员可以进行在线收听。

"周四讲习所"音频党课直播现场

"阿基米德'学习同心圆'音频党课项目集合了多方优质资源,这其中有上海市委党校的优秀教师资源,有上海市党建服务中心的组织动员能力和党建实体服务资源,有党网人民网的互联网影响力资源,以及 SMG 东方广播中心强大的音频内容制作能力和阿基米德 FM 的互联网领先音频技术资源,可以说是一次强强联手的成功合作。"东方广播电台主任、阿基米德董事长孙向彤如是说。

"我们力求探索在移动互联网时代,通过新技术、新渠道、新形式将党的理论、党史知识、先进人物事迹、党的政策解读传播到更广泛的受众中,同时也是满足新媒体时代许多党员干部希望通过移动互联网进行理论学习的需求。"东方广播电台主任、阿基米德董事长孙向彤表示,"周四讲习所"是"学习同心圆"推出的最具互联网特点的栏目,希望通过一段时间的努力,能够在互联网的虚拟空间中营造更加浓厚的理论学习氛围、提供更有质量和形式多样的理论学习内容。

"学习同心圆"音频党课由中共上海市委党校、上海市党建服务中心、人民网上海频道、东方广播中心、阿基米德FM联合推出,第一阶段内容除"周四讲习所"外,还有"一分钟党课""为支部点赞"等内容。

"周四讲习所"每周四晚19:30—20:30定期开讲,授课内容紧紧围绕习近平总书记系列讲话,9月14日、9月21日、9月28日还将陆续推出由朱国萍(长宁区虹桥街道虹储居民区党总支书记,全国人大代表)、唐珏岚(中共上海市委党校经济学教研部副主任、教授)、葛龙官(张江高科技园区综合党委副书记、上海市优秀党务工作者)主讲的党课,课程地点选取上海地标场所、党性教育基地、各级党建服务中心或居村党建服务站点等,将讲习与实景相结合,重温历史,解读发展。

当日,上海新闻广播《海上畅谈》,阿基米德FM《学习同心圆》进行同步直播,不包括广播电台,仅阿基米德FM客户端实时收听人数即超过5 400人。今后,大家可通过手机在"阿基米德FM"客户端,搜索"学习同心圆"栏目,随时随地回放已经上线的音频党课内容。

王文娟

人民网上海频道

线上线下同频共振
——浦东新区沪东新村街道党工委探索基层党建新路径

点评 张树平
上海社会科学院·政治与公共管理研究所副所长、副研究员

中国共产党在中国社会中的政治地位与作用,是通过领导、执政和服务来体现和达成的。为了巩固、改善和完善党的领导,为了增强党服务人民、服务社会的能力,就必须在国家治理现代化和中国改革开放的进程中切实推进各级党组织执政活动和执政方式的与时俱进。对于党的基层组织来说,尤为重要的是,如何在服务基层社会、服务社区和乡村、服务居民和村民的有效活动中实现党在基层的领导与执政。这就要求中国共产党及其基层组织必须因应中国社会的深刻变革,

譬如新媒体和网络社会的兴起、新经济组织与新社会组织的变化、多元社会文化的形成、法治国家的历史进程、基层自治与政治参与的发展，主动积极地培育和创新党在基层的执政理念、方式与技术。沪东街道力推的"微心愿"、"沪东在职党员"微信公众号、"居企合作"联合党建等创新品牌，将党的立党原则与宗旨、党的行动与活动和人民群众的生活需求与基层治理的内在要求，通过新网络技术和数字平台有机对接起来，将党员与群众、将党的基层组织与中国基层社会融为一体，深刻体现了新时期基层党建的蓬勃生机和光辉前景。

案 例　浦东新区沪东新村街道党工委：
线上线下同频共振"互联网+"探出基层党建新路径

2016年10月10日人民网上海频道

说起沪东"微心愿"，可谓声名远播，该项目曾获浦东新区"十佳"志愿服务项目称号，被评为浦东新区社会建设"十大创新项目"，成功入选"2015年上海十大微信公众号评选"网友票选榜微信服务功能十强和"2016年上海市社区治理优秀案例"。不仅在上海各区，就连重庆、贵州等地相关单位也纷纷前来沪东学习"取经"，并将其成功推广复制。

"微心愿"行动被点亮　沪东党员人人做公益

沪东"微心愿"是沪东新村街道党工委精心打造的一个品牌，每年开展两季，两年来，前四季共实现了436个心愿，而且每次都被抢着认领，其中党组织、党员的身先垂范起到了关键作用。记者翻看"微心愿"厚厚的登记表，书包文具、电扇暖炉、医护器具、陪护关爱，每个心愿都不难完成，但难就难在每个心愿的背后都是一位许愿人的殷殷期望及所有圆梦人的精心准备。

2017年6月下旬，第五季"微心愿"启动仪式上，老党员冯瑛获得了一份特殊的荣誉——"微心愿达人"。她是"微心愿"活动的"忠实粉丝"，每次都抢着认领好几个心愿，在已开展的四季"微心愿"活动中，她已经为11位老人圆梦。

沪东第五季"微心愿"启动现场"摇一摇"秒抢到心愿的爱心人士

对于认领到的每一个心愿,她都要仔细权衡,选择最适合许愿人的用品。而每一份心愿物品她都亲自送上门,交到许愿人手中,教会对方怎么使用,最后还不忘问一句:"你觉得合用吗?不合适的话还能去退换。"

"'为人民服务'会'上瘾'。"社区党员钱杨慧如此感慨。他在第四季时认领了一个特殊的心愿——为虞树芳老人上门洗脚、剪指甲。半年多来,他每个月都来到老人家里,为老人泡脚,厚厚的脚趾甲必须泡软了才好剪。"以前说'为人民服务'像是喊口号,真正做起来,才体会到这份情感的交流是相互的。"

"我们要通过这些创新举措,让'微心愿'深入到社区基层,让党员们站到前排,在社区自治的探索中走出有效动员、教育、带领群众的新路,成为创新社区治理的新平台。"沪东街道党工委书记董建敏告诉记者。

上海交通大学大数据工作室对沪东微心愿作了分析,数据发现沪东"微心愿"第一季100%由党员认领,第二季的群众参与率为19.6%,到第三季群众参与率提升到41.6%,再到第四季30%的心愿由群众认领,充分体现出党员示范带头、群众积极参与的氛围。

引进"互联网+"设计 APP　在职党员服务社区

在沪东街道,"党员站到前排"的行动,还不仅限于"微心愿"的认领上。在沪东有一个名为"沪东在职党员"的微信公众号,该公众号关注后就可以在线进行党员报到,并设有服务党员、活动资讯、岗位意愿、积分兑换等多个栏目。

这一 APP,有效解决了在职党员服务社区时间、空间、信息不对称问题。党员填写并提交信息后,街道党工委就能了解到党员的基本情况,包括每个人的需求、特长、能够提供服务的时间段等,然后根据每个人的特长为他们量身定制志愿服务岗位,让在职党员的管理更加系统化,发挥特长的舞台更加多元化。

沪南居民区是老小区,独居孤寡老人多,在新春到来时,在职党员线上报名一起为孤老庆新年。在 2015 年的党总支兼职委员选举中,金桥市政公司的年轻在职党员加入寿一居民区党总支,在春节和元宵节期间,在职党员们又相约在小区和周边开始禁燃烟花爆竹的巡逻。居住在柳博居民区的在职党员陈老师,是一名党务工作者,居民区党总支特邀请其为大家作了一堂精彩生动的"五大发展理念"专题讲座,陈老师充分发挥自身特长,用鲜明的案例向党员们阐述讲课主题,原本以为会很枯燥的讲课,持续了一个半小时,被居民们笑赞"全程无尿点"。

这样的例子,在沪东街道还有很多。

"在中央提出供给侧改革的条件下,在社区层面,我们从技术手段、服务理念和内容供给端入手进行改革,鼓励各个居民区根据工作实际,把服务的内容做成系列'产品'来推出,比如伟业居民区的'温暖'系列、'迎新'系列等。要保持常态化,既能吸引在职党员的积极性,也能打造出自己的品牌。"街道党工委副书记邓亮向记者介绍了他们的供给侧改革后的"产品"概念。

据悉,目前系统已经注册千余名在职党员,覆盖在职党员服务团队 100 余支,系统在前期 9 个居民区试点基础上将推广至所有居民区。

创新区域化党建　把联合党建成果推向居民区

2015年3月,沪东街道牵头金桥市政、金开市政等7家市政养护公司党支部,分别与7个居民区党支部"一对一"结对共建。一年多来,沪东的"居企合作"成了一件看得见、有温度、见成效的事情。

朱家门是一个拥有3 000多户居民的老小区,"大雨大淹、小雨小淹"曾是台风暴雨天里的常态。2017年台风季到来前,小区居民却"笃定"了——金桥市政建设发展有限公司去年把一辆"庞然大物"开进了小区,这辆专门给下水道做"体检"的检测车把摄像头伸进管道里一查,所有堵塞点一目了然——经验丰富的作业人员掏出淤堵在下水道的大量垃圾,积水这个"老毛病"就被根治了。

"老小区地下管道往往年久失修,下大雨就积水。"金桥市政公司党总支书记吴雪康说,"今年,台风季来临前,我们派了好几路工作人员到对接的居民区现场'摸底',会同小区物业'问诊'。排查发现隐患的,立马给主干道雨水井做疏通,对小区内所有可能倾倒的树木进行加固。"

邓亮介绍,街道与金桥区域城市管理行业党建联合体签约落实"五个一项目机制",即双方每年开展一次全面环境美容、一次专业技术培训、一次联合党课学习、一次条块联谊活动、一次特色参观活动,"行业单位提供专业化服务,我们街道提供人文化、人情味儿的内容"。

2017年,沪东街道党工委继续推动"居企合作"全面升级。"参与共建的居民小区从去年的7个增加到今年的10个。"邓亮表示,"我们还希望借助'互联网+',搭建实时平台,让'居企合作'纵深化、网络化、互利化、常

态化,在适当的时候实现全覆盖"。

近年来,沪东街道在加强基层党建方面走出了一条有着自身鲜明特色的路子。街道党工委依靠专业化、社会化力量,吸引广大社区群众积极参与,积极探索以自下而上的自治议题与项目形成机制和自下而上的工作评价体系为内容的体验式社区治理,在思维理念、队伍建设、公共服务、社区治理等方面进行探索和实践。从项目的征集到实施,再到评议监督,都离不开社区群众的参加,也因此得到了群众的广泛认可。

唐小丽

人民网上海频道

第二篇

自贸试验区改革

  中国（上海）自由贸易试验区是上海践行"改革开放排头兵"国家战略的集中体现，自2013年9月设立至今，在贸易便利化、金融深化和外资开放等方面已经取得了有目共睹的成绩和许多可复制经验。中国（上海）自由贸易试验区设立的初衷和重点目标之一就是市场化改革深水领域的试航，尽快建立"同国际投资和贸易规则相衔接的制度体系"，政策创新及进入国际投资和贸易规则体系是自贸试验区建设的终极目标。

深化"放管服"改革 营造良好营商环境
——上海新时代新思路再出发

点评 权 衡
上海社会科学院·世界经济研究所所长、研究员

进入新时代的上海改革开放和创新发展,最重要的抓手就是营造更加良好的营商环境。《人民日报》大江东工作室题名《上海营商环境放大招,李强要求当好"店小二"》的文章很有启示。其中提到,李强书记要求"政府公务员要强化服务意识,当好服务企业的'店小二',做到有求必应、无事不扰",这就进一步明确了一个非常重要的认识:营造营商环境的本质就是构建服务型政府,通过政府服务能力和水平提升为企业发展营造公平竞争的环境。在当下,服务型政府的首要任

务就是要求各级官员首先学会摸清企业的痛点、堵点、难点；唯有通过深入实际调查研究，真正了解和把握企业发展中面临的痛点、堵点和难点，才能真正找到优化营商环境的突破口和工作抓手。

营造营商环境，往大里说，就是"放管服"的改革，就是解放和发展生产力；而往小里说，就是帮助解决企业生产经营过程中面临的问题和困难，这些问题和困难可能与企业自身经营不善等方面的问题不同，主要是由于各种隐性、软性的制度性障碍，例如审批环节多、审批时间长、税费过重问题、监管不科学等。这些问题实际上造成了企业发展中的痛点、堵点和难点。为此，要在优化营商环境的过程中，首先学会摸清企业的痛点、堵点、难点，这就需要坚持问题导向、需求导向和效果导向，进而才能真正建立"亲""清"的政商关系、政企关系。否则就会要么是"不亲"，给企业发展制造更多堵点；要么是"不清"，给企业发展带来更多"痛点"。因此，在当下正在推进的营造营商环境建设过程中，非常重要的落地之策就是加强调查研究，针对企业现实存在的各种"痛点、堵点、难点"进行制度创新和改革，这也是体现"问题导向、需求导向、效果导向"的改革发展新思路。

案例 上海营商环境放大招，李强要求当好"店小二"

2017年12月25日《人民日报》中央厨房·大江东工作室

2017年年底，要收尾的工作极多，上海却高规格插入了一个活动——优化营商环境推进大会，书记、市长双双出席，话也说得很重，这是在放啥大招呢？据大江东工作室观察，兹事体大，事关上海下一步改革抓手。在东姐听来，李强书记的话极具新意："政府公务员要强化服务意识，当好服务企业的'店小二'，做到有求必应、无事不扰。各级领导干部要敢闯敢试、勇于担当，带头抓改革、促改革，在提供更好的制度供给上不断有新的突破。"

12月22日上午,上海市委、市政府召开上海市优化营商环境推进大会,市委书记李强发表讲话(陈正宝摄)

和企业"勾肩搭背"不行,"背靠着背"也不行,李强着力打造"亲""清"政商关系

2017年12月22日的这个会,特别请来企业代表,不仅有央企、市属企业,还有外企和民企,李强希望大家一起研究,打造上海更加优良的营商环境,强力推动上海新一轮的改革开放。

为企业当好"店小二",为营商环境放大招,这是有过浙江,特别是温州工作经历的李强,履新以来时时透露的深谋远虑。

不妨对照一下,在上海的会上,李强说:"上海必须对标国际最高标准、最高水平,努力打造世界一流的法制化、国际化、便利化营商环境,使上海成为贸易投资最便利、行政效率最高、服务管理最规范、法制体系最完善的城市之一。"

四年前,时任浙江省省长的李强,曾在第二届世界浙商大会上强调,要不断深化改革、提高效率,目标就是让浙江成为"审批事项最少、办事效率最高、投资环境最好、民间活力最强"的省份。

同样四个"最",思路一以贯之。

李强在浙江的工作思路相当清晰:全面深化行政审批制度改革,提高政府效能,优化软环境。以此为突破口,横向撬动经济社会改革,纵向撬动政府自身改革,努力再创体制机制新优势,为此,他还给一些地市立了军令状。

那时,李强心心念念于浙商回归工程,着力打造"亲""清"政商关系,优化营商环境。其拳拳之心,为浙商增添了回归的底气和信心,后来浙商回归连续有着创纪录表现,为浙江省发挥了输出新动能、制造新活力的作用。

那么,用什么撬动上海新一轮全面深化改革呢?鉴往而知新。东姐注意到,这个月初,上海《解放日报》署名"申言"的评论就以《主动"亲近"企业》为题,直接鞭策领导干部,"习近平总书记用'亲''清'二字来描述新型政商关系,'亲'的前提是'清',而没有'亲'也谈不上'清'。经济要发展、改革要推进,政府部门、领导干部就不要怕与企业,包括民营企业打交道。"

熟悉上海政情的人都知道,"申言"一直是代决策层立言的,从中可以观察上海市主要负责人的执政思路。"申言"指出:过去有的干部,与企业"勾肩搭背",结果陷入腐败,代价惨痛。但有的干部为了"引以为戒",不知不觉就走向另一个极端。他们不跟企业"勾肩搭背",而是跟企业"背靠着背",平时对企业不敢多问,甚至不闻不问,用敬而远之来防止"说不清楚"。这同样是发展的阻碍。"今天特别要学会的,是摸清企业的痛点、堵点和难点。"

有位曾被痛点、堵点折腾得心神不宁的民营企业家,就向东姐竖过大拇指。"这话简直说到我们心上了!"

这个会前,上海市委、市政府领导就在市内广泛调研优化营商环境,还走出去向兄弟省市学习取经,研究出台了《上海市着力优化营商环境 加快构建开放型经济新体制行动方案》,从五个方面提出 30 项改革任务,总体目标是把企业办理业务全流程便利作为衡量标准,查找短板弱项、巩固提升优势,务求显著提高企业对上海营商环境改革成效感受度。

上海立下了新的"军令状":到 2018 年,相关领域的短板弱项明显改善,部

会议邀请部分在沪央企、市属国企、外资企业、民营企业以及行业协会代表参加(陈正宝摄)

分领域营商环境指标达到国际公认标准的先进水平。到 2020 年,各领域营商环境便利度全面进入国际先进行列,形成充满活力、富有效率、更加开放的国际化、法制化、便利化营商环境。

决策层为营商环境放大招,上海各层面八仙过海,各展身手

在营商环境方面,上海原先也有着得天独厚优势。曾经有企业家在某地重点投资举步维艰,后来忍痛将经营重点转到设在浦东的上海自贸区,用他的话来说,上海人规则意识强,不用非得找熟人才办得成事。

上海的市场环境、治安环境、人文环境、生态环境等,在国内外都颇有口碑。目前,上海注册的外资企业总数达 83 935 家,集聚了 620 家跨国企业的地区总部,435 家境外金融机构,422 家外资研发中心。2017 年,上海财政的非税收入占比预计为 11.7%,连续三年保持全国最低。上海日均新设企业1 184 家,企业活跃度 79.8%。多年来,上海持续清理规范行政性收费,不断推进降费减负,有效降低企业负担。2016 年和 2017 年,仅上海地方层面自主出

台实施的降费减负，就累计约189亿元。在深化行政审批制度改革方面，上海2013年以来已取消和调整了1 941项审批事项，全市推动当场办结、提前服务、当年落地等措施，效果也很明显。

尤其上海自贸试验区的先行先试，催生了一系列制度创新，各领域八仙过海，各展身手。

实施证照分离等改革后，上海工商注册便利化水平大大提升，激发了市场活力。截至2017年11月底，上海全市共有各类市场主体232.4万户，同比增长7.2%，其中企业186.7万户，增长7.9%。上海市工商局局长陈学军说："坚持问题导向、需求导向、效果导向，按照国际最高标准，虚心学习兄弟省市好经验，把人家高在哪里、好在什么地方搞清楚弄明白，再把自己摆进去作对照，在学什么和怎么学上制定具体的办法和措施，用改革的精神、改革的思路、改革的办法解决问题、推动工作。"

上海海关在推进跨境贸易营商环境优化过程中，深化"放管服"改革，推动贸易便利化，先后取消行政审批事项11项、经营性收费8项，减少核批环节74项，大力去繁就简，减少加工贸易企业70%的操作环节，通关无纸化率达93%。到2017年10月，进出口通关时间分别比2016年缩短43%和44%，提前实现压缩通关时间三分之一的目标。在洋山港四期全自动码头，探索验放自动化、监控远程化、通关零等待、物流零干扰的全新即时通关模式。

上海市税务局从深化简政放权、创新监管方式、优化纳税服务、改进税收执法着手，出台6个方面共28项具体措施，包括逐步推进"国际贸易单一窗口"出口退税项目深化应用，实现退税无纸化等。打造集约办税体系，减少准备时长。

而浦东新区投资项目审批体现国际领先水平，率先实行"多评合一、多图连审、区域评估、联合验收"，企业投资项目从取得土地到获得施工许可证的政府审批时间，带设计方案出让的不超过15个工作日，不带设计方案的48个工作日。企业办事体现一次办成，市场准入全网通办实现一键办成，社区事务全区通办实现一窗办成，政务服务信息全域共享实现一网办成，单窗通办覆盖全部市场准入事项。

"上海能有今天的成就,关键一条就是抓住改革开放特别是浦东开发开放的重大机遇,着力营造良好的营商环境,充分激发各类市场主体活力,赢得了发展先机。"李强从全球、国内以及上海自身发展三个层面分析了优化营商环境的重要性,指出进入新时代,上海肩负新的使命,也面临新的竞争,千帆竞发、百舸争流;不进则退,慢进也是退,唯有拿出"改革开放再出发"的决心和勇气,才能赢得新优势、掌握主动权。

企业的痛点、堵点、难点,"店小二"正想方设法纾解,事关"革命性流程再造"

然而,按照"店小二"的要求来打量上海,短板犹存。上海被提出意见较多的,就有营商成本高,政策红利变小。自贸试验区的制度创新在全国范围被复制与推广,营商环境有待优化的空间依然很大。在市场准入、企业开办登记便利度、办理施工许可等方面,与世界一流水平相比还有较大差距。

在会上,李强猛敲黑板,划下三个重点:一是已有强项要更强更优。上海政策公开透明、办事规范,法治环境总体水平较好,要看到自身优势,继续努力;更要提升标杆,不断追求卓越,把长板拉得更长。二是短板弱项要提升补齐。要对营商环境方面存在的短板作一次全面梳理,尤其对企业反映强烈的问题,实施革命性流程再造,排出补短板的任务书、时间表、路线图,以只争朝夕的精神尽快补齐补好。三是特色亮点要打响品牌。要围绕效率优先、创新优先等进行积极探索,打造上海营商环境不可替代的新亮点、新标识,真正使特色更特、亮点更亮,形成强大的"引力场",不断增强城市的核心竞争力。

从会场走出来,几乎所有领导干部心头的紧迫感都油然而生。

眼下,上海官员凡事都被要求"对标国际最高标准和最高水平",营商环境自然更不例外。在应勇市长看来,营商环境好不好,最终要看企业经营成本高不高,企业办事方便不方便,还要看是否真正形成了公平、统一、高效的市场环境。

在上海,企业反映的突出问题之一,仍然是审批难、办事难。在营商环大调研中,针对行政审批制度改革,企业意见集中在多、慢、散:审批事项多,环节过多;审批速度过慢,时间过长,如企业施工许可平均需要 279 天;各部门协调不够,有些互设条件、互为前提、互为因果,前后口径不一。

怎么解决企业的痛点、堵点、难点?应勇表示,核心是要着力深化"放管服"改革,使市场在资源配置中起决定性作用,更好发挥政府作用,努力做到审批更简、监管更强、服务更优,不断激发市场活力和社会创造力。

他给出五条改革路径:一是要着力发挥上海自贸试验区示范引领作用,把更多先行先试举措放在自贸试验区探索试验,力争有更大突破。二是着力深化"证照分离"改革试点,推进"一照通办、一码通用、证照分离、照后减证"改革。三是着力深化行政审批制度改革,针对市场准入、施工许可、跨境贸易等审批办理,制订实施十大专项行动计划,进一步清理行政事业性收费,减轻企业负担。四是着力深入推进"互联网+政务服务",努力做到企业市场准入"全网通办"、个人社区事务"全市通办"、政府政务信息"全域共享"。五是着力加强事中事后监管,完善监管制度,创新监管方式,更加有效维护市场秩序。

2016 年,浦东率先对 116 项许可事项进行了分类改革,取消审批、告知承诺和备案的已占到许可事项的 47%;目前上海全市发放的加载统一社会信用代码的营业执照超过 184 万张。浦东新区证照分离改革的经验,正被要求加快向全市推广。

"壮士断腕,刀刃向内。"这句话各区各委办局的领导干部耳熟能详,甚至有些惊心动魄。按市里的要求,区级设置的行政许可事项,原则上应全部取消,市级的基本取消或改成备案和告知承诺;涉及地方性政府法规、规章或规范性文件需要修改的,要求抓紧研究修改。按照行动方案,上海针对市场准入、施工许可、跨境贸易等的审批办理,正研究十大专项行动计划,争取尽快实施、尽快见效。

李强强调:要以抓铁有痕的力度,抓好优化营商环境各项任务举措的落实,让企业有更大获得感。要推进政府层面的改革创新,提供有效制度供给。在"放管服"改革上,该放的权要放得更彻底、更到位,把经济管理权放到离市场最近的地方,把社会管理权放到离老百姓最近的地方;该管的要管得更科学、更到位、更高效,以事中事后监管为原则,事前审批为特例;服务要更精准、更贴心。

话说得斩钉截铁,企业代表们笑了。

李泓冰　励　漪
人民日报社上海分社

瞄准"最高最好" 打造"中国样本"
——上海定位"全球卓越"新坐标底气足

点评 **邓智团**
上海社会科学院·城市与人口发展研究所研究员

当前全球化正在从1.0版向2.0版转型,全球层面竞争也在升级,从国家间竞争延伸到城市间竞争。从跟随全球化到引领全球化的中国,需要能代表国家在全球层面展开政治、经济和文化竞争的顶级城市。作为国际经济、金融、贸易、航运、科技创新中心,上海自然而然需要且具备基础条件担此重任。因此,定位为"卓越的全球城市和社会主义现代化国际大都市"的上海,需要做到"国际最高标准、国际最好水平",可以说这"既是外在要求,也是内在追求",是长期战略愿景,也是近期战术任务。从未来长期战略愿景来看,2017年年底获得国务院批复原则同意的《上海2035》明确提出,上海是国际经济、金融、贸易、航运、科技创新中心,要努力把上海建设成为创新之城、人文之城、生态之城,卓越的全球城市和社会主义现代化国际大都市。而从近期中期的战术任务来看,李强书记提出上海要按照习近平总书记提出的当好全国改革开放排头兵、创新发展先行者的要求,在新时代坐标中坚定追求卓越的发展取向,着力构筑上海发展的战略优势,全力打响上海服务、上海制造、上海购物、上海文化四大品牌。面对激烈的全球竞争,在卓越的全球城市和社会主义现代化国际大都市的长期战略愿景引领下,以上海"四大品牌"建设为抓手和突破口,构筑上海战略优势,提升国际竞争力和影响力,最终形成难以被人取代的战略优势。

案 例　敢与国际最高标准对标,上海底气何在?
2017年12月04日《人民日报》中央厨房·人江东工作室

上海陆家嘴沐浴在阳光之下(秦智渊摄)

"新时代要有新气象,更要有新作为。"这几年先行先试的上海,如今又有了啥新目标? 东哥、东姐近期走访魔都,发现不论城乡、机关、企业,都在琢磨对标全球最高、最好标准,这份底气从何而来?

开弓没有回头箭,百舸争流奋楫先

东临太平洋,中国海岸线如一把张开的巨弓,长江如箭,箭与弓相搭处,就是上海,就是浦东。大江冲向大洋,把岸线顶成一个张开的"鱼嘴",那"下唇"含住一汪水滴般的碧湖。冬日,这里的风很硬朗,吹出卷海回天的浩荡之气。

正午,刚刚开完领导干部务虚会,上海市委常委、浦东新区区委书记翁祖亮一行十来人便拎上盒饭,跳上中巴,急匆匆赶到这里与市领导汇合,实地研讨自由贸易港区的建设方案。"赋予自由贸易试验区更大改革自主权,探索建设自由贸易港",十九大这一最新部署,让浦东人很激动,也给这里带来了新气象。因为中国第一个自贸试验区诞生在浦东,而上海自贸区改革 3.0 版,就包括建设自由贸易港。在翁祖亮看来,上海自贸区的试验任务重在制度创新,形成可复制可推广的经验;而自由贸易港则要对标全球开放水平最高标准,向世界亮出自由贸易港的中国方案。

由长江啄向太平洋的"鱼嘴","上唇"则是满目苍翠、白鹭翩飞的崇明岛。也是正午,三星镇平安村 68 岁的村民李诚踱出家门,把两个塑料袋分别扔进

崇明秋色(崇明区供图)

写着"干垃圾""湿垃圾"的桶里。碰到记者,他指着清亮的小泯沟说:"原来上面油腾腾、下面臭烘烘,现在能洗菜洗碗啦!看,那边还在建污水处理槽,说是中国最先进的——阿拉崇明可是要建世界级生态岛呢!"

采访中,有句话被频频提及——"对标国际最高标准、国际最好水平"。

习近平总书记连续5年参加全国人大上海代表团审议,每年都对上海提出希望:当好全国改革开放排头兵、创新发展先行者。中央全面深化改革领导小组开会,上海话题频现,交办的改革任务是系统集成的,特别是上海自贸区和具有全球影响力的科技创新中心建设。

中央重托,上海责无旁贷。曾为全国提供了诸多改革经验的上海,不再满足于国内领先,而是定位于"全球卓越"。

上海先行先试的新故事,再次告诉世界:"中国开放的大门永远不会关上,只会越开越大!"

强化对标意识 上海底气十足

敢与国际最高标准"对标",上海底气何在?

底气源自改革。

4年的上海自贸区试验,累计有100多项制度创新成果在全国复制推广。"中国面临日趋复杂的国内外形势,国际投资规则与贸易体系面临重塑,上海自贸区这场'国家试验'的先行先试,已经成为中国改革开放的重要推动力。"第三方评估公司普华永道如此评价。

而中共中央政治局委员、上海市委书记李强履新一周便到浦东调研,一席话说得听者既冒汗又提气:"浦东要勇当新时代全国改革开放、创新发展的标杆","在新的更高起点上再出发,以更大的责任担当、更好的精神状态当好排头兵中的排头兵、先行者中的先行者"……

"目标高远,挑战巨大。自己懂不懂国际最高标准、会不会操作、有没有改革方案?开放倒逼改革,干部们开始了大调研,反复问自己,反复找短板,有了强烈的紧迫感。"浦东新区区委常委王宏舟说,"还是要大胆试、大胆闯、自主

中共中央政治局委员、上海市委书记李强在浦东调研

改,改革永远在路上。"

底气源自开放。

且看银监会官方网站的一组数据,截至2017年9月末,上海辖内外资银行资产总额1.45万亿元,同比增长15.1%。在华外资银行总资产、总存款的大约一半都放在了上海。对此,有财经媒体人用"震惊"来形容。

上海银监局副局长马立新谈到,超过半数的外资法人银行将注册地放在了上海,他还提醒记者,上海目前银行贷款不良率只有0.57%、关注率1.02%,为全国最优之列,显示经济运行健康、效益凸显。"国际金融机构对上海投了信任票,不是没有原因的。"

霍尼韦尔,一家年销售额数百亿美元、专注高科技生产制造与服务的多元化跨国公司,把中国研发中心放在了上海自贸区的浦东张江。霍尼韦尔特性材料与技术集团全球副总裁、亚太区总经理余锋说:"我们也刚学过十九大报告。今年的投资都赚钱了,明年的投资方向就在这份报告里!"

底气源自创新。

浦东张江眼下到处都是工地。作为具有全球影响力的科创中心载体,张江科学城建设规划于今年盛夏获批,目标就是"世界一流"。在张江综合性国家科学中心,光源工程二期、超强超短激光装置等一批重大科技基础设施正在建设,对标的是美国硅谷、新加坡玮壹科技园、日本筑波科学城……

世界一流的科学家也瞄准了张江。在上海市出入境管理局,华东理工大学客座教授伯纳德·费林加和上海科技大学特聘教授库尔特·维特里希刚刚通过"绿色通道"申请了永久居留身份证,成为首批入沪工作并拥有"中国绿卡"的诺贝尔奖得主。张江高新区管委会已为30名外籍高层次人才出具了永久居留推荐函。

十九大闭幕不久,上海就创新新闻迭出：2017年11月14日,市政府发布《关于本市推动新一代人工智能发展的实施意见》；11月15日,上海航天人为太空再添"中国星",风云三号D星升级换代,6台新载荷达到国际领先水平；11月27日,上海市政府与人工智能独角兽企业——商汤集团开展全方位战略合作,商汤集团5年内在沪总投资额不低于60亿元；11月28日、29日,新增两院院士公布,上海13人当选,使沪上院士总数达到全国第二,生命科学和医学医药实力突出,大科学装置群的人才效应正在显现……

瞄准"最高最好" 打造"中国样本"

要对标国际最高标准、国际最好水平,关键是找准真正的"最高最好"。上海不同行业、不同部门、不同地区,都在为自己找标杆、寻参照,规划蓝图,直至将自己也做成"国际标杆"。

浦东张江张衡路,上海同步辐射光源发生装置。和友博士指着复杂的仪器如数家珍：上海光源释放的光,亮度是普通X光的1 000倍,相当于一个超级显微镜集群,能看清病毒的结构、材料的微观构造和特性。"过去新药研究,细胞受药后是否有作用,没法看清,科研人员很苦恼。现在过来一看,就清楚了,科研效率大大提高。已经有超过1.5万人次的中国科学家到这里做试验啦!"

"对我来说,十九大报告很实在,也给了科技人员实现个人梦想的机遇。"和友腼腆地说,"我能在这个位列中国第一、进入世界第三代中能同步光源第一方阵的大科学装置中工作,真是太幸运了!上海科创中心建设进入国家战略,我们成为世界级光子科学研究基地的梦想也会实现。"

中国商飞 C919 总装车间,C919-102 号正在作试飞前的系列准备。刚刚分享了中国第一架大飞机腾空飞行的喜悦,第二架大飞机又将起飞。至今,C919 的订单数量已经突破 730 架。试飞中心党委副书记迟翔远指着发动机介绍,C919 使用的这台发动机,是由美国通用电气和法国赛峰公司合作研发的最新一代 LEAP 发动机。当 C919 选定这台发动机之后,同 C919 相对应的波音 737MAX、空客 320Neo 型最新款的飞机,也都换装了这款发动机,可以说是改变了当时干线客机的发动机市场,也说明 C919 具有非常好的市场竞争力。

C919 起飞时的模样(中国商飞供图)

与此同时,在东方路上的振华重工总部总控室里,振华重工总裁黄庆丰正盯着大屏幕,远在东海之畔的洋山港第四期码头上,一只只集装箱的位移清晰可见。这个世界最大的自动化码头,即将正式启用。

1992 年从港机起步的振华重工,最初的梦想是"世界上有码头的地方就有振华港机"。1998 年起,振华提出"每年至少做一个世界第一"的目标,从未落空。现在,地球上所有港口的港机,有八成都姓"振华"。

等洋山港自动化码头启用,"中国在这个领域当之无愧领跑世界!"黄庆丰说,"十九大对推动形成全面开放新格局作出重大部署,并将扎实推进'一带一路'建设列为一项主要任务和重要举措,我们'一年一个世界第一'又有新的筑梦空间了。帮助'一带一路'沿线国家提升港口水平的同时,振华也会更强更大,将由制造商逐步转变为系统方案提供商。"

即将开港的全球单体最大的自动化码头——上海洋山四期自动化码头(振华重工供图)

进入新时代,开启进一步走向世界、发展更高层次开放型经济的新征程,被定位为"服务国家'一带一路'建设、推动市场主体走出去的桥头堡"的上海,蔚然呈现昂扬壮阔的新气象。

上海外高桥保税区法赛路 310 号,上海自贸区国别(地区)进口商品展示交易中心。马其顿的水果和蔬菜、保加利亚的玫瑰,琳琅满目。展示交易中心将中东欧 16 国的绿色农业、食品业、精细矿产等引入中国市场。这些国家的悠久历史、独特文化及丰富的旅游资源,也搭车让中国消费者共享。

"这不,十九大一闭幕,中心又与阿塞拜疆签约,整体引入其 11 家酒庄进入中心展示。"外高桥集团股份有限公司副总经理俞勇说,"我们希望这是一扇窗,中国消费者推开它,可以看见世界;而国外的中小企业推开这扇窗,则可以看见整个中国。"

这样的窗,在上海还有很多。

驾车驶出上海中心城区进入崇明岛,车窗外的国际大都市景象便切换成了乡野风光。这里 PM2.5 平均浓度仅为 35 微克/立方米,是国际候鸟迁徙路线上一大重要驿站。

三星镇党委书记龚霞刚察看了中车集团承建的农户污水处理系统的建设进度,又风风火火地去迎接来为海棠种植"把脉"的院士。小镇书记虽沾乡土气,却谈笑有鸿儒,上海交大、同济大学的大专家追着她叫"海棠书记"。"崇明也曾经村村冒烟。现在是一镇一特色,一镇一公园。我们镇种满了不同年代、不同品种的海棠,有集聚效应嘛!"

崇明区委书记唐海龙很自豪:"好空气真能当饭吃。世界生态岛是个很大的舞台,让国际高手都来竞技!"看中这里的生态,国际自行车、国际马拉松的高等级赛事相继落户。崇明列入第一批国家生态文明先行示范区试点,还被作为"生态岛建设"典型案例,编入联合国环境规划署的绿色经济教材,向全球42个岛国推荐,"崇明样本"对全球发展中国家探索区域转型的生态发展模式具有重要借鉴意义。

漠漠水田,白鹭纷飞。在崇明,鸟很幸福,人更幸福。"气管都被这里养娇了!"说这话的是崇明香朵开心农场的工作人员毛淑芳,来自台湾。站在绿野平畴,看白墙黑瓦错落,湿地细流潺潺,真仿佛走进了唐诗,走进了乡愁⋯⋯

建全球卓越城市　引国际人才争栖

费林加想申请"中国绿卡",一个重要原因是平台、是事业。

2016 年,费林加获得诺贝尔化学奖。一年后的 10 月 22 日,就在中国召开党的十九大期间,"费林加诺贝尔奖科学家联合研究中心"在华东理工大学成立,他出任外方主任。张江高新区管委会、徐汇区政府、华东理工还将联合出资,为他定制实验室,推动智能材料基础研究及其成果转化。对此他很感动,

2016年,费林加获得诺贝尔化学奖。一年后的10月22日,费林加来到华东理工大学建立中心

用一个词评价:"Fantastic!"(非常好)"我们要打造世界顶级实验室,做出创新成果,也培养一批青年科技人才,吸引全球知名科学家加入我们团队。"

更多的费林加故事还在继续。2017年10月底,"上海吴孟超国际诺贝尔奖获得者联合科技创新中心"落户嘉定,将联合医学领域的诺奖得主,发起精准医疗的攻关,特别是免疫细胞治疗的创新。

各路精英正在向上海集聚。

纳贤路,张江国际创新港。这个创客空间吸引了创业企业270多家,"掌柜"的是个叫盛夏的姑娘,"摆开八仙桌,招待十六方":"微软、英特尔、博世等知名公司的大咖们,高管和投资人,都是我的贵客。"

大咖们挑事业平台,挑生态环境,也挑人文环境。

许多年之后,上海文化发展史将会记住2017年这个冬季。世博文化公园、浦东美术馆、宛平剧场、上博东馆、上图东馆、程十发美术馆等一大批文化设施齐齐开工,上海交响音乐博物馆也开始试运营……

如此密集展开重大文化设施布局建设,不光在上海,在全国甚至全球都属罕见。其间有深意存焉:着眼的是做强城市文化软实力,瞄准的是2020年基本建成国际文化大都市的目标。

徐汇滨江水岸,被称为西岸。2017年11月27日,商汤科技入驻徐汇,吸引他们的,正是西岸的气质。

黄浦江在这里柔和地摆了一下腰肢,十足的艺术范儿。曾经,这里是工业铁锈地带,市民无法踏足。整体开发后,新增出相当于一个小陆家嘴体量的空间,目标是"全球城市卓越水岸",塔吊成了艺术地标,煤码头摇身变成美术馆,水泥厂脱胎换骨成了梦剧场,各国艺术家在西岸建筑示范区纷纷开起工作室,尽情展示着奇思妙想……徐汇区委书记鲍炳章说:"过客看硬件,留客看软件。软件,就是一个城市的文化内涵,真正打动人心。"

西岸文化走廊全景暨徐汇滨江开放空间(徐汇区供图)

徐汇区正在用"放大镜"找短板,参照系在伦敦、巴黎、纽约、东京。比较方式很独特,不仅是用平视图,而且将4个城市的俯视图进行比照,看城市肌理,看城市生态……这样绣花般地筑人文之巢,"凤凰"焉能不来?2017年新当选中科院院士公布,上海新增10人,一半工作在徐汇。

2017年年底,黄浦江滨江两岸45公里即将全线贯通。中国美术学院院长许江一语中的:"西岸是黄浦江的西岸,而上海是太平洋的西岸。"

太平洋西岸,数行白鹭正从遥远的西伯利亚翩飞而来,湿地里早就打好的一排排细木桩,等着它们来栖息。洁白的翅膀乘着来自大洋的罡风,一飞冲天……

王一彪　刘士安　李泓冰　谢卫群　叶　琦
人民日报社

勇当改革领头雁
—— 上海自贸区建设探新路

点评 黄烨菁
上海社会科学院·世界经济研究所研究员

　　上海自贸区建立至今四年,是上海践行"改革开放排头兵"国家战略的集中体现。四年是一个学子完成大学学业的时间,而自贸区的四年发展是否也已向我们交出一张可圈可点的答卷,哪些成果是最值得我们"圈"与"点"? 自贸区《勇当改革领头雁——上海自贸区建设探新路》一文对上海自贸区的分析给出了"体制机制创新""从无到有的突破""政府自我加压"和"国际通行规则对标"四个"圈",并从区内企业的感受和政策部门负责人的态度"点"出自贸区的实质性成效与未来深化改革的决心：

首先，自贸区发展不是优惠政策的加码，而是在对外开放、国际合作全领域全方位的体制机制改革，在商品流动、直接投资、金融资本和人才流动上消除体制上的阻力，实现关乎跨国价值链的多种要素流动的高度便利化。

其次，上海自贸区是开放领域践行中国特色"小政府"模式的探索，不是简单地"行政放权"，而是在"放权"的同时增强有助于完善市场的"服务"，政府职能与身份从行政性管理转向为一揽子助推营商环境改善服务与防范市场风险的守夜人。

第三，上海自贸区发展站在国家战略的高地上，向全国推广自贸区从基础设施"硬件"到制度设计和管理模式"软件"的综合性经验。一个可复制和可推广的自贸区建设，其背后无疑是上海地方政府决策部门、智库和社会科学研究机构多方合力形成的"知识外溢"，也是上海作为中国的上海，对于中国新开放观在顶层设计上的巨大贡献。

伴随着上海自贸区建设的深入，对自贸区的"圈"与"点"仍将继续和深入，"双自联动"进入攻坚期、自由贸易港启动标志着上海自贸区的"加强版"，其意义将超越中国对外开放新目标，成为全球新兴经济体影响经济全球化进程不可或缺以及关乎全球增长动力的"中国模板"。

案例 **自贸区　勇当改革领头雁**
2017年08月16日《人民日报》11版

从28平方公里起步的一场改革试验，吹皱了960万平方公里新一轮改革开放的一池春水。

这，就是中国的自贸试验区改革试点。

2013年9月29日，中国(上海)自由贸易试验区的诞生，又一次亮明我国向世界全方位开放的鲜明态度。

如今,改革试点成效初显:100多项制度创新成果复制推广全国,形成了一系列基础性制度和核心制度;自贸试验区地域不断拓展,上海自贸区扩至120余平方公里,全国也从上海"一枝独秀",发展成为"1+3+7"的"雁行"阵容。

强化服务,探索改革新路

一张"负面清单",改变了以往政府的外商投资管理模式,从事前审批变成了事中事后监管。在浦东新区副区长陆方舟看来,这就是"把方便留给企业,把困难留给政府",政府必须寓管理于服务之中。

之后,与自贸区管委会合署办公的浦东新区政府出台了"权力清单""责任清单"。三张清单,让法治理念逐渐深入人心。

上海自贸区立足体制机制改革,实现了一系列"零的突破":

从"先照后证"到"证照分离",诞生了我国首家外商独资职业培训机构,非特殊用途化妆品审批改备案,意味着国外的彩妆、乳液等"非特"化妆品可在国内同步上市。

货物状态分类监管,让企业得以整合区内外仓库,节约运营成本。上海元初供应链管理有限公司的利润,因此"可实现30%以上的增长"。

自由贸易账户体系,为企业跨境结算、本外币融资、跨境贸易融资等,打造了一条"高速公路"。截至2017年上半年,上海自贸区累计开立自由贸易账

户 6.8 万个，账户余额 2 036 亿元，企业通过该账户实现本外币融资总额折合人民币超过 9 000 亿元，融资成本大为降低。

全国首个海外人才局，颁发了全国首张自贸试验区管委会推荐永久居留身份证和全国首张本科学历外国留学生工作许可证。

对标国际，把握通行规则

上海自贸区的试点，眼光越过太平洋，对标国际标准。至今，上海自贸区初步确立了以负面清单管理为核心的投资管理制度，形成与国际通行规则一致的市场准入方式；确立了符合国际高标准贸易便利化规则的贸易监管制度，形成具有国际竞争力的口岸监管服务模式；确立了适应更加开放环境和有效防范风险的金融创新制度，形成与上海国际金融中心建设的联动机制；确立了以规范市场主体行为为重点的事中事后监管制度，形成透明高效的准入后全过程监管体系。

"接下来，我们还将对标国际最高标准，建设自由贸易港区。"上海市发改委副主任朱民说。

上海自贸区的"国际歌"，还引来了国家级"大咖"。目前，区内已有 8 个简称"国家馆"的国别（地区）商品展示交易中心投入运营，捷克、斯洛文尼亚的"国家馆"下半年也将分别运营。通过这些"国家馆"，已有近万种商品进入我国市场。

"如今，上海自贸区建设已进入 3.0 版本，我们将对照国际最高标准、最好水平，聚焦'三区一堡'建设，努力实现新突破、开创新局面。"上海市委常委、浦东新区区委书记、上海自贸区管委会主任翁祖亮表示。

自我加压，推进系统集成

"上海自贸区是国家'试验田'，不是地方'自留地'。"上海市领导强调，自贸区每一项改革创新，都要努力做到可复制、可推广。

"负面清单"经历两次缩减之后，最近又开始实施更为精练的"最新版"。

15个门类、40个条目、95项特别管理措施,成为我国11个自贸区的共同规则。

"自贸区改革是一场'动奶酪'的改革,动的是政府自己手中的权力。"上海市领导表示,必须要有自我革新的胸怀、脚踏实地的作风,攻坚克难,再造政府职能。

随着改革的深入,上海自贸区再度自我加压。浦东新区政府推出"三全"工程,即企业市场准入"全网通办"、个人社区事务"全区通办"、政府政务事项"全域共享",依托网上政务大厅,构建"互联网+政务服务"的新体系。

同时,上海自贸区正在加强改革系统集成,加强联动发展。"上海自贸区不仅要与金融中心、科创中心建设,还要与'一带一路'、长江经济带等国家战略联动并进。"上海市政协副主席周汉民说。

新征程上,领头雁正展翅高飞,勇往直前。

孙小静

人民日报社上海分社

政策创新不负国家使命
—— 自由贸易港区开启上海自贸区建设新征程

点评 王红霞
上海社会科学院·经济研究所研究员

《全面深化中国(上海)自由贸易试验区改革开放方案》中明确提出在洋山保税港区和浦东机场综合保税区等海关监管特殊区内设立自由港区。据悉,自由港区的建设将对标国际标准,"不搞大拆大建,重点在于政策创新"。中国(上海)自由贸易试验区自2013年9月设立至今,在贸易便利化、金融深化和外资开放等方面已经取得了有目共睹的成绩和许多可复制经验,自由港区的建设,将开启中国(上海)自由贸易试验区建设的新阶段。中国(上海)自由贸易试验区设立的初衷和重点目标之一就是市场化改革深水领域的试航,尽快建立"同国际投资和贸易规则相衔接的制度体系",政策创新及进入国际投资和贸易规则体系是自贸试验区建设的终极目标。自由港区建设的重点在于首先要建设一个法治化、国际化、便利化的营商和贸易环境。未来,在前一阶段贸易便利化改革取得成果的基础上,中国(上海)自由贸易试验区建设应牢牢抓住政策创新,以政策创新来解决自由港区建设中必须要解决的土地转型、产业升级(新型业态落地)、财税体制改革、海关监管及通关制度创新等问题,以自由港区之建成实现自由贸易试验区的政策使命。

案例 上海自由贸易港区框架将细化:不搞大拆大建,重在政策创新

2017年04月01日人民网

上海自由贸易港区框架将进一步细化。今天召开的上海市政府新闻发布会上,市发改委副主任朱民回答记者提问时表示,"不搞大拆大建,重在制度创新"。

昨天公布的《全面深化中国(上海)自由贸易试验区改革开放方案》首次明确提出建设"自由贸易港区",引起了外界的高度关注,也成为今天新闻发布会上首个被提出的问题。

朱民表示，自由贸易港区是上海在全面深化改革方案里提出的比较完整的框架，但还要进一步细化。方案明确提出，在洋山保税港区和浦东机场综合保税区等海关监管特殊区内设立自由港区，主要是为了发挥上海国际航运中心综合枢纽的优势，以及利用自由贸易试验区在前一阶段贸易便利化改革的重要成果。

朱民说，上海建设自由贸易港区是要对照国际最高标准。国际上好的港区各有特点，但也有共性：高度开放和高效监管相结合；政府与企业合作型管理；便利的、具有全球集散功能的运输条件，把空港和海港结合；有为自由港区量身定制的政策等。他还举了迪拜和新加坡的例子予以说明。

朱民说，上海建设自由贸易港区，既要参照国际贸易规则，也要参照经济全球化的趋势，更要兼顾中国现状。"我国是最大的贸易大国，集装箱吞吐量世界第一，要考虑我国贸易总量与全球的衔接，量变会引起质变。"他强调，上海自由贸易港区在现有的海关特殊监管区进行试点，主要是制度创新，不搞大拆大建，既要有创新，又要符合国际水准。

孙小静　谢卫群
人民日报社上海分社

3.0方案对标最高标准最好水平
—— 上海自贸区健全"四大体系"新作为

点评 姜云飞
上海社会科学院·世界经济研究所助理研究员

上海自贸区在前三年的试运行中取得了可喜的成绩,主要体现在行政审批事项的简化程度,以及这些经验的复制和推广,直接反映在区内大幅增长的新注册企业数量和跨境人民币交易额等方面。在全球化遭遇重大考验的2017年,作为中国坚定倡导全球化的前沿,上海自贸区明确进一步全面深化各项创新工作,一方面向世界亮明了我国对外开放的鲜明态度,另一方面也对上海提出了更高的要求。上海自贸区3.0方案仍坚持以制度创新为核心,做到了自贸区改革主线的

连续性;同时新方案也更强调体系性,包括自贸区自身要建成的"四个体系",以及与现有国家战略的协同联动两个层面。但在美国宣布退出 TPP,以及英国启动退出欧盟条款的背景下,如何对标自贸区的最高标准和最好水平,是上海自贸区不得不面对又必须解答的难题之一。可以肯定的是,作为一个对外开放的大国,中国有必要在国际经济交往的规则制定中找到属于自己的位置。

案例 **对标最高标准最好水平　上海自贸区将着力健全"四大体系"**

2017 年 04 月 01 日人民网上海频道

2017 年 3 月 31 日,国务院印发《全面深化中国(上海)自由贸易试验区改革开放方案》(下称《全改方案》),对上海自贸试验区下一步改革作出部署,这也意味着上海自贸区改革进入"3.0"时代。在 4 月 1 日上午举办的市政府新闻发布会上,来自上海市发改委、浦东新区、市商务委、市工商局和市金融办的相关负责人,就自贸区三年以来建设进展和下一阶段工作进行了介绍并答记者问。

自贸区三年:以 1/50 的面积创造上海 1/4 的生产总值

市发改委副主任朱民指出,上海自贸试验区设立以来,以建设开放度最高的自由贸易园区为目标,把制度创新作为核心任务,把防范风险作为重要底线,把企业作为重要主体,把形成可复制、可推广的制度创新成果作为着力点,紧紧抓住自贸试验区建设的基本定位和关键环节,大胆试、大胆闯、自主改,在建立与国际通行规则相衔接的投资贸易制度体系、深化金融开放创新、加快政府职能转变和构建开放型经济新体制方面,取得了重要成果,总体上达到了三年预期目标。

上海自由贸易试验区建设三年进展主要体现在:一是确立以负面清单管理为核心的投资管理制度,形成与国际通行规则一致的市场准入方式。二是确立符合国际高标准贸易便利化规则的贸易监管制度,形成具有国际竞争力的口岸监管服务模式。三是确立适应更加开放环境和有效防范风险的金融创新制度,形成与上海国际金融中心建设的联动机制。四是确立以规范市场主体行为为重点的事中事后监管制度,形成透明高效的准入后全过程监管体系。五是联动创新一级政府管理体制,实现符合市场经济规则的政府职能转变新突破。六是加强改革试点经验复制推广。三年来,上海自贸试验区的改革创新理念和100多项制度创新成果在全国复制推广。外商投资备案管理、企业准入"单一窗口"等37项投资领域改革措施在全国复制推广。先进区后报关、批次进出集中申报等34项贸易便利化改革措施,已在全国范围、长江流域范围、海关特殊监管区域等分阶段有序推广实施。跨境融资、利率市场化等23项金融制度创新改革成果分领域、分层次在全国复制推广。

朱民表示,三年来上海自贸试验区制度创新进一步激发了市场创新活力和经济发展动力。新注册企业4万家,超过上海自贸试验区挂牌前20多年总和。新注册企业活跃度超过80%,民营企业占比已达到88.77%。区内企业的跨境人民币交易结算额累计达2.38万亿元,在上海市占比达到42.2%。浦东新区一级地方政府职能转变成效显著,全部取消了64项地方设定的行政审批事项。上海自贸试验区以十分之一的面积,创造了浦东新区四分之三的生产总值;以上海市五十分之一的面积,创造了上海市四分之一的生产总值,反映出制度创新而非优惠政策是驱动经济长远发展的持续动力。

深改方案：对标最高标准最好水平，健全"四个体系"

昨天，国务院印发了《全面深化中国（上海）自由贸易试验区改革开放方案》。朱民指出，下一步，上海将在自贸试验区三年改革的基础上，全面深化各项创新工作，研究明确下一阶段重点目标任务方案，努力做到习近平总书记要求的"百尺竿头，更进一步"，在自贸试验区改革上有新作为。

朱民表示，在制定方案时，坚持以制度创新为核心，率先建立同国际经贸通行规则相衔接的制度体系；坚持对照最高标准，以建设开放度最高的自由贸易园区为目标，对照国际最高标准、最好水平，全面深化推动贸易和投资自由化便利化的改革举措，向世界亮明我国全方位开放的鲜明态度。

同时，更加突出改革的系统集成，增强制度创新的系统性、整体性、协同性，着力健全"四大体系"，包括：各类市场主体平等准入和有序竞争的投资管理体系；促进贸易转型升级和通关便利的贸易监管服务体系；深化金融开放创新和有效防控风险的金融服务体系；符合市场经济规则和治理能力现代化要求的政府管理体系，形成综合改革态势。更加突出联动发展，强化自贸试验区内改革同上海市改革的联动、同上海国际金融中心和科技创新中心的联动，主动服务"一带一路"建设和长江经济带发展等国家战略，充分发挥自贸试验区辐射带动作用。

在此基础上，上海自贸试验区提出，要建设开放和创新为一体的综合改革试验区，开放型经济体系的风险压力测试区，提升政府治理能力的先行区，以及服务国家"一带一路"建设、推动市场主体走出去的桥头堡。

上海将根据昨天国务院印发的《全面深化中国（上海）自由贸易试验区改革开放方案》，按照稳中求进工作总基调，明确主体责任和实施职责，以重点突破带动整体推进，进一步细化措施，拿出2017年行动方案，形成合力抓推进抓落实，在更大范围内全面深化改革，继续当好全国改革开放排头兵、创新发展先行者。

对于《方案》中首次明确提出的建设"自由贸易港区"，朱民表示，自由贸易港区是上海在全面深化改革方案里提出的比较完整的框架,但还要进一步细化。方案明确提出,在洋山保税港区和浦东机场综合保税区等海关监管特殊区内设立自由港区,主要是为了发挥上海国际航运中心综合枢纽的优势,以及自由贸易试验区在前一阶段贸易便利化改革的重要的成果。

朱民指出,上海建设自由贸易港区,既要参照国际贸易规则,也要参照经济全球化的趋势,更要兼顾中国现状。上海自由贸易港区将在现有的海关特殊监管区进行试点,主要是制度创新,不搞大拆大建,既要有创新,又要符合国际水准。

2017着力点:在"三区一堡"和"三个联动"上体现新作为

浦东新区副区长陆方舟指出,上海自贸试验区 2017 年工作的重点是加快落实《全面深化中国(上海)自由贸易试验区改革开放方案》的各项试点任务,着力在"三区一堡"和"三个联动"上体现新作为。"三区一堡"即是建设开放和创新融为一体的综合改革试验区、开放型经济体系的风险压力测试区、提升政府治理能力的先行区、服务国家"一带一路"建设和推动市场主体走出去的桥头堡;"三个联动"即是与上海国际金融中心建设的联动、与科技创新中心建设的联动、区内改革与全市改革的联动。

据此,上海自贸试验区管委会 2017 年的主要任务包括提升政府治理能力的先行区、深化投资管理制度创新、加强贸易便利化改革举措的系统集成、加强自贸试验区与上海金融中心建设的联动以及加强自贸试验区与科创中心联动发展等 5 个方面 26 项工作内容。

其中,"提升政府治理能力

的先行区"重点是推进形成浦东新区提升政府治理能力先行区的总体方案和具体推进方案,再造政府管理体系、政府服务体系、政府组织体系和政府运行体系,构筑提升政府治理能力先行区的"四梁八柱",建立与开放型经济新体制相适应的完整一级地方政府管理新模式。主要在五个方面突破:一是进一步深化简政放权,二是健全事中事后监管体系,三是加快推进服务型政府建设,四是加快建设法治政府,五是深化完善自贸试验区管委会与浦东新区政府合署办公机制。

深化投资管理制度创新,推动负面清单制度成为市场准入管理的主要方式。重点在三个方面形成突破:一是深入开展市场准入负面清单制度试点;二是深化商事登记制度改革;三是服务"一带一路"战略,构建推动企业"引进来和走出去"的更高平台。

在加强贸易便利化改革举措的系统集成,推进贸易发展方式转变方面,主要是对标国际高标准,建立完善一整套与国际投资贸易通行规则相衔接的制度创新体系,使之逐步定型、成熟、完善,并配合市有关部门开展研究,力争在年内形成探索自由贸易港区建设的方案。在加强自贸试验区与上海国际金融中心建设的联动方面,积极推动落实"金改 40 条",推动金融创新政策深化应用。

在围绕与科创中心建设发展相关的产业领域,加强自贸试验区与科创中心联动发展方面,主要发挥"双自联动"机制优势,推动优势产业能级提升。力争在三个方面取得突破:一是利用双自联动优势,推动重点产业能级提升。结合新区产业发展"十三五"规划,突破重点产业发展制度瓶颈,搭建重点产业研发转化平台,促进高新技术成果转化。二是提升创新要素配置功能。包括推进张江跨境科创监管服务中心规模化运营和功能完善,推动设立快速获权、快速确权、快速维权的中国浦东知识产权保护中心,推进公安部"双自"人才出入境新政落地,吸引更多海外高层次人才到区内创新创业。三是发挥科技金融的助力作用。用好现有 FT 账户、人民币资金池、外汇集中运营管理等金融创新试点,加强投贷联动试点、科技创新板建设,推动金融创新服务科创企业全生命周期发展。

轩召强
人民网上海频道

多设路标　不设路障
——上海自贸区"放管服"树起新标杆

点评　**汤蕴懿**
上海社会科学院·党委宣传部部长、研究员

改革开放以来,我国经济快速发展,成为全球第二大经济体。2008年国际金融危机后,国际经济形势更加复杂多变,国际竞争越发激烈;与此同时,我国经济发展进入新常态,经济下行压力加大,产业转型升级任务紧迫。如何主动适应经济发展新常态,坚持新发展理念,通过积极打造最优营商环境,为企业创新创业营造更加便利宽松氛围,充分激发市场主体活力,保持经济平稳健康发展。其中,提高政府服务效能是打造最优营商环境的关键要素,对企业开设、经营、贸易、纳税等活动的开展发挥着重要的影响作用。

2013年9月29日,中国(上海)自由贸易试验区正式启动运作,首批36家中外企业获颁证照,入驻试验区。与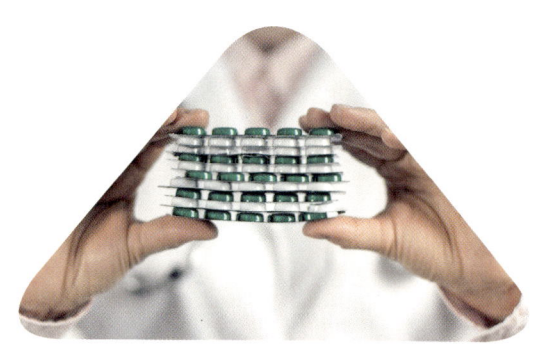以往的改革实验区发展模式不同,上海自贸区从一开始便摒弃了利用"经济飞地"谋求"政策红利"的做法,坚定地立足于"小政府"与"法治化"方向,通过对标国际最高标准、优化营商环境来谋求城市经济发展新"红利",也为新时期实现国家经济转型带来了"可复制、可推广"的制度改革实践。

"通过政府职能转变,实现放得更活、管得更好、服务更优,是上海自贸区改革的使命所在。"为双创多设路标,不设路障,成为自贸区监管部门的共识。自贸试验区成为构建开放型经济体制的创新引擎,企业对自贸试验区制度创新的获得感越来越满意,特别在政府职能转变创新性和落地性方面、投资制度创新的总体满意度方面、贸易监管制度的便利化程度方面、金融制度创新促进企业发展方面和经验复制推广的辐射力方面成效显著。

营商环境是重要软实力,也是城市经济发展的核心竞争力。上海在营商制度创新探索中,应牢牢树立以提高企业获得感和成长性为导向,进一步聚焦需求导向、问题导向、效果导向,着眼最高标准、最高水平,在"放管服"改革上下更大功夫,着力降低制度性交易成本,着力营造更加良好的国际化、法治化、便利化营商环境,实现制造强国、科技强国、质量强国目标。

案 例 放得更活、管得更好、服务更优，上海自贸区
—— 多设路标 不设路障

2017年12月13日《人民日报》11版

企业找个茬，排队时间就从原来的2小时缩短至20分钟。这是日前上海浦东新区线上线下"请您来找茬"意见征询通道试运行后，根据企业意见，浦东行政服务中心调整窗口设置，让企业获得的意外惊喜。

"政府不再以管理者自居，而是找市场、找市民拜师求艺，转变政府职能。"浦东新区政府办公室副主任、行政服务中心主任蒋红军表示。

上海自贸区作为全国首个自贸试验区，除了起步最早、改革全面深入外，还有一个显著特点，就是"按照自贸区理念改造一级政府"。4年多来，上海自贸区以市场主体为导向，立足政府职能转变，率先建立健全与国际通行规则衔接的制度体系。

其中，药品上市许可持有人制度这项上海自贸区首推的药品注册管理制度改革，可谓是一项让生物医药创新企业实现"弯道超车"的创举。

花钱少、时间省，研发企业轻装上阵

2017年3月，位于上海自贸区张江片区的华领医药研发的治疗糖尿病新药项目被批准为药品上市许可持有人制度试点品种，这意味着公司不必自己建厂生产了，一下子节省1.5亿元投入。"更不要说，还获得了花钱都买不到的时间。"公司总经理陈力难掩兴奋。

药品上市许可持有人制度，指拥有药品技术的药品研发机构、科研人员、药品生产企业等主体，通过药品上市许可申请并获得药品上市许可批件，并对药品质量在其整个生命周期内承担主要责任的制度。

试点之前，我国药品注册制度是上市许可与生产许可"捆绑制"的管理模式，也就是说，药品上市许可只颁发给具有《药品生产许可证》的生产企业，药品研发机构、科研人员则不具备独立获取药品上市许可的资质。

"药品上市许可持有人制度，其实是国际通行做法。"浦东新区市场监管局

副局长沈建华说,现行制度造成研发机构建不起厂、生产企业"吃不饱"、药品责任主体说不清等现象,政府监管部门也疲于低水平重复申报的审评审批,无法形成有效的药品全生命周期的监管。

2015年11月,在上海市和相关部门的共同推动下,全国人大常务委员会授权国务院在10个省市开展药品上市许可持有人制度试点,上市许可持有人和生产许可持有人终于"解绑"了。

药品上市许可持有人制度改革试点一推出,华领医药就成了首批试点企业,与上海合全药业股份有限公司、上海迪赛诺生物医药等建立了委托生产的合作关系,自己"轻装上阵"。

推动形成药品监管新模式

2017年5月,由德国制药巨头勃林格殷格翰公司与上海张江生物医药基地开发有限公司合作建设的勃林格殷格翰中国生物制药生产基地正式建成启用。

这是跨国药企在华建立的第一个且唯一一个具有国际标准的生物制药基地,是国内首批开展生物制药合同生产的试点之一。勃林格殷格翰生物药业(中国)有限公司总经理罗家立说:"这条生产线投资4亿元人民币,是世界上体积最大的一次性生物反应器。"

企业的投资信心,同样来自于上海自贸区的药品上市许可持有人制度试点。

与华领医药研制的小分子化学药不同,勃林格殷格翰的客户都是生物医药研发机构,生物医药生产线成本更高、投入更大。而研发企业大多为以人才为主的轻资产企业,要一下子拿出这么多资金建厂简直不可思议。因此,在这个领域,"卖青苗"现象非常普遍,即研发成果出来后,无法自己生产,只能微利卖掉,眼睁睁看着新药上市后的巨大利润落入他人的腰包。

有了勃林格殷格翰中国生物制药生产基地,这样的现象就可以避免了。"研发机构只需支付委托生产费,就可以使用我们的高质量厂房。"罗家立说。

除了让研发生产对接更为紧密,"药品质量也有了完整的责任人"。沈建华表示,"我们也可以以药品上市许可持有人为龙头,并通过其在药品整个生命周期的全程参与和监管,形成'政府主导、多元参与'的药品监管新模式。"

简政放权、放管结合、优化服务

由上海自贸区推动的制度创新,如今已在全国显现出改革红利。截至2017年5月底,国家食药监总局已受理药品上市许可持有人试点注册申请381例。

"下一步,我们将进一步深化简政放权、放管结合、优化服务。"上海市委常委、浦东新区区委书记、上海自贸试验区管委会主任翁祖亮表示。

在"放"的方面,将重点深化"证照分离"改革,争取将全部市场准入事项和全部441个区级行政审批事项全部纳入改革,使备案、告知承诺成为主要的改革方向。第一批116项审批改革成果2017年9月经国务院同意已复制推广到其他自贸试验区,第二批改革也已启动。

在"管"的方面,重点推进落实"双告知、双反馈、双跟踪"许可办理机制和"双随机、双评估、双公示"监管协同机制,争取推广到新区涉及审批监管的所有领域。目前"六个双"已在浦东新区经济领域21家监管部门实现全覆盖,年底前实现在 108 个监管行业、领域全覆盖。

在"服"的方面,重点推进"三全工程",即企业市场准入"全网通办"、个人社区事务"全区通办"、政府政务信息"全域共享"。如今,104 项企业准入区权事项全部实现"全网通办、一次办成",74 项实现"网上全程办理";基本实现 171 项个人社区事务全区通办;政务信息将于 2020 年实现"全域共享"。

"通过政府职能转变,实现放得更活、管得更好、服务更优,是上海自贸区改革的使命所在。"沈建华说,为双创多设路标,不设路障,成为自贸区监管部门的共识。

孙小静
人民日报社上海分社

挂牌数4年超过20年
—— 上海自贸区制度创新激发企业新活力

点 评 赵蓓文
上海社会科学院·世界经济研究所副所长、研究员

"4年超过20多年",一语道破上海自贸区的发展速度。企业是自贸试验区建设的重要主体,自贸试验区制度创新进一步激发了市场创新活力和经济发展动力。4年来,上海自贸试验区新注册企业4.8万家,超过挂牌前20多年的总和。新设企业中,外商投资企业8 781家,占比从挂牌初期的5%上升到目前的近20%。实到外资167亿美元,相当于挂牌前20多年总和的两倍。不仅如此,上海自贸区的制度创新已经在投资、贸易、金融和政府职能转变等领域形成了100多

项改革创新成果,并分领域、分层次在全国形成了可复制、可推广的经验。上海自贸区的创新实践不仅在于"引进来",更在于筑巢引凤之后的企业核心竞争力培育。外企、国企和民企共同创造的政策实践,将成为上海自贸区最好的典范。"制度创新十大经典样本企业"的评选活动因其所选企业的典型性和突破性,将会在上海和全国形成一定的示范效应、连锁效应,为企业用好、用活自贸区创新政策树立样板,真正做到让制度红利惠及企业,让创新成果服务企业。下一步,上海自贸区将迈入一个新的发展阶段。党的十九大报告提出:"赋予自由贸易试验区更大改革自主权,探索建设自由贸易港。"上海自由贸易试验区重任在肩,能否在探索建设自由贸易港的过程中形成1+1＞2的效应,将成为上海自贸区在新的发展阶段谋求"在创新中求发展"的重中之重。

案例　首届制度创新十大经典样本企业发布
上海自贸区：4年超过20多年

2017年09月28日人民网上海频道

中国(上海)自由贸易试验区成立4周年前夕,首届"中国(上海)自由贸易试验区制度创新十大经典样本企业"于2017年9月28日发布。

发布会上,上海市政府副秘书长、浦东新区区长、上海自贸区管委会常务副主任杭迎伟表示,企业是自贸试验区建设的重要主体,自贸试验区制度创新进一步激发了市场创新活力和经济发展动力。截至目前,上海自贸试验区新注册企业4.8万家,超过挂牌前20多年的总和。月均注册企业数量是挂牌前的5倍,新注册企业活跃度超过80%。新设企业中,外商投资企业8 781家,占比已从挂牌初期的5%上升到目前的近20%。实到外资167亿美元,相当于挂牌前20多年总和的两倍。

建设上海自贸试验区,是以习近平同志为核心的党中央在新形势下全面深化改革和扩大开放的战略举措。4年来,上海自贸区坚持解放思想、先行先试,聚焦投资、贸易、金融和政府职能转变等领域形成了一批基础性和核心制度创新,100多项改革创新成果已分领域、分层次在全国复制推广,努力成为在新形势下引领全面深化改革、加快创新驱动发展的标杆和引擎。习近平总书记在考察上海自贸试验区时曾明确要求,要"把制度创新作为核心任务,把防控风险作为重要底线,把企业作为重要主体,重视各类企业对制度建设的需求,鼓励企业积极参与试验区建设"。自贸试验区制度创新的重要立足点,就是推动生产力的发展,推动企业转型升级,让更多市场主体有实际的获得感。

为展现自贸区给企业带来的制度红利,鼓励更多企业参与并利用自贸区创新制度,在更大范围内复制和推广自贸区的创新政策与经验,2017年3月,上海自贸区管委会启动首届"制度创新十大经典样本企业"评选活动,搭建展示自贸区4年来制度创新成果的平台,发现并推广具有典型意义的自贸区内企业运营模式,主动将自贸区制度红利惠及更多企业。评选活动历时6个月,组委会通过组织推荐和企业自荐两种方式,向全区8万多家企业广泛发动和征集,历经媒体发布、企业申报、实地走访、专家委员会投票、网络投票等程序,在此过程中,深入了解企业对自贸区创新政策的利用情况及带来的效益,并对企业运用自贸区创新政策情况进行宣传和普及。最终结合专家评委会考察评审、组委会数次讨论研究,评选出首届"中国(上海)自由贸易试验区制度创新经典样本企业"。

发布会上,杭迎伟表示,此次评选出的制度创新十大经典样本企业和六个制度创新样本企业来自上海自贸区的各个片区,涵盖了外企、国企和民企,突出体现了自贸区制度创新的典型性和突破性,惠及企业的制度创新包括了投资管理、贸易便利化、金融创新和政府职能转变各个领域,是自贸试验区制度创新成果服务企业,企业积极参与自贸试验区建设的最好写照。

杭迎伟提出,下一步,上海自贸试验区建设将继续解放思想、勇于突破、当好标杆,全面贯彻落实全面深化改革方案中的各项目标任务,强化需求导向和问题导向,从企业发展需要和切身感受出发,对照国际最高标准、查找短板弱项,进一步营造更具竞争力的营商环境,为企业提供更广阔的舞台、更适宜的环境、更优质的服务。相信自贸试验区的企业一定能够在自贸试验区的热土上捕捉更多的商机、实现更大的发展、创造新的辉煌。

会议发布了10家"制度创新十大经典样本企业"和6家"制度创新样本企业",名单如下:

制度创新十大经典样本企业(按企业首字母排序)

普华永道商务技能培训(上海)有限公司

上海阿特蒙医院有限公司

上海百家合信息技术发展有限公司

上海畅联国际物流股份有限公司

上海欧莱雅国际贸易有限公司

上海元初供应链管理有限公司

上海自贸区国际文化投资发展有限公司

索尼物流贸易(中国)有限公司

通用电气(中国)有限公司

中国银行股份有限公司上海自贸试验区分行

制度创新样本企业（按企业首字母排序）

安靠封装测试（上海）有限公司

花旗银行（中国）有限公司上海分行

华领医药技术（上海）有限公司

美安康质量检测技术（上海）有限公司

上海保险交易所股份有限公司

申能集团财务有限公司

孙小静

人民日报社上海分社

自动"捆绑"缔造通关新速度
—— 上海海关驶入改革"快车道"

点 评 薛安伟
上海社会科学院·世界经济研究所助理研究员

2013年9月29日上海自贸区成立以来,上海海关实现了飞跃式发展。借助自贸区的制度红利,大胆创新,勇于改革,通关效率大幅提高,创造了多项新纪录。比如:货物从机坪下货到出自贸区的用时从5小时缩短到3小时40分钟;智能化卡口验放时间缩短到1分钟;作业无纸化率从8.4%提升到89%;企业注册登记时间从40个工作日缩短到3个工作日,等等。

通关效率的提升首先是繁忙了通关业务,2017年上半年,上海口岸企业通过"单一窗口"完成申报8.8

万批,办理船舶离港手续1.1万次。其次是吸引了更多企业入驻自贸区,三年来新增注册企业1.5万家。另外,还激发了全国各地的积极效仿,天津、福建、广东等11个省份已全部初步建成"单一窗口"。

上海海关缔造的通关新速度与取得的新成就,是不断深化改革、锐意创新的结果。近年来,先后出台了"三自一重"、"先进区后报关"、集中汇总纳税、企业自律管理等新政策。多项政策功能的叠加,共同推动着上海海关向"前所未有的便利化和有效管控"的目标迈进。

案例 上海自贸区三周年之上海海关:与自贸区自动"捆绑"缔造通关新速度

2016年09月14日人民网上海频道

"以前车队提货进入保税区需要'2下2上4敲章',现在智能化卡口验放管理,过卡流程实现'0上0下不敲章',平均一辆车只要1分钟左右,大大提高了物流运作效率。"捷开依(上海)物流有限公司市场部经理陈嘉杰欣喜地感受到新政带来的便利。

上海畅联物流2014年12月运用海关新政"三自一重"操作进口通关业务,其大客户苹果公司至今已申报进口业务共932票,货值共计13亿美元。

汇总征税改革给企业"减负"

"畅联作为一家享受到自贸区红利,也能够为客户争取到自贸区红利的企业,现在也是把自己'绑'在自贸区的战车上。"畅联物流货代部副总经理李佳琦认为未来自贸区的发展会越来越好。

自 2013 年上海自贸区成立以来,上海海关大胆尝试,先后推出了"三自一重"、"先进区后报关"、集中汇总纳税、企业自律管理等涉及贸易便利化的新政实施,降低了企业的物流成本,提高了运作效率,企业好评连连,国内特殊监管区域转型升级效果显著。

"先进区后报关"加快通关速度

清晨 6:30,一架运载着新款服装的 CK218 航班在上海浦东机场缓缓降落,卸货后,中远物流的地面代理迅速开始理货并确认海关舱单。7:02,中远物流向海关提出了先进区后报关申请,3 分钟后,企业收到海关审核放行回执。

7:19,第一车货物进入自贸区海关卡口并入库理货。8:28,企业理货完成后向海关进行了进境申报,12 分钟后收到海关放行回执,开始打包装车。9:53,货物装车完成后企业申请货物出区,2 分钟后收到海关回执,车辆出库。10:10,货物顺利通关出区进入国内。

而此时距离飞机落地,仅仅过去 3 小时 40 分钟!创造了上海自贸区空运物流运作全新速度。

上海浦东机场海关综保区筹备办主任程红梅指出:"从 2013 年自贸区成立后,海关推出了 23 项+ 8 项,30 多项措施,通过多种功能政策叠加,企业实现了高效便利化。去年 9 月,我们也做过测试,从机坪下货到货物出自贸区放行,共用时 5 个小时,今年通过资源整合和流程再造,我们从入区到出区,实现了 3 个小时 40 分钟这样的高效。"

效率提高了,海关如何进行有效监管?货物从入区到出区,似乎并没有看到海关关员的人工干预?对此,程红梅向记者解释说:"虽然看不到,但我们海关的监管实际上是无处不在的,通过事前、事中、事后进行监管区域的划分,实现海关全链条的监管。"

新增注册企业近 1.5 万家

据统计，2016 年上半年上海自贸区合计进出口值 5 409.9 亿元，同比增长 5.7%，占同期上海市进出口总值的 41.3%；其中区内海关特殊监管区域进出口总值 3 626.9 亿元，同比增长 4.7%，占同期上海市的 27.7%，比重较去年同期提升 1.3 个百分点；新扩区域 1 783 亿元，同比增长 7.7%。

针对产业集聚效应逐步显现现象，上海海关副关长郑巨刚认为，自贸区外贸增长有四个主要原因："减、简、管、便"水平显著提高，开发上线自贸区信息化监管系统（一期），覆盖所有自贸区海关业务和创新制度；海关通关效率全面提升，作业无纸化率从 8.4% 大幅提升至 89%；营商环境显著改善，海关共取消、下放、让渡、放开 22 项前道审批事权或限制，企业注册登记从 40 个工作日缩短为 3 个；协同监管迈出可喜步伐，协同地方政府建成自贸区信息共享和服务平台，主动开放海关数据 31.53 万条，占口岸单位 81.6%。

三年来，区内海关新增注册企业 14 244 家，总数达 24 326 家，其中跨国公司地区总部数超过 130 家。"三年时间企业注册数量远远大于三年前甚至十几二十几年前注册的企业数量。"郑巨刚表示，该现象说明社会各界对自贸区的创新发展有很大的期待。

"单一窗口"试点步伐加快

2013 年 10 月 1 日，上海自贸区企业准入"单一窗口"正式上线，实现电子信息的实时推送和共享，大幅缩短了企业在准入阶段的办事时间。

2015 年 4 月 8 日，自贸试验区保税区域率先将企业准入"单一窗口"的新设外资企业备案、"三证合一、一证一码"，延伸至对外贸易经营者备案、报关单位注册登记、自理报检企业备案登记、印铸刻字准许证、法人一证通等 5 个新增办事事项。

……

如今,"单一窗口"建设完成 19 项涉及海关工作的功能项目,占所有建设项目的 48.7%。其中货物申报集成海关、商检部门 8 个申报环节和 14 个反馈环节,企业申报项由 135 个大幅缩减至 75 个。

"2014 年 8 月全国口岸工作座谈会上,曾要求及时总结上海'单一窗口'试点经验,2015 年推广到所有联合口岸,2017 年覆盖全国。"郑巨刚透露,2016 年上半年,天津、福建、广东、辽宁等沿海 11 个省份全部已经初步建成"单一窗口",2016 年 8 月 6 个内陆沿边地区也启动了"单一窗口"的试点建设。

2017 年上半年共有 130 家企业参与货物申报试点、74 家企业参与船舶申报试点,上海口岸企业通过"单一窗口"平台进行货物进出口申报 8.8 万批,办理船舶离港手续 1.1 万艘次。

"作为全国第一个自贸试验区,创新示范的苗圃效应达到了预期的目的。"郑巨刚在采访中指出,上海自贸区将积极借鉴美国、新加坡、韩国、日本等国家和地区的先进做法,以"前所未有的便利化和有效管控"为目标,按照"完善、优化、升级、再创新"的总体要求扎实开展制度创新。

葛俊俊
人民网上海频道

"十检十放"让贸易更"自由"
——上海国检模式创新结硕果

点 评 纪园园
上海社会科学院·经济研究所博士后

  在全球经济发展的新背景和中国经济结构转型背景下,检验检疫部门工作正发生着深刻的变化。上海检验检疫局积极落实质检总局和上海市委市政府的工作要求,积极深化改革、适应新常态、建立新机制、实现新发展,为推进上海自贸区和科创中心建设打下坚实的实践基础。上海自贸区成立后,上海检验检疫局积极推进自贸区改革探索工作,推出一系列创新制度,在全国范围内先行先试,探索推进可复制、可推广的制度创新,目前已有多项制度在全国复制推广。上海检验检疫局主要从创新体制机制、简政放权、提升贸易便利化水平、服务产业发展和加快互联互通五个方面全力支持上海自贸区建设,为自贸区发展作出了突出贡献。在模式创新方面,上海检验检疫局构建"十检十放"分类监管新模式,根据产地国家、企业、商品和交易属性等不同维度,建立起全方位、多层次、分梯度的监管模式,缩短了检验检疫的时间,同时在港口实施报检报关一体化,简化了通关流程,大大提高了通关效率。

案例 上海自贸区三周年之上海国检:程序简化、模式创新 让贸易更"自由"

2016年09月12日人民网上海频道

2013年,上海自贸区在浦东4个特殊监管区挂牌,上海国检推出23条创新制度,一年扩至39项,首批8项创新事项复制推广。

2014年末,国家质检总局批复11条自贸区检验检疫创新制度,同期上海国检推出17条措施支持浦东进一步扩大开放。

2015年4月上海自贸区扩区之时,上海国检提出聚焦"三重二新一大"理念(即重点区域、重要产业、重大项目;贸易新业态、监管新模式;大型企业),以最大力量支持自贸区和浦东发展。

2015年6月18日,上海国检正式发布支持上海自贸区发展24条意见,从创新体制机制、简政放权、提升贸易便利化水平、服务产业发展和加快互联互通五个方面全力支持上海自贸区建设。

2016年,上海国检进一步加强自贸区改革创新工作,确定了推进"十检十放"。截至2016年6月底,上海国检已出台77项支持自贸区发展制度举措,制定配套文件131个,除首批8项已经全国复制推广制度外,24项制度已经出台了具体的规范和操作细则,将率先在全市推广并作为全国复制推广的备选制度。

……

改革无止境。上海国检人在自贸区"试验田"上用心栽培的"种子",已经逐渐"萌芽"成长。

推进模式创新　构建易同行的监管环境

2015年4月27日,上海浦东三片区正式加入自贸区阵容,上海自贸区从原来的28.78平方公里扩至120.72平方公里。浦东综合配套改革和自贸区两项国家战略的叠加,让作为上海建设具有全球影响力的科创中心关键载体的张江高科,吸引了越来越多的医药和IT精英聚集。

跨国药企诺华公司就把全球第三大研发中心放在了这儿,同时这也是目前中国最大的综合性国际前沿医药研发平台。

事实上,对于是否要在张江设立医药研发中心,诺华纠结了近十年。而最后的尘埃落定,很大程度上归结于一个问题的解决：监管瓶颈。

诺华上海研发中心首席运营官蔡克文,一路见证了诺华从选址到最终落户张江。"医药研发需要进口大批量的实验样品和试剂,这些试剂每批的进口量可以以毫克计算,甚至是微克,但是每天有时要用到几十种。过去,如果按照一般贸易的进口方式监管,需要20多天,审批完了,一些试剂的活性都没了,对于研发有很大的制约。"

"现在,一年批一次,批一次用一年,所有的样品一次审批通过之后,通过一年的核销,全部都可以顺利进口,可以使我们现在进行的研发项目做到完全的全球同步,还可以允许我们把更多更先进的项目带到国内来。"诺华生物医学研究中心对外关系总监王鹏欣喜地告诉记者。

这是上海国检推进模式创新、构建易同行的监管环境的"缩影"之一。

2016年,上海国检探索构建起"十检十放"分类监管新模式,围绕"快"字,从传统的"先检后放"出发,探索发展出"通检通放、即检即放、少检多放、快检快放、空检海放、外检内放、他检我放、边检边放、不检就放"共十种监管新模式。从最严格的"先检后放",到最宽松的"不检就放",根据产地国家、企业、商品和交易属性等四个维度考量,建立起信用等级从劣到优、监管力度从严到松、放行速度由慢到快的全方位、多层次、分梯度的监管模式。

不过,程序简化、模式创新并不意味着监管缺位。

在诺华上海研发中心就设有一种特殊岗位,叫作"协助监督员",蔡克文告诉记者,"协督员"每天要拿着一台摄像机,对公司进口每一批样品和试剂的全过程进行录影,包括开箱、查验样品数量和品名、记录试剂使用地点,甚至废弃物处置过程。这些影像资料将被封存,留待检验检疫部门随时抽检。一旦在事中事后监管中发现问题,即使像诺华这样的跨国药企,也要受到严厉的处罚。"自贸区改革为企业发展创造了良好的环境,我们只有更加珍惜,不能因小失大。"蔡克文说。

以上海自贸区在国内率先开创的"空检海放"为例,这项最受企业欢迎的检验检疫措施在比传统模式时间缩短75%的同时,也设置了货物到岸检查。

"船运的货物到港以后,仍然要抽样验证企业先期寄给的样品是不是这批货物,如果发现有问题,将坚决取消试点资格,让企业诚信记录在进出口环节中得到充分展示。"

推进互联互通　构建大通关的合作环境

"2016年1月12日,洋山首批跨监管区域的跨境新鲜水果——来自澳大

利亚塔斯马尼亚的樱桃抵达洋山保税港区进境水果指定口岸,从靠泊到查验后放行,原来最少 6 天,现在只需要 6 小时。"天天果园联合创始人赵国璋告诉记者。

这同样得益于自贸区的改革,上海出入境检验检疫局动植物检疫监管处处长白章红说,对于水果等生鲜产品,国检部门在自贸区改革中推出"预检验检疫""一次检验,分批核销"等多项新政,大幅简化进口水果物流环节。

"把水果从港口运到海关,然后完成了报关之后,再运到检验检疫,最后回到我们的仓库,这里面有非常多的重复装卸,以及额外的物流成本,现在有了自贸区港口报检报关一体化的优势之后,我们可以大大缩短我们之前的流程。"赵国璋说。

简化流程,带来的是实惠

上海市出入境检验检疫局局长、党组书记俞太尉给记者算了一笔账:"我们也测算了一下,一个方面是企业的物流成本降低了三分之一以上,我们真正实现了水果从果园到餐桌,在 24 小时内得以实现。"

然而,"事前降低门槛、事中提高效率、事后加强监管",并不代表着单纯求快,把好安全关同样重要。

俞太尉向记者强调,作为"国门卫士",国检部门将根据商品风险大小、企业诚信好坏等维度,在自贸区探索分类监管体系。像"空检海放"很便利,但如果发现企业空运的样品和海运不一致,将坚决取消试点资格,让企业诚信记录在进出口环节中得到充分展示。"未来,我们还将推进进出口商品质量安全风险国家监测中心上海分中心的建设,落实信息追溯调查机制,完善进口消费品全流程监管体系。"

董志雯

人民网上海频道

发挥创新叠加优势引凤来
—— 保税区管理局先行先试促转型

点评 陈陶然
上海社会科学院·世界经济研究所助理研究员

作为上海自贸试验区中的海关特殊监管区域,保税区设立三周年以来,在简化审批流程、吸引外商企业设立、扩大服务业开放、发挥总部经济等方面取得了积极进展。

第一,各类艺术品及文化产品在自贸区的交易,将可享受全程保税、快速通关、自由中转、区外延展等一系列专业高效的优质服务,审批流程大大简化。这有利于艺术品的流通,丰富居民的文化生活,提高居民的艺术修养。简化审批流程试验取得的成效对于优化我国的营商环境、减少腐败、促进高效廉洁政府作风的建立也具有积极意义。

第二,保税区的负面清单管理促进了外商企业的设立。截至2016年8月底,区域累计新设外资企业6133家,其中以备案方式设立的近90%。外商企业的设立有利于发挥外资企业的技术、管理、创新优势,对内资企业产生积极的带动作用。新企业的设立有利于增强经济活力,促进"创造性毁灭"过程,提高竞争水平,为现有企业的经营带来积极影响,也有利于解决就业、保障民生。

第三,保税区全面落实两批54项开放措施,对区内金融服务、航运服务、商贸服务、专业服务、文化服务以及社会服务领域实行扩大开放。服务业的开放对于促进我国经济向服务业转型,提高服务业的发展水平和附加价值,经济结构向产业链微笑曲线两端升级具有积极影响。

第四,上海自贸区保税区域总部企业加快集聚。截至8月底,保税区域各类总部型企业达到310家。总部企业的辐射作用巨大,对于吸引高端人才、助力上海科创中心建设、提高关联企业的生产率水平将发挥积极的作用。

案例 上海自贸区三周年之保税区管理局:落实两批54项开放措施 发挥功能创新叠加优势

2016年10月10日人民网上海频道

28.78平方公里,这是国内首个自贸试验区——上海自贸试验区最初划定的范围,涵盖了上海外高桥保税区、上海外高桥保税物流园区、洋山保税港区和上海浦东机场综合保税区。

"作为上海自贸试验区中的海关特殊监管区域,保税区域三年来充分发挥自贸试验区制度创新和海关特殊监管区域功能创新的叠加优势。"保税区管理局经济发展处处长肖凡表示,在建设"开放度最高"的自贸区中,保税区域对标国际规则,积极深化投资、贸易、金融和事中事后监管等领域的制度创新,切实发挥了先行先试和示范带动作用。

审批手续流程由繁变简

2015年11月28日,上海自贸试验区艺术品交易中心6 000平方米的艺术品专业交易展示厅正式开幕。

目前,交易中心已经成为自贸区文化艺术产业综合性、示范性公共服务平台,并不断完善,提升服务能级,构建"一站式"服务体系,不断创新交易模式,形成实物交易、艺术品现货托管电子盘交易、艺术衍生品及文创产品交易并重的交易形态。

其中,美术品审批及监管方面,手续得到极大的简化。在改革之前,文化艺术品进境需要提供文广局的批文,从审批至通关耗时不少于20个工作日。而如今,从确定清单到作品入境,仅需完成海关及检验检疫申报,一周内即可办理完毕通关手续。

"未来各类艺术品及文化产品在上海、在自贸区的交易,将可享受全程保税、快速通关、自由中转、区外延展等一系列专业高效的优质服务,贸易的专业

服务、规模与品质将得到进一步的提升。"肖凡说道。

全面落实两批 54 项开放措施

三年来,保税区围绕面向世界、服务全国、立足企业的基本定位,有效推动了各项改革创新措施的全面落地。肖凡从落实制度创新、深化功能拓展、完善综合配套、经济平稳增长等四个方面详细介绍了保税区的工作推进情况。

在负面清单管理上,保税区域配合制定并实施 2013 版、2014 版负面清单,为制定 2015 版负面清单提供基础。截至 2016 年 8 月底,区域累计新设外资企业 6 133 家,其中以备案方式设立的近 90%。全面落实两批 54 项开放措施,对区内金融服务、航运服务、商贸服务、专业服务、文化服务以及社会服务领域实行扩大开放。

据相关工作人员介绍,第二批的 31 项开放措施是在 2014 年 7 月与 2014 版负面清单一同出台的,涉及服务业领域 14 条,制造业领域 14 条,采矿业领域 2 条,建筑业领域 1 条。

"取消对外商投资邮购和一般商品网上销售的限制"方面,已有亚马逊(上海)国际贸易公司、优倍来(上海)商贸公司等 137 家企业完成设立;"允许外商以合资、合作形式从事公共国际船舶代理业务,外方持股比例放宽至 51%"方面,已有 1 家新拓博国际物流(上海)有限公司完成设立……

自贸试验区挂牌以来截至 2016 年 6 月底,保税区域内已有 1 669 个扩大开放项目落地,成效卓越。

总部经济需求显现

肖凡指出,上海自贸区保税区域总部企业加快集聚,跨国公司地区总部达到 75 家,约占全市 13%。截至 8 月底,保税区域各类总部型企业达到 310 家,总部经济在区域经济总量中比重超过 40%。

早在上海自贸区成立之时,区内已经聚集了四类具有总部特征的企业,包括经上海市商务委认定的跨国公司地区总部、经自贸试验区管委会认定的营运中心、经自贸试验区管委会和国家外汇管理局上海市分局共同认定的国际贸易结算中心,以及经自贸试验区管委会认定的亚太营运商计划。

2014年以来,在上海国际金融中心和自贸试验区建设的背景下,随着金融改革的加速推进,一种新型的总部经济需求在自贸试验区内呈现出来。"即已在境内或境外设立的,以投融资、资产管理等为主营业务的跨国公司,也希望能够在试验区内设立资金和资产管理总部,统筹对区域内的企业履行投资管理和服务职能。"肖凡解释。

从企业实际应用的角度来讲,该项试点业务可以集中调剂成员企业的跨境投融资额、跨境双向投融资额度实行净额计算、集中管理成员企业的直接投资和外债项下资金,不仅允许主办企业将全部外汇资本金均用于开展境内外双向实业投资业务,且突破原有外债登记管理规定,允许企业的外债资金用于境内股权投资。

目前,已有6家投资型跨国公司参与该项试点业务,包括:华融国际、建银国际、东方国际、平安海外控股、信达国际、高瓴资本。其中华融国际、建银国际、平安海外控股、信达国际、高瓴资本设立的资金管理总部均已开展跨境投资业务。

葛俊俊
人民网上海频道

示范引领尽展开放姿态
—— 上海银监局助力金融中心建设新作为

点评 **韩汉君**
上海社会科学院·经济研究所研究员

在全国10个自贸试验区中,上海自贸试验区的特殊使命就是在金融领域推进制度创新和对外开放。而创新和开放又是上海国际金融中心建设的重要方向和动力所在。所以,上海自贸试验区和上海国际金融中心的联动和协调发展非常重要。

上海自贸试验区推进的金融创新包括金融市场准入、金融产品及业务流程创新、金融监管创新和金融风险管理创新等多个方面。几年来,监管部门以及区内金融机构已推出多项创新案例,如信用卡额度"刚性扣减"机制、全流程银行业消费者权益保护体系等,并已向其他自贸试验区或者全国复制推广,取得很好的效果,充分体现了自贸试验区的特有作用。同时,这些金融创新活动也成为上海国际金融中心建设进一步推进的重要动力。

金融领域的开放非常重要,但必须谨慎推进。经由上海自贸试验区尝试推进相关的开放举措,然后逐步推广,不失为适宜的开放路径。上海自贸试验区在金融领域开放方面很好地发挥了连通国内金融市场和国际金融市场的作用。在我国加快推进"一带一路"建设的过程中,上海自贸试验区要成为服务国家"一带一路"建设、推动市场主体走出去的桥头堡,而这也正是上海国际金融中心建设的重要方向。

案例 上海自贸区三周年之上海银监局: 强化示范引领效应 助力国际金融中心建设

2016年09月21日人民网上海频道

建设银行,市场上首家办理FT财务公司本外币一体化资金归集服务的银行;浦发银行,率先落地多项创新首单业务;汇丰银行,首批在自贸区启动跨境人民币资金池业务的外资银行……

三年来,自贸区银行业始终保持稳健、蓬勃的发展势头,机构体系不断完善,服务功能日益深化;跨境金融业务加速发展,国际化经营能力明显提升。

截至2016年7月末,上海自贸区内的银行业金融机构数量共计464家,比2015年4月末(即上海自贸区正式扩区当月)增加34家,其中分行级及以上机构数量164家,比2015年4月末增加13家。

个案突破 鼓励机构自主创新

自贸区的先行先试的使命,决定了"创新"将是金融机构在自贸区相关业务中的"兵家必争之地"以及核心竞争力所在。

上海银监局副局长马立新

"试验田需要创新,建行紧跟自贸区成长步伐,不断探索,不少案例入选官方公布的自贸区创新案例。"建行上海市分行副行长吴益强对这些案例如数家珍:资本金意愿结汇、分账核算跨境融资、本外币一体化 FT 资金归集、自贸区跨境同业存单等。

资本金意愿结汇,为企业提供了汇率管理工具,有效规避汇率风险;分账核算跨境融资,降低企业融资成本;本外币一体化 FT 资金归集,为企业搭建连通境内外资金市场的通道;自贸区跨境同业存单,推动人民币国际化……截至 2017 年 6 月,建行通过融资性保函、跨境银团贷款、FTE/FTN 并购融资、协助境外发债等方式,已成功办理了光明集团、锦江集团等 20 个"走出去"项目,累计金额 20 亿美元。

以上创新案例,得益于去年 5 月上海银监局推出的"自贸区银行业务创新监管互动机制"。上海银监局副局长马立新接受记者采访时表示,该机制引导、支持和规范辖内银行业机构借助自贸区的试验平台,针对监管规制未及覆盖或规定不清晰的领域,通过与监管部门充分沟通,以"监管无异议"的形式实现个案突破,鼓励机构自主创新、先行先试。

据介绍,目前上海辖内提出通过该机制开展的业务创新试点共计40余项,已落地项目近20项,累计融资授信近400亿元。

事中事后监管体系有了顶层设计

事中事后监管制度创新是上海自贸区四方面制度创新任务之一。浦东新区区委副书记、组织部部长冯伟曾在接受媒体采访时表示:"这意味着上海自贸区和浦东事中事后监管体系有了顶层设计,有了'四梁八柱'。"

马立新介绍,事中事后监管制度包括五个方面,即:机构、风险、产品"三维一体"监管治理架构、全流程银行业消费者权益保护体系、信用卡"刚性扣减"机制、自贸区银行业特色监测报表体系、自贸区业务风险评估指导意见。

其中,信用卡"刚性扣减"机制要求,辖内商业银行在核定持卡人授信额度时,要在本行核定的总授信额度基础上刚性扣减申请人在他行已获累计信用卡授信总额,以有效防范信用卡过度授信风险。

"目前,该机制已在阻断'三去一降'企业利用信用卡过度授信、加大自身负债杠杆的风险方面发挥了重要作用,银监会已明确要求全国信用卡发卡银行推广这一做法。"马立新强调。

据了解,上海银监局对离岸业务经营授权、区内机构和高管准入简化、自贸区特色监测报表、自贸区业务风险评估指导意见等四项细则已在广东、天津、福建等地自贸区不同程度地复制推广,创新监管互动机制已复制推广至福建自贸区厦门片区,全流程银行业消费者权益保护体系中的部分创新措施和信用卡"刚性扣减"机制已明确要求在全国范围内推广应用。

简政放权及负面清单管理　展对外开放姿态

2014年,银监会批准上海银监局成立自贸区银行业务监管处,专职履行对自贸区银行业的属地监管职责。简政放权和探索负面清单管理,是三年来上海银监局在银行业监管制度创新改革方面的一大创新亮点。

2016年3月,上海银监局颁布了中外资银行业市场准入报告类事项清单,首次对银行业现有各类市场准入相关报告类事项进行了系统梳理和优化,是对探索银行业负面清单管理模式、改善监管服务、提升自贸区外资银行国民待遇的一次前瞻性的试验。

"自贸区已成为上海国际金融中心建设的动力点。"吴益强深刻感受到全球对上海自贸区的关注,他认为简政放权及负面清单管理,展示了上海进一步对外开放的姿态,也成为自贸区对外开放的重要名片。

"下一步,上海银监局将进一步深化简政放权探索,完善自贸区市场准入简化政策,深化银行业务创新监管互动机制试验,探索自贸区银行业负面清单管理,进一步支持银行业金融机构在内部管理、业务拓展、风险防范等各方面先行先试,强化上海自贸区的示范引领效应。"

马立新表示,上海银监局将进一步改进和加强银行业监管制度创新与供给,完善相对独立的自贸区银行业监管体系建设,支持在沪银行业金融机构在风险可控的前提下加大自贸金融创新,增强市场主体对政策红利的获得感和满意度,为上海国际金融中心建设和全国金融业的改革转型作出更大的贡献。

葛俊俊
人民网上海频道

从一枝独秀到百花盛开
—— 上海自贸区建设进入"3.0 时代"

点评 **沈桂龙**
上海社会科学院·经济研究所副所长、研究员

  上海自贸区是第一批唯一一个成立的国家自贸试验区,这是上海继成立第一家保税区、出口加工区、金融贸易区和综合改革试验区后,又一次为国家战略率先服务和实践,为国家进一步扩大开放提供压力测试。三年多来,上海自贸试验区在政府职能转变、投资领域开放、贸易方式转型、金融改革深化、法律制度创新等方面,取得了很多可复制、可推广的经验,很多先行的制度创新为全国和部分地区的改革提供了样板。

  更多自贸区的建立,在更大层面上看,是上海自贸

区这一模式的复制。这种模式为全国的系统改革和整体对外开放提供了更多突破点,也增强了改革的力量,并更好地服务好"一带一路"倡议、长江经济带发展等国家战略。尽管上海自贸区是综合性改革,但各个自贸区之间的互动和联动,可以为上海自贸区提供特定的经验和动力,有利于上海自贸区改革克服一些阻力。

案 例 **上海自贸区三周年: 从一枝独秀到百花盛开**
2016年10月02日人民网上海频道

滔滔江水,东流入海。

地处东海之滨的上海浦东,自20世纪90年代以来,就成为中国改革开放的"窗口"和"试验田"。

如今,这片助力中国走向世界的热土,早已从阡陌纵横的农田,发展为国际化大都市的核心区。

2013年9月29日,中国(上海)自由贸易试验区正式挂牌。自此,耸立于浦东外高桥保税区的那座醒目"海鸥门",被赋予了全新的意义和使命。

中国(上海)自由贸易试验区的标志格外醒目(柏可林摄)

一场聚焦制度创新的"国家试验"从这里启航,"自贸区"的概念也从这里飞入寻常百姓家。

如今,三年过去,从28.78平方公里到120.72平方公里,上海自贸区书写了怎样的"成长史"?"朋友圈"不断扩容,上海自贸区又如何定位自己的角色?对标国际高水平自贸区,刚满三岁的上海自贸区又有哪些短板要补?

制度创新,让贸易插上"自由"的翅膀

清晨6:30,运载着一批新款服装的CK218航班在浦东机场缓缓降落,卸货后中远物流的地面代理迅速开始理货并确认海关舱单。10:10,货物顺利通关出区,此时距离飞机落地仅仅过去3小时40分钟。

"快到不可思议!"上海中远空港保税物流有限公司副总经理孟路明兴奋地说。而在以往,这批货物进口如果在自贸区外操作,可能需要1—2天的时间。

一颗来自澳大利亚塔斯马尼亚岛的樱桃,从靠泊洋山保税港区码头到查验后放行,最快需要多长时间?答案是:6个小时。

与孟路明一样切身感受到"自贸区速度"带来高效和便利的,还有国内水果生鲜电商"天天果园"联合创始人赵国璋。"原来这个过程至少要2天,自贸区改革后大大提速。这意味着,海外进口的水果到港后,当天就能送到消费者手中,而且价格也降低了近一半。"

让企业经营者们纷纷点赞的"自贸区速度",正是得益于上海自贸区成立以来致力攻坚的核心任务——制度创新。

一系列改革,不仅给企业和普通消费者带来便利和实惠,更带来难能可贵的创新经验。而且,这些经验也已开枝散叶,逐渐被复制被推广至全国。

上海海关副关长郑巨刚告诉我们,三年里,海关先后推出31项创新制度,并全部形成公开透明的规范标准,其中的21项更在全国海关复制推广,"先进区后报关""自行运输""三自一重"等改革成果在全国复制推广,在区域海关通关一体化和全国海关通关一体化改革中发挥了重要作用。

中国(上海)自由贸易试验区综合服务大厅(柏可林摄)

上海出入境检验检疫局局长俞太尉表示,国检部门在"十检十放"的改革基础上,不断推进制度创新,先后出台了77项支持自贸区发展的制度,8项已在全国复制推广,24项将率先在全市推广,并作为全国复制推广的备选制度。

上海海事局党组书记、局长陆鼎良告诉我们,海事局已取消行政审批项目7项,占比25%;取消行政备案项目8项,占比93.18%,停止实施行政备案项目26项;取消行政事业收费项目16项,占比61.54%;暂停实施相关规定类项目4项;分批下放25项行政审批项目至自贸区海事机构。"我们积极稳妥推进简政放权系列举措,突出一个'转变',打通改革'最后一公里'"。

金融改革,尤其备受关注。三年来,上海自贸区逐步开展了包括自由贸易账户业务、投融资汇兑便利、人民币跨境使用、利率市场化等一系列金融创新试点。

央行上海总部跨境人民币业务部副主任施琍娅表示:"作为自贸区金融改革的基础设施,自由贸易账户自启动以来运行平稳,服务实体经济的效应不断凸显。自贸账户实现了'惠实体''促改革''防风险'三大主要功能。"数据显示,目前上海自贸区向全国复制推广了20余项金融改革创新成果。其中,央行和外汇部门已经把在上海自贸区先行先试的16项金融制度推广至其他自贸区和全国,涉及资本项目可兑换、利率市场化、人民币国际化、外汇管理和支付结算五大方面。

……

制度创新,如春雨般滋润了自贸区这块"试验田",精心培育的"苗圃"也正将一颗颗茁壮的幼苗输送至全国各地。

"中国(上海)自贸区试验的本质在于建设开放型经济新体制,这是以习近平同志为总书记的党中央治国理政新理念的一个重要内容。上海自贸试验区三年制度创新,实现了在保证安全、风险可控下国家对外开放战略需要创新重点难点问题的突破,为我国参与国际贸易新规则的制定提供了实践经验。"国家高端智库专家、对自贸区有着深入研究的上海社会科学院院长王战接受本网专访时说。

王战表示,"在投资制度改革领域,上海自贸试验区成功实现了从正面清单制度向负面清单制度的转型,并构建了事中事后综合监管体系框架;在金融制度创新领域,自贸试验区构建了以自由贸易账户体系为核心的金融改革开放创新风险审慎管理机制;在资本项目可兑换以及金融开放等领域形成了一套推进金融开放中的风险防控体系和金融基础设施;在货物监管制度和贸易便利化措施领域,尝试用信息化手段作为货物贸易监管制度创新工具,不仅符合世界货物监管制度的发展趋势,而且坚持贸易安全和风险管理为基本底线,建立可执行的货物贸易监管风险管理系统"。

上海市政府发展研究中心主任肖林在接受《解放日报》采访时指出:上海自贸区三年改革,紧紧围绕"制度创新"这个核心,开展了一系列先行先试,国务院《总体方案》和《深化方案》提出的绝大多数任务已经落实,而且取得了显著的成效。上海自贸区在着力推进供给侧结构性改革,率先改革探索与国际投资贸易通行规则相衔接的制度体系和开放型经济新体制,率先改革探索发挥市场配置资源决定性作用的制度体系和地方政府治理体制,目前一批制度创新的系统集成成果已逐步在全国复制推广,发挥了先行先试、示范引领、服务全国的作用,实现了预期目标。

"朋友圈"扩容,让改革突破口更多

2017年9月,正值全球瞩目的G20杭州峰会举办前夕,党中央、国务院决定,在辽宁、浙江、河南、湖北、重庆、四川、陕西新设立7个自贸试验区。至此,自贸区的"朋友圈"扩容至11个,自贸区改革也已由上海的"1.0时代"进入到如今的"3.0时代"。

曾经一枝独秀的上海自贸区,今后的角色定位是什么？未来该如何与其他兄弟自贸区进行联动发展？

对此,长期关注自贸区建设的上海社会科学院经济研究所所长石良平表示,从新设的7个自贸区选址,可以看出中央的战略意图:第一,浙江设立自贸区,这主要是海洋战略的具体体现;第二,长江经济带上的自贸区设点很多,包括湖北、重庆、上海、四川,可见长江经济带是今后发展的一个重点;第三,在"一带一路"主要交通枢纽陕西设立自贸区,可见"一带一路"战略将与自贸区战略挂钩。

石良平坦言,如此一来,中国自贸区建设的几条重要线路就非常清晰了:首先是从天津往北到陕西这一条线,即"丝绸之路";其次是从舟山、上海到重庆、四川这一条线,即"长江经济带";第三是从福州到广州南部一带。

上海自贸区航拍照片(丁汀摄)

石良平说:"我们还应关注一个重要的时间点,这次新设 7 个自贸试验区在 G20 峰会之前推出,实质上是中国在向世界表明进一步开放的决心,并且开放的不仅仅是沿海,而是东西南北中共同开放,这个意义十分重大。"

"朋友圈"不断扩容,是否会让曾经"独苗"的上海自贸区光环不再?

在石良平看来,"朋友"越多,越能让上海自贸区的未来之路走得更加有底气和信心。"事实上,自贸区越多,我们再遇到体制机制上的问题,就能够联合起来去交流,我们改革的突破口就越多,越能达到我们原先的初心。"

对于上海自贸区自身的未来定位,石良平表示:"从专家的角度来看,上海是一个综合性的试点,因为只有上海可以来做'最高层次、最高标准、面向国际的自贸区'试点。"

石良平建议,上海今后还要做一个最大的事情,那就是金融改革。"因为金融改革不是每个自贸区都要做的,上海为什么要把金融改革放在重要位置?国务院有批文,要把上海建设成为国际金融中心,自贸区也就有了相应的任务。而且金融领域风险大,适合在最规范、资源最丰富、交易市场最多的地方开展。"

"所以,我认为各地自贸区都有特定的任务,上海的目标就是要把金融改革做到两个最高,这也和我们的'初心'——最初设立自贸区的目标是相一致,就是要做国际最高标准、最好水平的自贸区。"石良平如是说。

自贸区扩容,是挑战更是机遇。

上海财经大学自贸区研究院院长赵晓雷表示,上海与其他自贸区的功能存在一定差异。上海的任务是对标国际高标准,做一个开放度最高的自由贸易园区。同时,上海还要结合四个中心建设和科创中心建设,所承载的国家战略意图更加突出。而 2.0 版的 3 家自贸区除了综合性改革开放的功能以外,还承载了区域性的功能,3.0 版的 7 家自贸试验区则区域性功能更强。

不忘初心,对标国际再涉"深水区"

2017 年 6 月,浦东张江高科园区,一处掩映于修竹丛中、颇具特色的建筑群刚刚投入使用,高颜值的外形常常引来路人的驻足欣赏。

这里,便是跨国医药巨头诺华集团斥资 10 亿美元兴建的全球第三大研发中心,这也是目前中国最大的综合性国际前沿医药研发平台。

但并没有多少人知道,其实像诺华这样全球领先的跨国药企,对于是否要落户张江,曾经犹豫徘徊长达 10 年之久,其中最大的"心结"就是"监管瓶颈"。

诺华上海研发中心首席运营官蔡克文告诉我们:"医药研发与一般实验室不同,它需要进口大批实验样品和试剂,但这些样品每次进口量不会很大。"过去,检验检疫部门按照一般贸易的进口方式对医药研发试剂进行监管,"每批试剂进口都要审批,耗时可能多达 20 多天,等审批完,一些试剂的活性也消失了"。

随着上海自贸区的制度创新,上海国检局在自贸区内摸索出了一套针对生物医药研发机构的监管新模式,与国际惯例接轨,使得诺华上海研发中心能真正起到全球研发的功能。如此一来,诺华彻底放下了"心结",最终将研发中心落子张江高科园区。

对标国际,建设国际最高标准、最好水平的自由贸易区,正是上海自贸区的初衷。

不过,与国际最高标准的自由贸易区相比,刚满三岁的上海自贸区仍有着不小的差距。而这些,也正是未来上海自贸区继续深入改革的动力和方向。

上海社会科学院院长王战表示,未来的上海自贸区,需要加快推进系统集成制度创新。"根据自贸区《总体方案》和《深化方案》涉及投资、金融、贸易、服务业开放和事中事后监管等五大领域 500 多项制度创新,需要突出重点,围绕主线,形成系统集成制度创新。但总体而言,自贸试验区在事中事后监管系统、FT 自由贸易账户等五大领域系统集成式的制度创新不够。"

"自贸试验区压力测试不够,例如在投资领域中负面清单突破方面,在金融领域资本项目的开放方面以及在货物领域的特殊货物领域。"王战说。

肖林则表示,下一步上海自贸区改革重点应围绕"三个率先"展开,即率先推进自贸试验区制度创新系统集成,在更大程度上发挥示范引领效应;率先推进自贸试验区高标准国际投资贸易规则压力测试,在更高层次上发挥先行先试作用;率先推进自贸试验区与一系列重大国际战略协同联动,在更广领域中发挥服务全国大局功能。他还建议,下一步,上海自贸区应配合国家有关部门制定"金改"40条实施细则。

赵晓雷在接受《解放日报》采访时提出建议,未来上海要做开放度最高的自由贸易园区。首先,要将原28.78平方公里的海关特殊监管区作为"开放度最高、监管最便捷的自由贸易园区"的突破点,即"试验区的试验区",先行先试对标国际高标准的投资贸易便利化升级版,再带动120.72平方公里及1 200平方公里(浦东新区)的"2.0版"发展。其次,国家战略要并联推进。自贸区战略、国际金融中心战略、科创中心战略、浦东综合配套改革战略要互相联接,并联推进。第三,要打造亚太自贸区(FTAAP)营运试验区。

石良平告诉本网:"在扩大服务业开放和推进贸易方式转变等其他方面,上海自贸区仍有较大提升空间。"他表示,扩大服务业的开放,已经成为世界各国签订自由贸易协定或投资协定时的基本要求。在国务院《总体方案》中,扩大投资领域开放的第一条就是要扩大服务业开放,包括开放金融服务、航运服务、商贸服务、专业服务、文化服务以及社会服务等六大领域。《总体方案》也

明确,要吸引跨国公司在上海自贸区建立亚太地区总部,使自贸区成为整合贸易、物流、结算功能的运营中心。

石良平坦言,展望后三年,或许上海还应该承担一个更重要的任务,就是完全对标于国际服务贸易协定(TISA),同时希望这些标准能够促进中国和更多的国家签订双边自贸协定(FDA)。

"这些难题都考验着改革者的决心和勇气,考验我们能否排除万难,推动改革向纵深挺进。"

轩召强　董志雯　葛俊俊
人民网上海频道

第三篇

科技创新中心建设

科技创新作为一种高度开放的活动,必须深植于区域和全球创新网络中,不断加强节点的等级,以获取更多的创新资源,产生更多的创新成果,实现更多的创新辐射。自2015年开始,上海着眼于创新的全球布局与全球深化,将区域性、全球科技创新中心的建设纳入了发展轨道。经过近三年的全球科创中心建设,上海在加快集聚科创资源、夯实科创综合实力、加强创新软硬环境建设、提高科创综合产出、保持科创比较优势方面取得了较大进步。

攻坚高端制造 咬定转型升级
——上海坚持科技创新驱动新理念引领新发展

点评 李 健
上海社会科学院·城市与人口发展研究所副研究员

中华人民共和国成立至今,作为中国的经济中心城市,上海同时也是全国的工业基地之一。从20世纪90年代开始,在全球城市战略思考和定位的引导下,上海着力学习纽约、伦敦和东京等城市,推进产业结构转型,重点是现代服务业的发展。但是服务业尤其是生产性服务业的发展离不开制造业的支持,高端制造业的发展是上海经济持续发展和能级提升的内在需求。

在2008年全球性金融危机之后,全球经济进入新

的发展阶段,新一轮科技革命和产业变革正孕育兴起,开始重塑全球经济新的增长模式。"十二五"期间,上海提出了"创新驱动、转型发展"的主线;2014年5月,习近平总书记在沪考察时进一步提出上海建设具有全球影响力的科技创新中心的核心任务。作为全国科技资源最为丰富和工业基础最为雄厚的城市之一,上海及其所引领的长三角地区的转型升级对于中国经济"由大转强"的引导意义重大,上海的核心任务就是代表国家参与全球经济科技合作与竞争,通过科技创新来引领高端制造业全面崛起,在新一轮全球科技和新兴产业竞争中赢得战略主动。因此,坚持创新驱动,攻坚高端制造是上海提升经济能级,贯彻落实党中央、国务院的决策部署,发挥中国(上海)自由贸易试验区改革开放和建设具有全球影响力的科技创新中心作用的重要实践,对于上海建设"四个中心"和卓越全球城市具有重要战略意义。

案 例 瞄准创新引领 咬定转型升级 提振实体经济
上海攻坚高端制造（治国理政新思想新实践·
新理念引领新发展）

2017年06月17日《人民日报》01版

庞大的集装箱被吊放在一辆自动小车上，小车轻盈转向，驶向轮船旁，再由吊车吊上船——曾经繁重的集装箱装卸作业，如今变得智慧而轻松。由上海振华重工承建的青岛港和厦门港两大全自动化码头，2017年5月份先后投入运营。位居港口机械全球市场份额首位的振华重工，转为世界先进的全自动化集装箱码头方案提供商。

振华重工，是上海高端制造的一个代表。2017年5月31日，上海市颁布巩固提升实体经济50条措施，明确提出要以高端发展为导向，聚焦突破战略性新兴产业，形成汽车、新一代信息技术、智能制造装备、生物医药与高端医疗器械、新材料等千亿元以上产业集群。未来5年，战略性新兴产业增加值占全市生产总值比重达到20%以上，战略性新兴产业制造业产值占全市工业总产值比重达到35%左右，统筹推进60多个10亿元以上重大产业项目，成为全国创新引领实体经济发展的新高地。

曾是我国工业重镇的上海，突破资源约束，咬定转型升级，用了15年左右时间调整产业结构，终于将以二产为主导的经济结构转向了以三产为主导，服务业占比达70%以上。此时的上海，为何要再战"工业制造"？

重要的是防止产业空心化和服务业虚高。上海市发改委副主任阮青分析，2016年，上海生产性服务业约占全市服务业的59%、全市生产总值的40%，如果实体经济不能巩固提升，研发设计、信息技术、总集成总承包、检验检测认证、供应链管理等生产性服务业发展就会受到影响，以服务业为主的经济结构就难以稳固。确保一定比例的制造业，是上海经济的内在需要。

"再战的'工业制造'，主要是高端制造和先进制造，着眼于全面提升上海实体经济发展能级和水平。"上海市经信委主任陈鸣波说。近几年来，上海持续调出低端落后产能,引进高端先进产能,在压减与新增对接中,上海经济的动能结构逐步转换。以中芯国际、华力微电子、和辉光电等重大项目的开工建设为标志,上海先进制造业已扬帆起航。通过加快建设和储备集成电路、智能网联汽车、大飞机等引领性强、成长性好、带动性大的产业项目,上海依托郊区,正打造先进制造业重要承载区和经济增长极。

上海市出台的 50 项措施,凸显了加强区域经济统筹、规划布局统筹、资源服务统筹的理念,提出要增强企业发展动能、转变政府职能、聚集创新要素,为实体经济发展构建便利高效的营商和市场环境。上海明确,到 2020 年,全市工业用地规模保持在 550 平方公里左右,各区每年工业用地减量化腾挪指标 1/3 用于制造业。

刘士安　谢卫群

人民日报社上海分社

借力长三角 当好"领头雁"
—— 李强率团取经苏浙皖谋划共赢新思路

点 评 **宗传宏**
上海社会科学院·城市与人口发展研究所副研究员

此次考察内容丰富,可以说囊括了经济、社会、科技、文化、体制机制等多项内容。

京津冀、珠三角区域一体化的步伐在加速。而作为世界六大城市群之一的长三角,面临打造世界级城市群的关键时期,一体化发展反而处于一种"迷茫期"。主要原因就是长三角区域一体化一直伴随着行政壁垒、理念滞后、机制不顺等基本问题。基本问题没有解决,如何有信心、有能力进行深层次的合作?

上海干部群众对上海的了解,往往是基于对上海本身的要素资源和经济社会发展情况的判断。新时代背景下，对上海认识的层次上往往落后了，我们并不一定真正了解上海。上海的优劣势要放在长三角、全国、世界的范围内才有意义。密集地对长三角进行调研，实质上就是要求上海的领导干部从基础的认识开始，从重新解读上海、重新了解长三角开始，首先"知彼"，然后才能"知己"。也许"没有对比就没有伤害"，这种"伤害"是必要的，就如李强书记调研上海各区时提出的"直面难点、痛点，补齐短板弱项"。知己知彼才能正视上海首位度持续下降的挑战，增强忧患意识，学习江浙皖的经验，补齐短板、练好"内功"、借力长三角、做好"领头雁"。

长三角区域一体化的关键问题往往是基本问题，也是发展问题，说难不难，推起来却不易，简单问题往往无法简单解决。基础认识是深层次地把握长三角的关键。认识的更新自然会催生出共同的目标诉求，产生处理问题的方向和突破点，"对症下药"。因此，"知彼"与"知己"也是李强书记为长三角一体化寻求更深层次发展下的一剂"良药"。

案例 两天三省　李强率上海团走长三角深意何在
2017年12月10日《人民日报》中央厨房·大江东工作室

尽管外界猜测中共中央政治局委员、上海市委书记李强迟早会有一次"长三角行"，但没想到，这一行动来得那么快。

2017年12月6日至7日，上海市委书记李强、市长应勇率领上海市党政代表团走访了安徽合肥、江苏南京、浙江杭州，实地考察科研院所、高新企业、政务中心、特色小镇，两天三地，一路马不停蹄。

此时，距离李强书记履新上海一个月零一周，距他以江苏省委书记身份率领江苏党政代表团走访浙沪两地一年又两个月。

李强为何对长三角情有独钟？如此高规格考察长三角，对上海而言有何深意？

取经苏浙皖关键词——创新、高标准、区域一体化

从考察线路图来看,上海党政代表团"长三角之行"离不开三个关键词:创新、高标准、区域一体化。

上海市党政代表团在合肥科大讯飞考察(陈正宝摄)

首站合肥,上海市党政代表团考察的两个点都和科技创新密切相关。

在中科院合肥物质科学研究所,上海党政代表团参观了全超导托卡马、稳态磁场实验装置。前不久,国家重大科技基础设施"稳态强磁场实验装置"通过国家验收,这一装置使我国成为继美国、法国、荷兰、日本之后第五个拥有稳态强磁场的国家。最为独特的是,这一装置上有着我国自主研发、国际独创的组合显微系统和国际领先的科学实验手段。

在科大讯飞股份有限公司,代表团一行饶有兴致地了解了人工智能技术最新进展及典型应用情况,希望企业在新一代人工智能发展领域与上海全面深化合作。

在南京,江苏政务服务中心、江苏省产业技术研究院吸引了代表团的目光。

大家都在努力"数据归集共享",江苏做出了"全国领先水平"。在这里,省级各部门网上政务服务窗口与江苏政务服务网无缝衔接,全省超九成政务不见面审批。在国务院第四次大督查中,"开办企业""不动产登记""投资项目报建审批"三项平均办理时限均位列全国首位。

到杭州,代表团考察了白沙泉并购金融街区、云栖小镇、杭州国际博览中心和钱江新城城市阳台。

白沙泉并购金融街区的创新更让人瞠目。一年时间,政府通过危房改造、环境整治,在行政审批、税收、人才营商环境上全方位创新,将杭城名气最大的"城中村"变成浙江省首个以并购金融为主题的特色街区,目前集聚股权投资类、证券期货类、财富管理类机构 100 余家。

"高标准"背后的忧患——直面难点、痛点,补齐短板弱项

回溯李强履新以来在上海调研走访踪迹,不难理解上海市党政代表团急行苏浙皖三地所关注的内容。

上海市党政代表团在杭州白沙泉并购金融街区考察(陈正宝摄)

此前 2 个月,李强几乎以一周调研一个区的速度,密集走访了上海黄浦、浦东、徐汇、杨浦、松江、嘉定等地,每到一处,必谈创新,每提创新,必求对标高

标准。

单单在浦东调研时,李强就一口气提出了多个"创新"和"高标准"——

聚焦自贸试验区建设,要瞄准国际最高标准、最好水平,特别是围绕制度创新这个核心,加强改革开放系统集成,率先建立同国际投资和贸易通行规则相衔接的制度体系;

要打造提升政府治理能力的先行区,找到改革的"难点""痛点",更好简政放权,做好"放管服"的大文章,真正让市场发挥决定性作用、政府更好发挥作用。

要以全球视野、国际标准建设张江综合性国家科学中心,加快集聚和建设世界一流的大科学设施集群,提高科学中心集中度和显示度,按照规划高标准建设张江科学城。

对"创新"和"高标准"高度关注的背后,是上海强烈的忧患意识。

就在李强履新上海第二天,世界银行发布了《2018年全球营商环境报告:改革以创造就业》。该报告分析并统计了全球190个经济体的营商难易度,包括开办企业、办理施工许可证、登记财产、获得信贷、保护中小投资者、纳税、跨境贸易等10个领域。报告显示,中国营商环境排名保持在78位,相较去年,评分有所提高,但是提高幅度不大。

上海是世界银行"全球营商环境报告"中国数据重要来源之一,这份报告对上海而言极具对标价值,而"78"这个名次显然与上海建设"卓越全球城市"的目标有相当距离。

在城市创新力方面,上海的领先优势也遭遇到了挑战。2017年8月第二届长江发展论坛发布的"长江经济带城市科技创新排行榜"显示,除云南、江西、贵州之外,长江经济带其余8个省市区域与创新能力提升指数均超过10以上。在长三角中,浙江提升21.92,江苏提升19.12,安徽提升17.74,均领先上海。这三个省份在研发强度上提升的幅度也最大。

上海怎样向先进水平靠拢、缩小差距?对外,对标国际高标准;对内,虚心学习兄弟省区先进经验。

2017年11月8日，李强在浦东考察时，首提"忧患意识"，要求上海干部"紧盯短板弱项，只争朝夕、加倍努力"。

11月15日，李强主持他上任后的第一次区、大口党委书记季度工作会议。在会上，李强要求上海广大党员干部进企业、进社区、进农村，开展集中走访调研，而整个调研过程则"应坚持需求导向、问题导向、效果导向，最终解决实际问题"。

在这次会议上，李强再次要求上海各级领导干部进一步增强忧患意识，始终对照党的十九大精神找差距，始终瞄准国际最高标准、最好水平调整发展标杆，虚心学习兄弟省区市先进经验，强化横向纵向比较，用更高标准推进上海改革创新各方面工作，以更大的担当、更大的作为，体现党的十九大精神在上海实践的成效。

强调区域发展规划对接——借力"一体化"求得发展"加速度"

两天三地，上海市党政代表团所考察的点各有侧重，但有一个话题始终如一，那就是"区域一体化"。

许多人都注意到了李强的"长三角心结"。长期任职浙江，先后主政苏沪，特别的政治履历，李强对长三角区域经济发展甚为熟悉，在多个场合阐述过融合共赢的发展理念。

在浙江省省长任上时，李强就特别注重融入长三角。在出席"2015年之江峰会"时，李强在开幕辞中表示："海纳百川，江海之大在于融合，浙江因钱塘江而闻名，在于江海互动中形成的钱塘江大潮奇观。长三角经济圈是全球六大经济圈之一，它不仅是中国大陆实力最强的经济中心，也是亚太地区的重要门户。"

主政江苏后，李强率江苏代表团先后赴皖、沪、浙三地学习考察，提出四省市交通基础设施互联互通，深化科技产业合作，加强环境保护方面的合作。

上海履新第一个月，李强调研松江、嘉定，罕见地强调上海郊区要与周边长三角城市接壤，进一步增加互动，相互学习，取长补短，在产业协同创新、生

态环境治理等领域加强对接合作,推动共同发展,在长三角协同发展上要有新作为。

此次率上海市党政代表团长三角之行,除了对长三角区域合作机制、协同市场体系上的关注,李强对长三角区域一体化提出了更加具体的建议,包括四省市在区域发展规划上的对接,在重大国家战略和改革上的联动,在区域重大专题合作质量上的提升。

对长三角区域一体化高度关注的背后,是上海谋求更高、更快发展的新思路——借力区域经济,在互补融合中求得共赢。

在2017年8月举行的第二届长江发展论坛上,中国国际经济交流中心上海分中心秘书长郁鸿胜提出一个观点,过去讲经济发展"三驾马车",这是基于一个行政经济区的判断,没有考虑到区域联动和区域协调。今天,我们从原来的行政区经济向经济区经济转变,必须考虑到区域合作与交流对经济的拉动作用。

在郁鸿胜看来,长三角区域已经进入了制度合作阶段,是经济、社会、人口、资源、环境的全面合作、深度合作。也就是说,进入了合作深水区,需要通过制度合作改革生产关系,以适应生产力的发展。一旦生产关系适应了生产力的发展,长三角整个区域将会跑出发展加速度。

郝 洪

人民日报社上海分社

"文创50条"解渴管用擦亮金名片
——打响上海文化品牌再添新动力

点评 **徐清泉**
上海社会科学院·文学研究所副所长、研究员

  盘点2017年的上海,"上海文创50条"发布,即《关于加快上海文化创意产业创新发展的若干意见》的出台,很快引发了文化领域从业者的高度关注和热议,媒体和坊间更称上海此举为"放大招"。上海媒体年末揭晓的"2017年上海十大新闻",甚至直接将"文创50条"纳入其中。其影响力和重要性可谓毋庸置疑。如果仔细翻检解读50条,会发现:这50条不同于以往出台的意见及规划的地方就在于,它不是一份大条化、原则化的意见和纲要,而是明晰地确定出了今后几十

年上海文创发展建设的"项目库""路线图"和"时间表"。按照市领导对50条意见给出的定位,那就是"抓文创就是抓发展,抓文创就是抓民生",这50条"是历年上海推动文创产业发展政策的集大成,也是文创产业上海经验的总结和延续,更集中体现上海文创产业再上新台阶的势头"。应当说,"上海文创50条"既是贯彻上海市委提出的"打响上海文化品牌"的行动倡议,又高度契合"为建设社会主义文化强国作出上海贡献"的发展诉求。显然,上海文创发展的未来蓝图已经绘就。对照蓝图真正实现项目落地和行动见效,才是上海文创领域今后需要奋力啃下的"硬骨头"。假如将50条中涉及的所有项目任务先细化分解,再逐项整合推进,则有两方面着力点需要重点谋划突破:一是必须创设出既能激活用好本土存量文创人才,又能吸引激励外来增量文创人才的用人引人机制;二是必须营构起完全顺应新时代走向的文化跨界、跨业、跨地融合并进及协调创新社会氛围。古语云"行百里者半九十"。无疑,"上海文创50条"的发布,既预示着上海文创将为"再上新台阶"开启全新的百里征程,又意味着势必还会有一些未知的艰难险阻亟待最终攻克。即便真的如此,上海只要能够切实做到"敢为天下先",也就没有迈不过的坎。

案例 重磅!"文创50条"擦亮上海文化金名片

2017年12月17日《人民日报》中央厨房·大江东工作室

上海这几天有件大事刷了屏,各媒体都醒目推出"上海文创50条"。别以为这只是事关跳舞唱歌、写写画画哦!大江东工作室的东妹,对着"50条"细细研究半响,发现这文创新政干货满满,像是一部集纳文创产业政策,甚至涉及上海城市发展骨骼肌理的皇皇巨著。细细研究,滋味无穷,它对未来上海文化乃至全国文化发展的影响,或在更深更远处……

上海陆家嘴夜景(上海市委宣传部供图)

解渴、管用、含金量高——"文创 50 条"干货满满

"文创 50 条"的出世,就不同凡响。

2017 年 12 月 11 日至 12 日,在中共上海市委学习讨论会上,中共中央政治局委员、上海市委书记李强喊话:新时代要有新使命新作为,要全力打响上海服务、上海制造、上海购物、上海文化四大品牌。要用好用足、大力发展有竞争力和影响力的文化产业,使上海文化金名片更加闪亮。"上海能有今天,靠的就是一股子敢为人先、敢闯敢试的锐气。"

2 天后,12 月 14 日,上海召开加快文化创意产业创新发展大会,上海"文创 50 条"政策措施应声落地,旨在不断提升文创产业竞争力和影响力,全力打响"上海文化"品牌。12 月 15 日,上海以近十个委办局共同出席的超强阵容,召开上海市政府新闻发布会,介绍《关于加快上海文化创意产业创新发展的若干意见》的主要内容。

这项重磅发布含金量几何? 如此大规模的系统集成政策措施,要向哪些痛点、难点、堵点开刀? 对上海这座文化大都市未来的发展,"文创 50 条"剑指何方?

"上海，资源倒逼转型，土地资源稀缺。文化创意产业利用存量房屋土地，都非常关注建筑的历史和城市风貌，这有利于传承城市文脉，又能促进城市的有机更新，我们积极支持。"上海市规划国土资源管理局副局长岑福康介绍的，正是"文创50条"的第46－48条"加强建设用地保障"部分。

用含金量十足、诚意十足来形容"文创50条"，并不为过。仅以土地资源供给为例，上海在主体和用地类型方面作了拓展，明确可以利用工业用房、仓储用房、传统商业街等存量房产、土地兴办文化创意和设计服务，在符合城乡规划的前提下，土地用途和使用权人可不变更。

"在供地方式方面，我们支持力度很大。利用划拨方式取得的存量房产、土地，兴办文化创意产业，连续经营一年以上，如果是符合划拨用地目录的公益性项目，可以继续按划拨方式办理用地手续；如果是营利性文化项目，可以按协议出让方式办理用地手续。"岑福康介绍。

"50条"，几乎每一条都能引发长篇解读。用上海市副市长翁铁慧的话概括：在产业领域上聚焦重点、在实施路径上强调操作落地、在政策支撑上务求解渴管用，有三方面较为突出的特点与亮点：

产业领域选择，有重点、有突破。文化创意产业作为典型的综合性产业，涉及面广、内容丰富，制定产业政策必须有所侧重，有限资源要聚焦重点，以点带面。此次则重点聚焦了影视、演艺、动漫游戏、网络文化、创意设计、出版、艺术品交易、文化装备等领域。

实施路径设计，可操作、能落地，真正促进产业发展。针对各重点领域，分别提出发展目标、规划布局和需要突破的瓶颈问题，以此设计形成实施路径的制度安排。

政策支撑聚焦，对企业解渴、管用。注重以市场化指标为导向，转变重"国"轻"民"观念，听取企业，特别是民营企业诉求；转变"不敢扶小、不敢扶初"的态度，将扶持重点从后期向初创阶段前移，使政策真正满足企业需求。

"'文创50条'发布，作为一家网络文学企业，我们十分振奋。"深植上海的阅文集团，2017年11月8日刚刚在香港联交所挂牌上市，其联席首席执行官吴文辉说:"上海文创产业必将借助政策东风,实现全面发展,构建更加完善的文化市场体系。阅文将以此为契机,传播优秀网络文化,让创意实现价值。"

上海文创多年跑赢 GDP——顺应产业发展需求的必然选择

一口气提出"文创 50 条",并非好大喜功、粗投乱放,而是厚积薄发多年后的临门一脚。

熟悉上海文化发展的人都知道,早在 2011 年,上海文化创意产业增速就跑赢 GDP 增幅——那一年,上海文化创意产业实现增加值 1 923.75 亿元,比上年增长 13%(按可比价格计算),高于 2011 年上海全市 GDP 增幅 4.8 个百分点。

截至目前,上海文化创意产业总产出 10 433 亿元,占全市生产总值比重超过 12%;产业增加值 3 395 亿元,同比增长 8.2%。文化创意产业成为上海国民经济重要支柱性产业。

"文化创意产业综合性很强,却未能体现在现有国家统计口径中。2011 年开始,上海把文创产业作了基本切割,形成一个目录统计,在体制机制方面有统一的部署。"上海市副市长翁铁慧介绍,"'文创 50 条'是历年上海推动文创产业发展政策的集大成,也是文创产业上海经验的总结和延续,更集中体现上海文创产业再上新台阶的势头。"

文创产业,上海有良好的基础,比如影视产业。上海是中国电影发祥地,底蕴深厚,近年来快速发展,票房全国城市第一,上海国际电影电视节已成为亚太地区极具影响力的重大影视文化活动。又如动漫游戏、网络文化产业,目前上海动漫游戏、网络视听、网络文学产业总值位于全国第一,占全国总量一半。

上海一直在夯实文化基础。前段时间上海推出一批重大文化设施建设,"上海图书馆东馆、上海博物馆东馆,这两个项目实际上是创新文化产业的思想发动机,非常必需"。上海市委副秘书长、市委宣传部副部长朱咏雷介绍,上海正在加强公共服务平台建设,发挥重大文化项目的产业带动作用。"一些重大项目的建设,对市场体系的构建会起到非常大的作用。"

当然,大力发展文创产业,也是顺应上海产业发展需求的必然选择。关联性、辐射性、带动性是文创产业的突出特点,"文创 50 条"的制定,特别注意强化文化创意产业为实现"创新驱动发展、经济转型升级"服务。像选择创意设计产业,就是考虑到其涵盖的工业设计、建筑设计、时尚产业、软件业等方面,对于上海发展先进制造业、现代服务业和战略性新兴产业都有重大辐射带动作用,是提升其他相关产业能级的重要支撑点。

"上海文化创意产业的体量,在全国相对较大,未来重点要提升产业发展的'质'。"朱咏雷表示,上海将注重"文化+"的跨界融合发展,"上海在科技、金融、贸易和先进制造业方面有很强的优势,如果将文化与科技融合、与金融融合、与贸易融合、与高端制造业融合,潜力无穷"。

解决难点、疏通堵点、以痛点为起点——抓文创就是抓发展,抓文创就是抓民生

《关于加快上海文化创意产业创新发展的若干意见》明确提出总体战略目标,即未来五年,文创产业增加值占全市生产总值比重达到 15% 左右,基本建成现代文创产业重镇;到 2030 年,占比达 18% 左右,基本建成具有国际影响力的文创产业中心;到 2035 年,全面建成具有国际影响力的文创产业中心。

"抓文创就是抓发展,抓文创就是抓民生。"在上海市加快文化创意产业创新发展大会上,上海市委副书记、市长应勇强调,"上海加快文创产业创新发展,是建设现代化经济体系的必然要求,是建设卓越全球城市和国际文化大都市的必然要求,是增强城市吸引力、创造力、竞争力的必然要求,也是在更高水平上全面建成小康社会、满足人民过上美好生活新期待的必然要求。"

几个"必然",反映出上海文创产业创新发展加速的迫切心情。

上海出台"文创 50 条",同样具有自己务实的特色。据了解,这是问题效果导向倒推出的成果,针对实践"难点""堵点""痛点",注重处理好政府推动与

市场驱动的关系。"政府要支持文创产业发展,积极营造良好环境,同时也要深化'放管服'改革,把市场能够发挥作用的领域范围让出来,把该放的权放足、放到位。"应勇强调。

针对企业普遍反映强烈的"难点",用地方面,改革举措力度很大;而针对部分产业在贸易便利化中遇到的"堵点",如艺术品交易领域,"文创50条"将探索试点延长艺术品暂时进口货物通关单证有效期相关政策,联动上海自贸试验区"保税仓储"功能,提高艺术品通关、展示、交易的便利化水平;针对制约不同产业类型企业跨越式发展的"痛点",如文化装备领域,确定将"设备研发生产纳入'上海首台套政策'"支持范围。

上海新闻出版局局长徐炯说,身为出版重地,上海产业规模不大,图书出版不在全国第一阵营,与上海发展定位不相称。"文创50条"提出,"支持品牌民营出版机构落户,鼓励民营出版机构与上海国有出版单位深度合作",令人耳目一新。徐炯认为,建立出版产业新格局,必须补短板,引入新力量,在很多方面,民营机构借助融资和营销优势,往往别具一格,和上海有合作基础。"问题在于,人家为何与上海出版单位合作较少?突破瓶颈,才能引进新力量。"他认为,《意见》强调要深化改革,激发国有出版单位的内生发展动力和创新活力,正是关键所在。

所有这些思考,为的都是在未来国际竞争格局中,为上海增添一台更强有力的发动机。

文化是一个国家、一个民族、一个城市的灵魂。在国际竞争格局中,比拼到最后,拼的都是文化软实力。文创产业对上海的重要性不言而喻。

上海,有着璀璨的文化底色,孕育过中国电影与中国现代出版业,也在"互联网+""文化+"思维中,率先布局网络文化、动漫游戏、创意设计产业。而今,上海正着眼于未来,在"高原上建高峰",重点培育高能级的文创旗舰企业、有企业家精神的领军人物和有国际影响力的文创大师。

值得关注的是,"文创50条"中对几大重点领域的发展目标,有着各自定位的精准表述。如影视创制、动漫游戏、创意设计等直指"全球中心""国际高地",演艺着眼"亚洲",网络文化、出版业等定位在"国内龙头"。

外界评论,梯次分明的布局,其背后是上海在新时代工作中的对标意识——对标国际最高标准、国际最好水平,对标兄弟省区市的先进经验。通过对标,上海看到新的差距,找到新的目标,产生新的动力。

曹玲娟
人民日报社上海分社

科创中心建设筑造全球新高地
——上海打造新一代创新引擎激活新动能

点评 林 兰
上海社会科学院·城市与人口发展研究所研究员

科技创新作为一种高度开放的活动,必须深植于区域和全球创新网络中,不断加强节点的等级,以获取更多的创新资源,产生更多的创新成果,实现更多的创新辐射。自2015年开始,上海着眼于创新的全球布局与全球深化,将区域性、全球科技创新中心的建设纳入了发展轨道。经过近三年的全球科创中心建设,上海在加快集聚科创资源、夯实科创综合实力、加强创新软硬环境建设、提高科创综合产出、保持科创比较优势方面取得了较大进步。但是,仍然存在一些改进的空间:

国企与外企的旗舰型企业实力雄厚,中小企业创新活力与水平有待提升;园区式产业布局造成科技分布块状化,导致中心城区创新元素相对缺乏、创新城区和社区形成相对困难、专业服务的可达性较差,难以满足众创需求;应用型大学数量较少且技术类学生的培养长期没有得到重视,应用型的研究平台建设还较弱;在政府角色定位、科技发展战略修编与计划制定、充分利用数字辅助创新、要素引进补短板、精简管理机构等方面还有待加强。随着科技全球化的深入发展,上海作为未来全球创新资源集聚的关键性节点,必须在技术、产业、企业、思想上形成基于比较优势的突出竞争优势,培育本土技术创新龙头企业,掌握重点产业的关键核心技术;重视不同类别创新的空间布局要求,形成城市创新氛围和创新文化;重视基础研究与应用研究均衡发展;重视政府科技管理角色与功能转变。

案例　科创中心　筑造全球新高地

2017年08月16日《人民日报》12版

"学校已跟我们签约,研发团队占股70%!"2017年7月23日,中国"互联网＋"大学生创新创业大赛上海赛区的决赛场上,上海理工大学研究生陈州旗正在"推销"其团队设计的多温区程序降温仪。面对评委"职务成果权利和收益归属"的提问,他大声回答,透着自豪。

同一天,上海交通大学材料学院曾小勤教授喜滋滋地告诉记者:"我们正在进行一个迄今最大的技术成果转让,金额上亿元⋯⋯"

聚国之重器,造创新引擎

在上海科技大学,2013 年诺贝尔生理学或医学奖得主詹姆斯·罗斯曼正在带领团队参与活细胞结构与功能成像项目建设。从来华当访问学者到留在上海做科研,这份毅然的选择,缘于他看好上海作为"世界级科技创新中心增长极"的明天。

2017 年盛夏,位于浦东张江的综合性国家科学中心,几个大科学装置工程在热火朝天地建设着:上海光源二期工程基建结构封顶,部分设备将开始安装;软 X 射线自由电子激光的光束能量正在不断升高;超强超短激光实验装置 2017 年内挑战瞬时输出功率 10 拍瓦世界纪录的科研,正按计划推进;旨在为全国知识产权快速协同保护、运用、服务探索可复制、可推广经验的浦东知识产权保护中心,也在 7 月最热的一天揭牌成立。

聚拢科研界"国之重器",打造新一代创新引擎,探索制度性突破新路——上海加快建设具有全球影响力的科技创新中心的步子,迈得急,跨得大,落得踏实,走得坚定有力。

谋功能定位,辟战略高地

大约 10 年前,一句"为什么出不了马云"的发问,曾在上海激发对于创新创业制度、环境的讨论与反思。这座城市依靠科技创新带动经济转型升级的强烈渴望和清醒认知,从那时就已开始。

"加快把上海建设成为具有全球影响力的科技创新中心,是一项国家战略,对我们这座城市未来发展具有决定性意义。"中共中央政治局委员、上海市委书记韩正多次这样强调。科创中心建设的重要性,被提到了与这座城市未来生死攸关的高度。

现在,再面对同样的发问,这座城市已经坦然,不再纠结,它所思考的,是如何从自身在全国大局中的功能定位出发,当好改革创新"试验田",成为具有全球影响力的科创中心,在新一轮发展中成为代表中国参与全球竞争的新知识、新技术、新产业的高地。

揽四海英才,促万众创新

打造具有全球影响力的科创中心,上海自有优势。身处我国经济活动高度发达、配套齐全的长三角地区,有开放包容的文化和友好宜人的环境,集中了60多所高校、近300家科研院所、170多位两院院士、300多家大公司研发中心。

从将科创中心建设定为市委"一号课题",深入调研听取意见,全市动员统一认识,直面问题、直击痛点,到拿出加快建设科创中心的"22条意见""人才20条""人才30条",到成为全面创新改革试验区,公布科创中心总体方案,破题规划国内第一个"综合性国家科学中心"并赢得国家多部委大力支持,到众多大科学设施、研究机构、国家实验室或立项或开工并探索更开放更科学的全新运营管理模式,到为打通"纸变钱"的最后一公里而出台科技成果转化系列新规……近3年,围绕"建设具有全球影响力的科技创新中心"的大主题,上海不断出台制度举措并扎实推进。

科创中心规划的核心是"四梁八柱"。其中,张江综合性国家科学中心是核心、金字塔尖,再过2—3年,这里将建成世界上水平最先进、规模最大的光子领域大科学设施群;科学与技术、生命科学、能源科技、类脑智能、纳米科技、计算科学等六大重点研究方向的国家实验室,以到2030年跻身世界一流实验室为目标;已规划建设的18个研发与转化功能型平台,瞄准了国家和上海经济发展的重大需求,要让有创新火花创业意念的人"拎个包来就能办成事"。

"中国已立下到2020年进入创新型国家行列,到新中国成立100年时使我国成为世界科技强国的目标。参与世界科技合作,需要一批科技高地、中心作支撑,上海责无旁贷,信心满满!"上海市科委主任寿子琪说。

姜泓冰

人民日报社上海分社

消费互联网方兴未艾 "上海样本"走向全国

——"上海十大互联网创业家"评选折射发展新趋势

点评 陈建华
上海社会科学院·经济研究所副研究员

互联网成为上海新一轮经济发展的动力。我们注意到,第二届"上海十大互联网创业家"和"第二届上海十大互联网创业新锐"都是以民营企业为主,在供给侧结构性改革大潮下,上海的民营经济发展势头喜人。目前,上海民营经济保持高于全市平均水平的态势发展,民营经济在上海市地区增加值比重占到四分之一强,对于推动上海经济增长贡献较大。民营企业在吸收就业、新设企业、注册资本和技术创新方面都占有重要地位,特别是上海自由贸易试验区设立以后,民营企

业的注册与设立更是取得了长足的进展。民营经济在吸收就业与技术创新方面对于推动上海经济与社会发展具有较大的贡献率,日益成为上海经济增长的主导力量。目前,服务业成为上海民营经济及其投资的支柱产业。上海的民营企业在上海市服务业领域的数量在三次产业之中居于首位。上海民营企业正在积极探索新业态、试点新模式、发展新行业,在现代服务业新业态方面也有较多的进展,如电子商务、银行金融以及创意文化产业。目前,上海民营经济凭借从事企业实体数量众多、灵活等优势,以创意、文化和新型商务为主的服务业保持较好的发展势头。同时,利用上海自贸试验区和建设全球科创中心的契机,上海民营企业在物流、外贸、电子商务以及会展服务业等现代服务业行业快速发展,如韵达货运、圆通速递以及申通快递企业均已经成为民营企业税收50强之一。此外,上海的民营企业在电子商务与互联网金融领域,也取得了较好的进展。

案 例 **消费互联网方兴未艾"上海样本"走向全国**
第二届"上海十大互联网创业家"在京揭晓
2017年06月02日人民网

随着移动互联网发展,机遇也越来越多。上海,作为中国人口最多、经济总量最大、市场化基础最好的城市,携程、大众点评、饿了么、喜马拉雅 FM 等引领互联网新生活的新型互联网企业如春笋般涌现。上海已形成了围绕民众日常生活服务的互联网新生态环境。

2017 年 6 月 2 日上午,由上海市经济和信息化委员会、人民网共同指导,人民网上海频道和上海市信息服务业行业协会联合主办的"上海十大互联网创业家及新锐"颁奖仪式暨上海十大互联网创业家做客人民网系列活动,在人民日报社人民网演播厅隆重举行。

上海市经济和信息化委员会副主任傅新华致辞

上海市经济和信息化委员会副主任傅新华,人民网副总编辑罗华,人民网总裁助理、地方部主任李欣玉,上海市信息服务业行业协会秘书长陆雷,人民网上海分公司总经理金煜纯,以及第二届上海十大互联网创业家,上海著名相关企业家、知名专家和多家媒体出席了此次活动。

会上,上海市经济和信息化委员会副主任傅新华致辞。"互联网正加速向经济社会的各领域全面渗透,在颠覆和改造传统产业,在细分和创造新兴业态方面逐步形成了新的经济增长点。"他表示,"上海在新的一轮互联网发展潮流当中,优势正日益显现。原因一是产业经济基础主导'互联网+'发展大方向。上海作为全国工业基础比较好、商业服务最发达的城市,在要素资源、经济能级、行业标准化里面有着充分的积累。二是现代服务业融合创新,引领'互联网+'生活的新方式。规范化的服务和高素质消费人群,正为上海带来源源不断的生活服务创新。三是市场化资源配置能力决定'互联网＋'创新的基础环境。上海创新资源要素高度集聚,营商环境优良,为互联网企业实现与传统经济的深度融合提供了环境和土壤。四是高素质的人力资源成为'互联网＋'发展的核心要素。"

2016年,上海软件和信息服务业实现营业收入6 900亿元,比上年同期增长14.4%,实现增加值1 963亿元,增长12%,占第三产业的比重达到10%,占全国国内生产总值的比重达到7.1%;上海市互联网信息服务业实现营业收入1 720亿元,比上年同期增长20.7%。6月1日,上海发布了振兴实体经济50条,"互联网＋"在新经济当中将扮演非常重要的角色。傅新华表示,下一步,上海将以国家和地方"互联网＋"战略为指导,大力推进互联网融合创新。

同时,傅新华希望借助此次活动,共享"互联网＋"的成功经验,探讨"互联网＋"的创新模式,鼓励更多的创业者探索新领域,为上海建设全球科创中心作出贡献。

人民网副总编辑罗华致辞

"从首届喜马拉雅、百姓网,到第二届饿了么、拼多多,在上海互联网创新创业领域内,正不断涌现出越来越多的独角兽、重量级样本。今天,上海互联网创业家在京亮相也正意味着'上海样本'已从上海走向了全国!"人民网副总编辑罗华在致辞中为上海的互联网创业点赞,表示人民网将会助力上海互联网领域创业,希望上海将更多的先进的"互联网+"理念扩散出去、传递出去,分享其积累的互联网创业经验。

层层 PK　第二届上海互联网创业家名单出炉

2016年12月起至2017年4月,层层筛选后,58家优质互联网企业进行了激烈 PK。经过网上征集展示、移动端投票、两轮专家评审环节后,第二届上海十大互联网创业家于2017年6月尘埃落定。

第二届上海十大互联网创业家领奖

"第二届上海十大互联网创业家"名单如下:

饿了么创始人兼 CEO 张旭豪

途虎养车 CEO 陈敏

凹凸租车 CEO 陈韦予

爱回收创始人兼 CEO 陈雪峰

七牛云创始人兼 CEO 许式伟

西域机电创始人兼 CEO 叶永清

智阳第一人力创始人兼 CEO 王颖娜

拍拍贷创始人兼 CEO 张俊

关爱通总经理潘军

拼多多创始人兼 CEO 黄峥

第二届上海十大互联网创业新锐领奖

"第二届上海十大互联网创业新锐"名单如下：

上海流利说信息技术有限公司

上海成浪网络技术有限公司

上海找油信息科技有限公司

上海点掌文化传媒股份有限公司

上海麦亲信息科技有限公司

上海晖硕信息科技有限公司

摩拜(上海)智能技术有限公司

上海塑盛电子商务有限公司

上海百事通信息技术股份有限公司

上海最会保网络科技有限公司

上海市经济和信息化委员会副主任傅新华，人民网副总编辑罗华、上海市信息服务业行业协会秘书长陆雷为"第二届上海十大互联网创业家及新锐"颁奖。

据了解,继"首届上海十大互联网创业家评选活动"在上海成功举办,第二届活动持续发力。助力上海科创中心建设,评选活动已经成为上海互联网创业领域,乃至科创领域的一个最具影响力和公信力的持续性品牌活动。

创业缩影　折射互联网领域发展新趋势

从2015年到2017年上半年,互联网行业经历了资本的寒冬,也有不少新生企业萌芽。

经过对"首届上海十大互联网创业家"走访,记者发现,市场越来越大,融资越来越多,规划越来越远……首届上海十大互联创业家们,2016年动作不小,不仅活着而且"活得挺好"!

2016年,乌镇世界互联网大会上,运满满正式发布人工智能调度系统,实现车货匹配、实时调度、标准报价,以及对物流信息全程追踪和可视化;2016年,百姓网新三板挂牌上市,成为国内分类信息第一股;2016年,众人科技自主研发了面向移动互联网认证和支付安全的创新性密码技术SOTP,填补了国际国内空白,在金融、电信、公安等各行业系统广泛应用……

如何发现互联网创业的新机遇?2017年上海整体创新创业环境氛围如何?颁奖典礼上,新一批上海互联网创业家代表拼多多董事长黄峥、爱回收

拼多多董事长黄峥演讲

CEO陈雪峰分别作了主旨演讲。

"上海是一个海纳百川的城市,最具创新的商业模式、最具潮流的零售店、最脑洞大开的品牌广告,都会第一时间出现在这个城市。"拼多多董事长黄峥认为:"上海整体,在电子商务领域并不算特别领先,整体的电商环境也未必是全国最成熟的,但,消费升级的趋势和国际化的趋势,给了上海一个新的机会,更给了立足上海的创业家一个极佳的机遇。"

"爱回收是一家专注在手机数码回收领域的年轻创业公司,90%用户和流量、订单来于线上,但80%的员工都在门店和仓储等运营一线。"爱回收CEO陈雪峰表示,当前手机数码产品更新换代速度越来越快,二手电子产品的回收以及处置普遍不当,爱回收要把商业和环保基因有效地结合起来,成为一家真正地贡献环保、贡献社会的社会型企业。

爱回收CEO陈雪峰演讲

某种意义上说,两届"上海十大互联网创业家",不仅是上海更是中国创业家代表的一个缩影,也折射了一年来上海在互联网领域创业的新趋势和新方向。

信息到服务　移动互联网改变生活

伴随智能手机的应用,移动互联网一夜间改变了人们的生活模式。导航指路、出行打车、网上订餐、电影订票、手机购物……从最初的简单提供信息，到今天各种服务几乎无所不包。

"从信息到服务,移动互联网改变生活"圆桌对话

互联网给了我们想要的,也在一步一步改变我们的生活。

上海,凭借其优势,已经形成了围绕民众日常生活服务的互联网新生态环境,涌现了很多引领互联网新生活的新型互联网企业。移动互联网究竟是如何改变生活的呢？未来,哪些生活模式可能会被改变？而这些改变,会不会成为下一个互联网创业的黄金风口呢？

圆桌对话环节,人民网上海分公司总经理金煜纯携手众人科技董事长谈剑峰、七牛云CEO许式伟、智阳第一人力CEO王颖娜、找油网CEO吕健等嘉宾就"从信息到服务,移动互联网改变生活"主题进行了探讨。

王颖娜认为,移动互联网已经改变了人们的生活,包括行为习惯和思维方式,并在彻底改变2C以后,正在向2B领域进军。每个人目前面临的商业环境、技术挑战,都有益于整个互联网世界的形成。"无论现在是独角兽还是正在往这个方向发展的人,每个人都还在居安思危,生怕自己成为被'消失'的链条上的环节。"

"互联网带来两个变化,一是互联网影响最大的其实是人和人的交互方式。

以前做生意是面对面的交易,现在变成远程的无处不在的相互之间的连接和进行商业活动。二是由于信息科技带来效率的变革,中间的环节不断地被缩减,中间的效率不断地提升。"许式伟表示,这必然将对所有的行业产生深刻影响。

坐标上海"互联网+"生活性服务业集聚地

今天,上海正成为"互联网+"生活性服务业的集聚地,越来越多的"互联网+"创业者选择了这个方向,其中很多已然成为行业的独角兽。

2016年春《上海市推进"互联网+"行动实施意见》发布。如何抓住历史机遇?为什么上海会成为"互联网+"这一方向创业的热土?未来,它们会不会成为上海互联网领域弯道超车的一个关键点?

由上海市信息服务业行业协会秘书长陆雷主持,爱回收CEO陈雪峰、大众点评网联合创始人与点亮基金创始合伙人龙伟、凹凸租车CEO陈韦予、点掌文化董事长毛羽等嘉宾受邀,针对"上海,互联网+生活性服务业集聚地"进行了深入的交流与沟通。

"上海,互联网+生活性服务业集聚地"圆桌对话

"上海人,在生活品质上追求非常高非常完美。反过来,上海人对生活的细节是很挑剔的。所以,在上海的生活服务业,在经过了上海人的挑剔之后发

展到全国去,那绝对是领先的。"龙伟认为,这也是为什么生活服务业的互联网行业主要在上海发展,这与上海人的特质有很大关系。

"一方水土养一方人。门户经济的时候,上海落后于其他地方。但互联网到了第三阶段以后,可能从垂直变现以及垂直化服务上面,上海自然会涌现出一批优秀的企业。"毛羽认为,未来有两个非常具有确定性的高成长行业,第一个是人工智能,第二个是科技金融。金融越来越依托于技术,因为只有技术能够解决人们需求不断变化的问题。

2017年5月刚结束的中共上海市第十一次代表大会,描绘了上海建设"令人向往的卓越的全球城市"的愿景,提出上海要着力打造充满活力、更有朝气的创新之城。两届上海十大互联网创业家及新锐的评选活动,也正是基于这样的理念。"上海十大互联网创业家"颁奖典礼从上海移师北京,释放的信号意义重要深远——"上海样本"已从上海走向了全国!

韩　庆　葛俊俊
人民网上海频道

搞科研 拿项目的机会更多了
——不再"九龙治水" 科研管理进入"新时代"

点评 高子平
上海社会科学院·信息研究所研究员

自2012年以来,我国的科研经费管理力度不断加大,管理事项日趋明晰,管理流程逐步规范。尤其是2014年9月,中央全面深化改革领导小组第五次会议审议了《关于深化中央财政科技计划(专项、基金等)管理改革的方案》,要求通过联席会议制度把所有科技计划统一起来,政府各部门不再直接管理具体项目,科研资金交给专业机构打理,影响极为深远。

首先,不再是具体职能部门自行设定项目,而是通过联席会议制度统一制定规划方案,也就意味着科研方向的确定、科研项目的设定与经费额度的测算等,是从更为宏观、长远、整体的角度出发,不仅有效跨越了部门利益,而且可以全面服务于创新驱动发展战略。

其次,不再是具体职能部门自行发包项目,也就意味着科研项目申请与具体职能部门的适度脱钩,为统一规范管理创造了条件,也防止了各种可能的寻租行为或者嫌疑,让科研回归科研的本意,让科研活动真正由最符合条件的人来牵头开展。

最后,不再是具体职能部门自行管理项目,也就意味着不需要继续纠结于"管"与"放"之间。该放的放,具体的科研活动及经费使用由相关团队及其负责人妥善安排,常规事项只需通过网络平台报备即可;该管的管,由专门的机构进行专业化的管理,实现了从行政化管理向专业化管理的转变。

国家层面的顶层设计逐步解决了长期存在的碎片化管理这一顽疾,为科研经费真正用到实处创造了条件,标志着我国的科研管理开始进入一个"新时代",即从传统的"科研管理"迈向"科研治理"的时代。

案例 搞科研 拿项目的机会更多了(好政策,让生活更美好)
2017年10月12日《人民日报》02版

2014年9月,中央全面深化改革领导小组第五次会议审议了《关于深化中央财政科技计划(专项、基金等)管理改革的方案》,要求通过联席会议制度把所有科技计划统起来,政府各部门不再直接管理具体项目,科研资金交给专业机构打理。以前,科研人员多头申报项目,花费不少时间和精力。如今,他们还在忙申请、跑项目吗?

项目组科研秘书苏婧
手机上预约搞定申报、审批

"在预算范围内、金额在20万元以下、不用招标的购买项目,现在不需要审批,学校只负责合同监管,最快一天就能批复。"苏婧说。3年前上海交通大学为项目组设立科研秘书。2016年国家重点研发计划"全海深无人潜水器（ARV）研制"项目组立项时选择苏婧作为科研秘书，她曾在人事、财务、行政、档案管理等岗位轮转过。

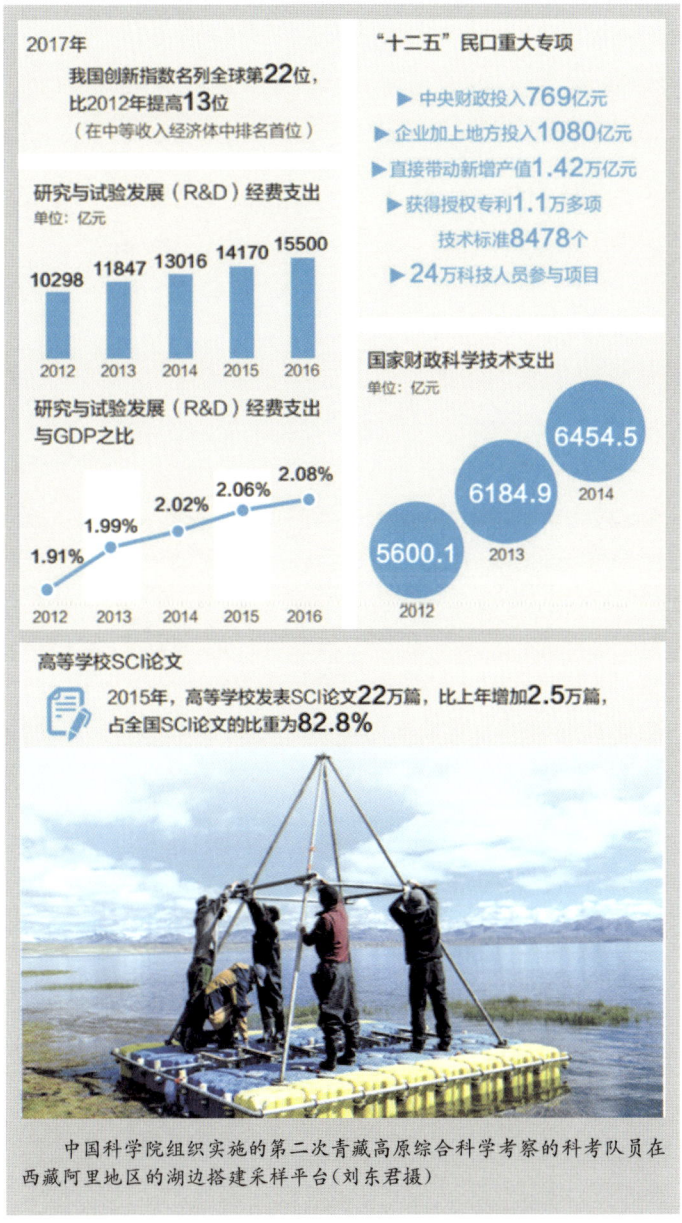

中国科学院组织实施的第二次青藏高原综合科学考察的科考队员在西藏阿里地区的湖边搭建采样平台（刘东君摄）

"不用跑腿,在手机上就能预约搞定各种申报、审批流程,还能即时跟踪了解办理进度,如果有科目的经费超支或不符合规定,会因无法支付而叫停。"苏婧介绍,现在,直接经费的管理上更注重为科研服务,除非重大事项变更,一般性支出只要单位内部批准、上报科技部21世纪议程管理中心网站备案即可。从早期申请立项、预算编报到年度财务决算报表等都可以在网上执行。上海交大也建立了网络化办公系统,有统一的科研项目管理、资产管理和财务信息平台。

"以前预算管理很死板,有时发生实际费用却不让列支。项目存在不确定性,方案调整时另买材料、做测试,审计时被归为'预算相关性不清楚',项目组就得自己承担支出。现在备案一下就默认其合理性。"苏婧说。

科研副院长曾小勤
项目经费管理权下放项目组

"以前申报项目,要打印三四十页的完整申报书,项目3月份集中受理,很多人上年9月份就开始写申报书、做PPT、团队讨论。现在,重点项目前期只要提交3000字的立项依据论述作为预申请,通过审查后再正式申报。"上海交大材料学院分管科研工作的副院长曾小勤说,科研人员准备材料的负担减轻了不少。

"科研成功的关键是人力资源。给课题组更大的自主空间,才能吸引、留住人才。"曾小勤说,上海交大制定新办法,科研项目的间接经费不再是学校、学院拿大头,管理权被更多下放给项目组,可以用于科研人员的绩效奖励,也可用于与科研项目相关、无法从直接经费中列支的开支。

苏婧也告诉记者,高校科研技术人员薪资偏低。在深海勘探行业,学校的中高级技术人员年收入不过10万元左右,他们一旦跳槽到企业,起薪至少翻一番,骨干人才因此流失严重。而有了新政策,其年收入至少能增加一两万元。

"以前经费有了结余,就会被收走。结果,就是大家都很紧张,知道花钱有风险,又怕影响学科经费,要突击用钱,能省的也不省了。"苏婧说。

"赋予科研单位更大的科研资金管理自主权,才能更大激发科研人员活力。"科技部资源配置与管理司副司长吴学梯介绍,项目组可以自主支配项目结余资金,项目完成任务目标后,结余资金在两年内由承担单位统筹安排用于科研活动的直接支出,无需上交。

科技部资源配置与管理司吴学梯
管理上既做加法又做减法

在上海交大科学技术研究院项目管理中心主任韩海波看来,科技计划过去是分散的"九龙治水",以人才计划为例,中组部、基金委、科技部、教育部等都有,会出现同一水平项目重复申请,现在逐渐整合成一体,注重科技政策的顶层设计、全链条设计。

"不断提升科研项目资金管理服务水平,既做加法又做减法。"吴学梯说,一是简化管理流程,减少检查数量,在检查评审上"做减法"。简化预算编制,合并会议费、差旅费、国际合作与交流费科目,这3项费用合计如不超过直接费用的10%,无须提供预算测算依据;加强部门间监督的制度、年度计划、结果运用等统筹协调,减轻单位和科研人员负担。二是在服务方式上"做加法",单位要建立健全科研财务助理制度,"让专业的人做专业的事";要加强信息化建设。

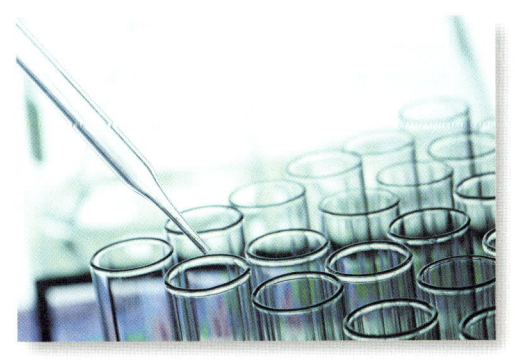

"整合之后,重点研发项目多了,科研人员拿到项目的机会多了,申请项目的积极性提高了!"上海交大项目申报中心主任刘萍说,企业牵头、高校老师做首席科学家,共同申请项目的现象增加了。

姜泓冰　赵永新
人民日报社

擦亮"上海文化"品牌
——"人民浦东"文创基金全国首创新模式

点 评 郑崇选
上海社会科学院·文学研究所公共文化研究室主任、副研究员

  近日,上海"文创50条"的出台引起了国内外的广泛关注,作为国际大都市的上海对于文化产业的发展显示出了超乎寻常的重视,而这正是打造上海文化品牌的重要引擎。在此背景下,"人民浦东"文创基金的设立无疑是对"文创50条"的深入贯彻,将在全市乃至全国范围内起到良好的示范作用。"人民浦东"文创基金结合了央媒整合资源和浦东改革开放排头兵的双重优势,聚焦文化创意产业投资难、融资难的难题,改变了传统基金零碎的补助模式,而对发展势头良好的文

创业态进行直接投资,最大程度地推动创新业态的发展壮大,打造成熟的文化创意产业发展模式,从而为超大型文创企业的诞生起到关键的支撑作用。这种投资模式将大大改变"撒胡椒面式"的平均主义,聚焦重点业态、重点产业,以点带面,为"浦东文化"和"上海文化"品牌的形成打下坚实的基础。以"人民浦东"文创基金的设立为契机,浦东文化发展将构筑起全社会共同参与文化建设的良好格局,国有、民营、体制内、体制外都将成为浦东文化建设的不可或缺的参与主体。未来,浦东将会涌现出一大批有规模有实力的文创企业,汇聚一大批知名的文化品牌,浦东文化发展也将成为上海国际文化大都市建设的核心承载区。

案例 **全国首创新模式 "人民浦东"文创基金正式启动**
2017年11月01日人民网上海频道

浦东新区文广局局长黄玮专访

2017年10月31日上午,人民网与上海市浦东新区签署战略合作协议,

"人民浦东"文化产业基金正式启动。据悉,"人民浦东"文化产业基金是由新区文化创意产业专项资金,以投资引导的方式,通过浦东科创集团,与人民网合作设立。首期基金规模达到 15 亿元人民币,募集目标为 50 亿元人民币,主要用于投资浦东新区的优质文创企业。

央媒与地方政府以产业基金的形式深度融合,共同促进文化产业繁荣发展,这在全国尚属首例。对于浦东新区而言,这究竟有什么意义?又如何通过产业基金撬动千亿级的文化产业?为此,人民网对浦东新区文广局局长黄玮进行了专访。

黄玮表示:"过去,产业基金只能用于直接补贴和贴息。将产业基金用于投资引导,与人民网合作,用资金撬动社会力量,做社会引导基金,这是首创。"

据悉,依托基金,双方将建立更加紧密的战略伙伴关系,展开在基金、传媒、人才等方面的多种合作。黄玮认为,此次合作,将有利于发挥产业基金的杠杆作用,帮助浦东更多文化创意企业发展,满足人民群众日益增长的文化消费需求。

基金的推进情况如何?未来又将如何"好钢用在刀刃上"?对此,人民网副总裁唐维红介绍:"力争今年内完成在浦东新区的注册与设立。基金旨在结合人民网与浦东新区的优势,抓住文化及互联网领域的重大发展机遇,挖掘、投资和培育一批优质文化企业,在满足人们快速增长的多元化的精神消费需求的同时,获取理想的社会效益和经济回报。"

浦东新区的文化产业潜力如何?对此,黄玮表示,浦东文化产业板块数量多、体量大,接下来将重点聚焦影视产业集聚的上海国际旅游度假区。"目前,许多著名的电影人、电影制作团队已确定落户度假区,具体内容将会通过新闻发布会集中发布。"

著名音乐制作人、主持人林海,也正准备借助明年华语音乐论坛,把一批著名的音乐制作人聚集到浦东,通过定期现场演绎的方式,把音乐人背后的故事,展现到观众的面前,和音乐的产品、作品对接。

据悉,"简单生活节"业已落户在浦东世博区域。"不仅仅是靠品牌活动带动世博的文化氛围,后期我们还将和台湾团队合作,把台湾的文化和创意产品,在世博园区内进行展示。通过打造完整产业链,共同营造浦东文化产业的浓郁氛围。"黄玮补充,"有不少从事文化科技类的企业已落户张江,一批文化装备类企业也落户到了临港,集聚效应正逐步显现。"

当天,浦东新区还发布了新一轮文化事业、产业(影视)专项资金管理办法,宣布将在5年内累计投入15亿元,撬动千亿级文化市场。

浦东将创设"浦东新区宣传文化发展基金"和"浦东新区文化创意(影视)产业专项资金"。每年安排大约1个亿的宣传文化基金,用于资助公益性演出、非遗保护项目等八个方面文化事业项目。创意(影视)产业资金每年将投入约2亿元,用于扶持全区文化创意产业发展,聚焦影视、演艺、动漫游戏、网络文化、创意设计、出版、艺术、文化装备等重点业态。其中1亿元将设立"上海国际旅游度假区影视产业发展专项资金",专项推动度假区影视产业发展。

浦东是改革开放排头兵中的排头兵、创新发展先行者中的先行者。浦东在其文化发展的历程中,创造了很多全国第一。

"大家可能想不到,自贸区挂牌时的001号备案企业,既不是金融企业,也不是其他类别,恰恰是文化企业。借助自贸区政策,微软和东方明珠合作,东方明珠成为微软 X-box 的中国区独家代理商和运营商,X-box 的整个生产基地都落户在了自贸区。"黄玮表示,随着改革开放的深入,文化产业将吸引越来越多的关注,相信会有更多的文化事业、产业领域的"第一"在浦东产生,而这次合作,将是浦东文化开启新征程的新起点。

浦东也正努力打造国际文化大都市的核心承载区,提高文化软实力,满足人民对美好生活的新期待。

韩　庆　邬　迪
人民网上海频道

央媒与地方深度合作　"人民浦东"首期15亿文化产业基金启动

2017年10月31日上午,上海市浦东新区与人民网签署战略合作,"人民

人民网副总裁唐维红、浦东新区副区长诸迪共同揭牌"人民浦东"基金

浦东"文化产业基金正式启动。据悉,"人民浦东"文化产业基金是由新区政府文化创意产业专项资金以投资引导方式通过浦东科创集团与人民网合作设立。首期基金规模为15亿元人民币,拟投资文化、互联网领域的优秀企业。

地方政府与中央媒体深度融合,以产业基金形式共同促进文化产业的繁荣发展,这在全国尚属首例。

上海浦东新区与人民网将陆续建立资金、项目、信息、人才等交流机制。充分发挥双方的优势,建立融洽、紧密的长期战略合作伙伴关系,整合双方资源,展开多种合作,共同推动文化产业发展。

人民网作为中央重点新闻网站和文化上市企业,具备深厚的产业背景和广泛的项目资源。自2012年上市以来,人民网通过上市公司和基金平台已进行了多项股权投资,获得了丰厚的投资收益,也建立了完善的投资决策机制和完整专业的投资管理团队。上海是中国文化产业的重要高地,浦东新区是上海文化产业发展的排头兵,浦东新区已出台了一系列关于支持文化产业发展的指导文件,区内优秀文化企业和投资机会不断涌现,新兴文化产业增长趋势

人民创投总经理赵亚辉、浦东科创集团董事长傅红岩代表双方签约

明显。

此次上海浦东新区与人民网以产业基金合作,尚属首例,意义深远,备受各方关注。现场,人民网副总裁唐维红详细介绍了"人民浦东"文化产业基金的相关情况。

唐维红介绍:"基金的募集目标为50亿元人民币,首期基金的规模为15亿元,由人民网、招银资本、浦东科创等共同出资,力争在今年内完成在浦东新区的注册与设立。基金旨在结合人民网与浦东新区的优势,抓住文化及互联网领域的重大发展机遇,挖掘、投资和培育一批优质文化企业,在满足人们快速增长的多元化的精神消费需求的同时,获取良好的社会效益和理想的经济回报。"

如何将人民网的优势与浦东原先产业优势充分结合?据悉,人民日报社上海分社、人民网上海频道的驻地均在浦东,双方一直有着紧密而持续的良好合作。

"人民浦东"基金将进一步发挥产业资金的引导和扶持作用,依托人民日报社、人民网,以及上海市和浦东新区的资源优势,发挥产业基金杠杆作用,帮助区域内优秀文化创业企业成长,打造一批具有国际竞争力的文化企业和国

人民网副总裁唐维红介绍基金情况

际知名文化品牌。

浦东新区区委宣传部副部长、文广局局长黄玮表示:"产业基金以往只能用于直接补贴、贴息,这是首次用于投资引导。与人民网合作,用资金撬动社会力量,做社会引导基金,这是首创! 人民对美好生活的向往就是我们追求的目标,基金有助于让浦东人民更加有积极性地参与到文化创作中去。"此次双方合作,将有利于发挥产业基金的杠杆作用,帮助浦东更多文化创意企业的发展,满足人民群众日益增长的文化消费需求。

在唐维红看来,此次"人民浦东"文化产业基金落户浦东,将开启人民网与浦东新区战略合作的新篇章。依托基金,双方将建立更加紧密的战略伙伴关系,展开在基金、传媒、人才等方向的多种合作,共同推动文化产业发展。

近年来,浦东新区已成功创建国家公共文化服务体系示范区,文化创意产业增加值达942亿元,占全区GDP比重达到10.8%。今日上午,浦东新区还同时发布了新一轮文化事业、产业(影视)专项资金管理办法,宣布将在五年内投入15亿元,撬动千亿级文化市场。

浦东新区人民政府与上海市文广局在浦东新区办公中心签订战略合作协议,市区合力推动浦东文化繁荣兴盛

浦东新区发布新一轮文化事业、产业(影视)专项资金管理办法

未来五年,新区政府将每年投入3亿元、累计投入15亿元,创设"浦东新区宣传文化发展基金"和"浦东新区文化创意(影视)产业专项资金"。浦东将

建立统一发布、统一受理、统一评审、统一公示、统一监管的专项资金管理机制,不断完善相关制度。

据了解,浦东每年将安排大约1个亿的宣传文化基金,用于资助以下八个方面文化事业项目:公益性演出项目、重大品牌文化活动、高雅艺术普及项目、社会力量兴建的博物馆美术馆、特色文化服务空间、原创文艺精品、文物保护、非物质文化遗产保护项目,以及有利于促进浦东现代公共文化服务体系建设的其他文化项目。

同时,"浦东新区文化创意(影视)产业发展专项资金"每年将投入约2亿元,用于扶持全区文化创意产业发展,聚焦影视、演艺、动漫游戏、网络文化、创意设计、出版、艺术、文化装备等重点业态。而其中的1亿元将设立"上海国际旅游度假区影视产业发展专项资金",专项推动度假区影视产业发展。

上午,上海市委常委、浦东新区区委书记翁祖亮和上海市政府副市长翁铁慧见证了浦东新区与市文广局战略合作签约仪式和"人民浦东"文化产业基金揭牌仪式。

"人民浦东"文化产业基金揭牌仪式现场

通过"15亿+15亿"的战略实施,浦东将努力打造成为文化要素集聚、文化生态良好、文化事业繁荣、文化产业发达、文化创新活跃、文化英才荟萃、文化交流频繁、文化生活多彩的国际文化大都市的核心承载区,让所有人都能看到这座城市华丽的文化画卷,感受到这座城市的温度。

韩　庆
人民网上海频道

创新创业带动就业
—— 黄浦区探索人才支撑双创型城区新模式

点评 汪怿
上海社会科学院·政治与公共管理研究所研究员

在全球创新、全球人才流动的网络中，资本、技术、信息、人才等要素高度集中的城市成为重要的枢纽节点。英国东伦敦科技城的崛起、纽约"硅巷"的发展，告诉我们：在全球科技变革、产业发展和人才集聚的大格局下，城市特别是中心城区的角色没有缺位。同样，作为国际大都市最为核心的区域，黄浦区在上海致力于建设具有全球影响力的科技创新中心、打造卓越的全球城市的进程中，扮演着非常吃重的角色，需要有新的变革与突破。

新：着眼新产业、新业态、新技术和新模式，依托产业平台、产业联盟和产业基地，大力发展新兴产业，重点聚焦发展金融、专业服务等优势服务产业，积极培育和引进有影响力、带动力的产业经济。

高：着眼宜商宜居，聚焦高层次人才、海外人才、国内优秀人才，围绕高端人才需求，吸引和集聚掌握核心技术、具有先进理念、对未来提供创意、提供高附加值、能够占据全球价值链高端的优秀人才，建立全球创意、资本、技术、信息高度交流通道，配置全球一流创新资源。

活：着眼多元活力，建立多元开放空间，塑造充满活力氛围，增加面对面的交流；创造宜人的公共休闲环境和多样的商务交流空间，建造有活力的多样化的区域，打造国际化工作、生活、交流平台，最大可能激发人才创新、创业、创造活力。

融：打破本地人才、本土人才、国内人才、海外人才之间界限，用智慧化、市场化和国际化资源，推动人才与科技、金融融合，促进人才与项目、团队融合，加大人才与产业、园区融合，关注企业与资源、

企业与企业、企业与政府的互通、互动、互促和生态圈的自我更新、驱动,促进人才成长成才、企业的发展壮大和区域经济的转型升级。

> **案 例** "创新创业带动就业"上海十六区人社局长系列访谈
> 钱虹: 黄浦"先行先试"探索人才支撑双创型城区模式
> 2017年07月13日人民网上海频道

2014年,黄浦区被评为上海市首批"创业型城区",各方面表现优异。随着"大众创业,万众创新"氛围高涨,三年后的今天,黄浦区创新创业是否始终如一? 在创业环境及人才选拔上,黄浦如何补短板创特色?

近日,在创业型城区的建设问题上,上海市黄浦区人力资源和社会保障局党委副书记、局长钱虹接受本网采访。针对黄浦区在创新创业带动就业中存在的闪光点,钱虹侃侃而谈;面对黄浦区切实存在的三重难题,钱虹同样直言不讳。

坚持环境优化　改善综合环境

"黄浦区委、区政府历来高度重视人才工作,始终坚持党管人才原则,深入实施人才强区战略。"钱虹表示,黄浦区结合区情编制了"'十三五'人才专项规划",在支持高端服务业发展的"1+3+27"系列政策中也纳入了人才系列政策。

据介绍,黄浦区先后就人才引进、人才公寓、人才发展资金等10项内容制定了全区性规范文件,2015年根据发展需要,对其中5项进行了修改修订。2016年制定了人才选拔培养文件,形成了较完善的综合性人才政策体系。

同时,黄浦区在优化人才安居、人才健康医疗、人才选拔培养、人才资助等环境方面下了大力气。钱虹介绍到,黄浦区创新试点"市区联动",打造黄浦金融人才公寓;与瑞金医院签订合作协议,共建健康医疗绿色通道;选拔培养为黄浦作出杰出贡献的"区自主创新领军人才""区专业技术拔尖人才";对优秀人才予以资金配套资助……

据统计,至2015年底,全区人才总量为31.65万,比2013年人才总量

30.70万增长了3.1%。重点发展的六大产业集聚了人才27.45万,其中金融业人才数3.21万人,较2013年增长80.34%;文化创意业人才数为5.4万人,较2013年增长35%。

对区内人才,钱虹如数家珍,目前黄浦区有中央"千人计划"22名,市"千人计划"33名,市领军人才17名,区领军人才74名,区拔尖人才81名,国务院特殊津贴专家14名,还有工作在黄浦区的院士8名。

打造创新创业服务平台　支持青年创新创业

"2015年起,黄浦区全面启动新一轮'创新型城区'创建工作。"钱虹介绍,"主要工作集中在补短板、创特色、抓重点,进一步鼓励支持创新创业、推进创业带动就业。"

在助推青年创新创业上,黄浦区人社局与区市场监督管理局、团区委联手打造"青年创业绿色通道",为青年创业者提供企业注册、园区场地和政策咨询等方面扶持;为帮助创业者对接PE/VC,完善商业计划书,打磨创业项目,黄浦区人社局与市就促中心共同打造"海纳百创·文化创意创业项目垂直领域的路演中心",帮助优质文创项目与资本市场、行业资源、创业政策、孵化园区多方对接……

"我们在区域内和企业各方面培育了几个创新创业的孵化基地。"钱虹认为,应发挥中心城区特色,利用区域内现有的资源与企业合作,围绕区域的产业特点打造孵化平台。

钱虹介绍,2015—2016年黄浦区扶持成功创业1 442人,其中青年大学生创业850人;认定创业孵化示范基地12家,其中青年创业(孵化)园区、8号桥、宏慧盟智园、集成电路设计孵化器等6家园区先后被市人社局认定为市级创业孵化示范基地。

老字号结合青年创智　激发活力推动共赢

黄浦区位于上海市中心城区,同样也是上海市城市原点的所在地,有着深

厚的文化积淀与商业基础。

"黄浦区经过认定的老字号大概有 90 余家,占全市老字号总量的一半。老字号与老百姓生活密切相关。个别老字号口碑极佳,有长达一百多年的历史,深受老百姓喜爱。"在钱虹看来,老字号品牌对黄浦区发展商业、繁荣市场、振兴经济、弘扬民族优秀文化、振兴民族精神都起着十分重要的作用,且都有一部创业史。

如何让老字号企业在新时代适应新的形势发展需求,迸发出新的气息?黄浦区人社局适时推出了"老字号品牌＆青年创智"活动。

钱虹表示,青年大学生思维活跃、创新能力强,且在互联网大数据、高科技等技术领域处于前位。"'字号品牌＆青年创智'活动就是要让青年大学生接受老字号品牌创业史教育的同时,发挥自身聪明才智,不断为品牌文化注入新的时代内涵,使老字号品牌得到进一步发展,从而实现共赢。"钱虹说。

创新创业面临挑战　国际化层次亟待提高

推动创新创业,培养人才是关键。要想留住人才,黄浦区人社局同样面临挑战。

钱虹指出,黄浦区创业环境目前来讲困难有三个方面。首先,创业成本过高,区内房价、用人成本较高;第二,区内整体创业意识和能力还有待提高,对于创业的迫切性和紧迫性还有不足;第三,区域内创业的国际化层次还有待进一步加强。

对于未来黄浦区创新创业型城区的走向,钱虹心里有一盏明灯。"要营造氛围,加强宣传的力度,通过宣传提高社会对创新创业的支持,提高青年创新的意愿。"

钱虹介绍,黄浦区努力打造分层次的人才服务平台,集聚外企德科、北京外服、中国四达、中智等专业人力资源中介机构,充分发挥它们的市场主体作用,并通过它们延伸对区域人才的服务,打造市场化人力资源专业服务平台。同时,整合资源,推进"张江黄浦园人才服务平台"的线上、线下建设,完善"黄浦人才服务网",联通"上海国际人才网",打造信息化人才管理网络平台。

葛俊俊　梁振宇
人民网上海频道

当互联网生活方式成为一种潮流和文化
——上海互联网大咖余建军、黄峥、陈韦予创业启示录

点评 **韩汉君**
上海社会科学院·经济研究所研究员
吕　鹏
上海社会科学院·新闻研究所副研究员
王红霞
上海社会科学院·经济研究所研究员

共享经济最基本的作用,是通过一种平台机制,使物品和服务得到充分的利用。共享经济好处多多,因而近几年得到快速发展。从用户角度讲,它使供给端有更丰富的收入形态,需求端有更多、更便捷的消费选择;从平台发展角度讲,可以激发创新活力、助力大众创新,打造新的经济增长点;从政府工作目标讲,可以

促进灵活就业。事实上,对于像上海这样的特大城市来说,发展共享经济最大的好处是节约资源、低碳环保,而这对于环境资源压力不断增大的大城市来说,非常重要。

一个城市的发展离不开媒介,一个媒介的发展也离不开城市,城市可以作为一个最大的传播体而发挥作用和影响。5年来,上海城市文化的塑造和国际大都市的打造,在传统媒体的转型发展和新媒体的创新发展中,得到了极好的体现,充分体现了砥砺奋进的理念和追求。

如果说以美团、大众点评等以"物"聚"人"的电商平台代表的是电商发展的一种传统路径,那么以拼多多为代表的电商平台则是反其道而行之,以"人"聚"物"的发展模式开启了社交电商的新路径。客观来讲,两者都利用了社交影响。从本质上来看,以"物"聚"人"(例如通过"拼团""点评"等)创造社交影响并利用该社交影响(主要是陌生人之间)链接消费;而以"人"聚"物"则主要凭借"朋友圈"、熟人效应,利用已有的社交影响来引导和促进消费。前者是"商品细分+社交影响",后者是"社交影响+用户细分"。可以说,在当今背景下,这两种类型的电商平台都是接近精准营销的电商模式,都有较好的成长空间。然而,电商平台要想红海突围,最大限度降低市场交易成本是其根本。在移动社交对电子商务影响愈来愈强烈的发展态势下,不管是基于传统的"商品细分+社交影响"电商模式,还是直接利用社交媒体的"社交影响+用户细分"模式,谁能更加充分地利用和发挥社交影响,最大限度降低市场交易成本,实现"精准营销",谁才有可能真正进入一片蓝海。"拼多多"们想要红海中冲出一片蓝海,也许,最好的战略和策略是努力实现"商品细分＋社交影响＋用户细分",利用移动社交的影响尽最大可能打通需求端(消费)和供给端(生产)的(近似)无缝对接。

> **案 例** 【互联网＋】人民网对话上海互联网大咖余建军、黄峥、陈韦予
> 当互联网生活方式成为一种潮流和文化
> 2017年06月19日人民网上海频道

骑着单车逛街、APP订餐、共享洗衣……如今在上海各种新生活方式层出不穷,插上互联网翅膀,处处新商机。携程、大众点评、饿了么、喜马拉雅FM……上海近年涌现出很多有影响力的互联网创业公司,形成了围绕民众日常生活服务的互联网新生态环境,上海这座城市从未这样让人感到新奇和舒适!

从2015年起,由上海市经济和信息化委员会、人民网共同指导,人民网上海频道和上海市信息服务业行业协会连续两年联合主办的"上海十大互联网创业家及新锐评选"中,以喜马拉雅FM、拼多多、凹凸租车等为代表的互联网生活方式成为一种潮流和文化。近日,这些新兴崛起的上海互联网创业大咖走进了《人民日报》人民网演播大厅,倾情解密上海互联网创业圈的那些事。

喜马拉雅FM:音频的真正价值才刚开启

上线两年,移动端用户激活数超过2亿,月活跃用户4 500万,且仍有日近百万量级的新用户新增,长期占据苹果商店分类榜单第一,这就是喜马拉雅FM这两年多以来的成绩单。这些闪光的数字背后,究竟有着怎样的商业逻辑和故事?

"当人们的眼睛被占用的时候,你只能听",喜马拉雅FM联合创始人陈小雨的这句话,几乎可以说是道明了喜马拉雅FM在短短两年间快速成长起来的最关键因素——场景需求。"比如当你在挤地铁的时候,当你在开车的时

喜马拉雅FM联合创始人余建军

候,当你在做饭烧菜的时候……这个时候,你没法分心去做其他的事情,只有'听'是可以兼顾到的。"喜马拉雅FM另一位联合创始人余建军解释道,随着个人碎片时间越来越多,"听"成为越来越多的人的选择。

随着移动互联网时代的到来,几乎每一个行业都被重新定义和改变。喜马拉雅FM身处的音频行业也不例外,凭借人们对于"充分利用时间"的需求,喜马拉雅FM飞速发展起来。

打开喜马拉雅FM,你会发现,在这个典型的"互联网+"产品上,声音变得五光十色:个人创建的个性化电台、有声小说、相声段子、睡前故事、新闻资讯、音乐、养生、历史人文、社会财经……声音内容超千万条,每日更新上万条。海量的内容集聚,使用户群已覆盖全年龄段。用户可以订阅,也可以评论、转发和下载。

人们也才发现,这个叫喜马拉雅FM的APP,绕开了传统电台诸如广告时段多、内容少延续难等种种劣势,直接通过8亿智能手机,点对点地将声音传达给了用户们。在满足人们对于"充分利用时间"的需求时,也逐渐拓宽了人们基于"声活"的更多场景。

在喜马拉雅 FM 的背后，是两位气质混搭的联合创始人——余建军是毕业即创业的质朴工科男，陈小雨则是本科学化工、再转战金融的文艺女。这种组合并不多见，他们究竟是什么样的人，为何会选择音频创业？

如果用一句话来形容两人的分工，余建军笑言就是"男主外，女主内"。"从分工上来说，陈小雨做的是'深度'，我做的是'宽度'，比如我，创业的经历比较丰富，各种各样的情况都碰到过，所以各方面对外打交道的是我，但是打磨产品细节的是她，我有一次读完《乔布斯传》后，对她说，'你和乔布斯一样，都是为了产品细节不惜要人老命的偏执狂'。"

余建军坦言，一切并没有外界看上去的那么顺利，"项目落地前，团队内部发生了很大分歧。当时李开复发表了一篇文章，指出语音微博是一个伪命题，这影响到了喜马拉雅的技术总监和产品负责人，员工纷纷离职，原本六十多人的团队只剩下十人左右。"

尽管如此，余建军和陈小雨依然坚定不移地看好它的前景，于是他们重新招兵买马，很快组建了一支 100 多人的团队。

两年多以来，喜马拉雅 FM 在余建军、陈小雨"两架马车"的带领下，一路过关斩将，激活用户数一路攀升至 2 亿。

对于过往的成绩，余建军表示，"音频是一个被远远低估的行业，从音频行业这过去的真正蓄势的两三年时间来看，已取得一些令人可喜的成绩，然而立足于长远的未来，音频的真正价值才刚刚开启。"

"可以预期，未来音频可能为大家带来全新的生活方式。"陈小雨曾在接受采访时分析："一个产业的爆发，一定是因为它能改变人们的生活。并不是我们重新创造了声音的价值，其价值本来就在那儿，只是喜马拉雅 FM 通过努力，把声音的价值挖掘、呈现了出来。"

唐小丽
人民网上海频道

拼多多：电商红海如何突围 "社交+电商"的谋与术

众所周知，国内电商市场已趋于"红海"状态，如何突围？拼多多创始人黄峥走进人民日报人民网演播室，针对最白热化的电商市场，带来了一线实战的突围战术与谋略。

"过去的电商主要是以搜索为导向的模式，我认为这是'物以类聚'的模式。"黄峥认为，新的模式则应该是"人以群分"，关注的不光是购物的效率，还要注重消费者在购物过程中是否能够得到快乐。

黄峥以随处可见的购物广场为例："消费者去这些地方购物

拼多多创始人黄峥

时，可能就没有那么强的目的性，是一边玩一边购物的。在我看来，拼多多选的这个方向上，在社交电商的领域上，还算是一片蓝海。"没错，即使在"红海"之中，依然还有"蓝海"的存在，那就是社交电商。

据黄峥介绍，拼多多模式简单来说，就是让用户通过发起和朋友、家人、邻居等的拼单，以更低的价格购买优质商品。商品涉及海淘、数码电器、食品饮料、水果生鲜等全品类。通过沟通分享形成的社交理念，就构成了拼多多独特的新社交电商思维。黄峥坦言，拼多多发展至今，并非没遇到过模仿相同模式的竞争者。但正是由于这些对手的存在，才促使了拼多多自身更快的发挥。

提起品牌，就不得不说到如今正在崛起的"中国制造"。在黄峥眼里，需要得到发展机会的不仅仅是大品牌,更包括可以做出优质产品的工厂。

事实上,中国有大量的工厂,缺的只是自有品牌。过去,这些加工企业无法直接触及消费者,因此只能给大型超市做代工,赚取少部分的利益。而在拼多多,这样的加工企业不仅有机会让消费者直接接触到自己的产品,更重要的是可以发展自己的品牌。

"当他们找到自己的消费群,并在差异化上能够找到自己的溢价空间时,就是这些生产商迎来发展的新机遇。从这个角度上来说,拼多多'人以群分'的模式,是能够给中国的制造业带来新的发展机会的。"黄峥说。

树立一个自己的品牌,这件事说起来容易做起来却并不简单。一个企业该树立自己的品牌,所要具备的要素是什么?

对此黄峥也给出了:"我觉得这里有两个核心,第一是较强的制造能力和品控能力。另外,就是要有适合它的渠道。为什么中国这些有制造能力的工厂品牌进入沃尔玛、家乐福等超市后就只能贴别人的品牌呢?是因为渠道在别人手里,渠道本身起到了一定的隔离消费者和制造者之间的作用。而拼多多的存在,是试图用另外一个维度、另外一种消费场景,来改变既有的渠道格局,让工厂能够用自己的方式,直接触及它的消费者,并且去寻找它能够为这群消费者做的差异化。"

和众多电商平台一样,拼多多把自己的总部也设立在了上海。说起选择上海的原因,黄峥表示,自己主要考虑到了上海的时尚、开放和包容。"上海是走在消费的前沿的,可以说,国内最先进的消费形式、理念,都在上海汇聚。"

但黄峥也指出,上海同时也是国企比重和外企比重特别高的城市,中小创业企业的活跃度相对较弱。

他认为,这其实是一把"双刃剑":"国企和外企比重大使得很多上海人对创业公司并不感兴趣,他们更喜欢稳定、体面的工作。但同时,上海的国际化又使得很多高精尖人才得以在这里汇聚。因此,如何利用好上海国际化的脚步来发展自身,就显得尤为重要。"在黄峥看来,未来社交电商很可能会迎来一个较大的发展机会,而一旦在上海这样的一线城市取得成功,那么这个模式走向全国,乃至走出国门也就不再遥不可及。

邬 迪
人民网上海频道

凹凸租车:以租赁方式生活? 上海丈母娘文化或将被颠覆

"共享经济"在中国发展的时间不长,但短时间内已迅速渗透到很多行业和细分市场,如旅行住宿共享、交通共享、闲置用品共享等。

国内共享经济是否发展得顺风顺水,该经济模式能否改变一代人的思维方式或者生活方式? 日前,凹凸租车联合创始人陈韦予与人民网记者对车共享经济的痛点以及互联网生态情况进行了探讨。

凹凸租车联合创始人陈韦予(左)做客人民网演播室

"2013年,凹凸租车把汽车共享的理念带到了中国,当时中国供需双方矛盾数据差异非常大。"陈韦予说。

据调研数据显示,2013年中国驾照持有人近3亿人,私家车保有量为1.8亿辆。而实际上,中国近2亿驾照持有人没有车开。同时,根据2015年中国汽车工业协会的预测数据，到2025年中国驾照持有者会达到10亿人规模，而中国道路目前对汽车最大保有量仅为3亿辆，有近7亿的用车缺口。

"现在整个中国大的交通环境是交通拥堵、环境污染等，各地包括一线城市、二线城市纷纷限行限牌。"陈韦予表示，在美国，每共享一辆车可以在源头上减少13辆车的购买行为，减少75克二氧化碳排放。所以，从环保角度及拥堵解决方案来讲，中国已经不会鼓励私人再去购买车辆。

因此，在交通拥堵、停车位紧张的大环境下，尤其当驾照持有人和私家车保有量有极大反差，供需矛盾特别尖锐的情况下，推出颠覆性、创新的共享租车模式，或将终极成为未来解决出行的一些方式，同时也为中国的道路交通以及环保作出贡献。"这也是我们最早做凹凸租车平台的愿景和初心。"陈韦予说。

"上海这座城市，有特殊的丈母娘文化，但凡毛脚女婿见丈母娘，丈母娘会问有没有房，有没有车。"陈韦予认为这种文化，带给年轻人极大的压力。为买房买车，需要大量的成本投入。而欧美的年轻人同样没有能力买房买车，他们却用租赁的方式来生活。

上线两年半后，凹凸租车曾做过一次用户回访。结果显示，平台上9.8%的租客未来可能考虑不买车。

"我们最早做这个项目认为，可能大家会愿意把旧车拿出来共享，现在我们发现很多车主刚买了一辆新车就放在我们平台上，同时因为我们是私家车主本身闲置资源的再利用，所以定价优势特别明显。"

凹凸租车平台上的车辆要比其他传统租车公司的车辆费用低30%—50%，而且车型不受限制。传统租车公司由于盈利模式特点，基本上是A到A+级类的车，经济紧凑型较多。而凹凸租车平台上15万—35万中档的车会相对比较多丰富一些。

据了解，自凹凸租车上线至今，已覆盖30座城市，拥有近30万辆车。目前在整个共享租车领域占据70%的市场份额，从去年年初开始已经冲到全国第一位。

当满足用户自驾需求以后,平台如何提高与用户之间的黏性?

凹凸租车了解用户痛点,对车主而言,租车收入仅为额外收入,他们的痛点在于,是否有一款保险产品,独立于车主商业险,一旦车轴在租赁期间出现意外,无需动用车主自身的商业险。

凹凸租车和太平洋保险联合开发了一款全新的租赁驾驶员责任险,这款产品由租客来购买,以天为单位,只在租赁期间覆盖整个出行之间的车损、第三者责任、盗抢险等风险。

另外,凹凸租车为每辆车安装了智能设备,可以在整个租赁期间让车主读取这辆车的实时位置,甚至行驶过程当中的驾驶行为数据及实时碰撞数据,确保车辆在安全和便捷度上有保障。

而租客的诉求点,则是性价比高、方便。另外,不需要再去传统租车门店取车,小区周围,可能走 50 米就能找到一辆车。"移动互联网是业务能够方便、便捷的载体,让人们能够更便捷地触及商品,也就给了车主和租客非常不一样的体验,提高他们之间的黏性。"

葛俊俊
人民网上海频道

筑一道网络世界的"守卫长城"
—— 上海众人科技打造国民网络信息安全之"盾"

点评 **惠志斌**
上海社会科学院·信息研究所副研究员

过去的五年,是党中央领导集体克服艰难带领全国人民砥砺奋进的五年,其中网信事业发展尤为引人瞩目。从2013年斯诺登事件拉响我国国家网络安全警报开始,中央于2014年2月成立网络安全与信息化领导小组,习近平总书记亲自担任组长,提出没有网络安全就没有国家安全、没有信息化就没有现代化的重要论断。近五年中,我国《网络安全法》、网络空间安全一级学科等基础性制度安排相继落地,网络强国建设蓝图全面绘就,网信事业发展进入了快车道。

网络强国建设离不开产业发展和技术创新。随着互联网的全面普及，网络安全既是国家战略新兴产业，也是涉及老百姓切身利益的民生类产业。但是，总体来看我国网络安全产业规模仍然较小，与美国等网络强国仍有明显差距，网络安全产业发展的任务十分艰巨。

令人欣喜的是，在过去五年网信事业澎湃浪潮中，已经有越来越多具有使命感的民营企业投身到网络强国建设一线，上海众人科技就是其中的代表。通过对众人科技的调研发现，这是一家坚持走以网络安全核心技术自主创新的中小民营科技企业，选择这条自主创新的道路也曾经一度让企业举步维艰甚至面临倒闭。但是，上海众人科技董事长谈剑峰认准了一个"死理"，网络安全产业发展必须遵循科技创新的内在逻辑，网络安全尤其是一个比拼核心技术的产业门类。因此，需要努力探索走出一条以"核心技术＋商业模式＋人口红利＋社会效益"为特征的科技创新发展路径，以关键技术"点"的突破实现"线"上的战略卡位，进而推动产业应用面上的发展。

宝剑锋从磨砺出，梅花香自苦寒来。经过团队数年的自主研发，众人科技推出完全自有知识产权的密码技术SOTP，保护移动互联网用户的身份认证安全、个人信息安全以及应用数据安全。如今SOTP技术已经从国内走向国际市场，令人欣喜的是，众人科技已一举拿下卡塔尔多哈的2022年世界杯，为世界杯提供包括SOTP在内的安全服务技术综合解决方案，成为我国网络安全产业一颗亮丽的新星。

正如习近平总书记在2014年6月两院院士大会上一针见血指出的，不能"依赖他人的科技成果来提高自己的科技水平"。在从网络大国通向网络强国建设征程中，我们已经无法"用别人的昨天来装扮我们自己的明天"。未来，我们需要贯彻和领会习总书记"网络安全为人民,网络安全靠人民"的精神,鼓励更多立志于自主创新的科技企业走到产业竞争的前沿,积极推动网络安全产业创新发展,以此来保障国家、公民和企业的核心利益,推动我国网络强国建设不断走向胜利。

> **案 例** 人民网对话上海互联网大咖谈剑锋
> 众人科技:网络防御与时俱进 SOTP 将为世界杯提供服务
> 2017年08月01日人民网上海频道

近年来,网络安全及数据安全事件呈高发之势,不久前,勒索病毒的蔓延更是将网络信息安全置于风口浪尖。类似的网络诈骗、信息裸奔、系统瘫痪等一系列网络安全事件的频发,将互联网时代信息安全的痛点暴露无遗。

近日,众人科技 CEO 谈剑峰走进《人民日报》人民网演播室,对互联网安全行业的现状以及安全新技术的研发进行了探讨。

众人科技 CEO 谈剑峰(左)做客《人民日报》人民网演播室

四年无收入　十年苦创业

2017年5月27日,上海众人网络安全技术有限公司董事长谈剑峰等全国6名年轻民营企业家受邀在北京人民大会堂参与了"全国年轻一代民营企业家理想信念报告会"。

而2007年底,众人科技才刚刚成立。2007年到2017年,正好十年。彼时,国内信息安全领域没有技术、没有标准。而安全行业产品要想进入国内市场,必须得到国家机构认可。

背负着整个公司命运的谈剑峰花了四年时间,跑遍各个相关政府部门和机构,进行检测、领牌照、答辩。其中,仅检测项目就有297项。

十年创业,走来不易。"四年没有一分的收入,很长时间创业团队不拿工资,仅领500元生活费。"从零开始的谈剑锋知道,坚持才是最重要的。一旦决定好创业,背后就是悬崖,身前是刀山火海。往前冲遍体鳞伤,后退则必死无疑,这就是创业的艰难。

如今,众人科技面向移动互联网认证和支付安全新需求推出的自主创新密码技术SOTP,是一种可重构多因素动态认证技术。该技术的创新性在于实现了密钥与算法的融合,在无需增加硬件SE的前提下,采用软件方式解决了移动设备中存储密钥的关键性问题,同时基于"一人一密"+"一次一密"的安全特性,保护移动互联网用户的身份认证安全、个人信息安全以及应用数据安全。

涉及经济利益　引发网络安全关注

自网银、手机移动端支付盛行,个人隐私泄露后造成的通讯诈骗层出不穷。尤其是2017年5月初全球蔓延的勒索病毒,给人们的工作、生活带来了极大的恐慌。

"过去的思考方法及防护方法还比较传统。比如过去,认为物理隔绝可能相对安全。"谈剑峰表示,勒索病毒恰恰证明了物理隔绝也是不安全的。

谈剑峰说,网络安全就像互联网发展一样要变化,攻击手段在发展,防护手段也应相应提升。网络安全技术、产品,要根据市场的变化与时俱进。

当安全隐患涉及每个人的经济利益时,人们才开始注意到网络安全。"我们很多信息是终生不能更改的,如身份证号码,现在很多互联网站、APP 注册时,都需要登记身份证号。"谈剑峰认为,这并不能保证网站的服务器未来没有安全隐患,信息不会被泄露。

6月1日,《中华人民共和国网络安全法》正式颁布施行,旨在保障网络安全。"安全已经不是简单的国家的事,更是老百姓的事。老百姓的点点滴滴安全聚合起来就是国家的安全。"谈剑峰说,网络发展是必然趋势,未来在法律健全的前提下,从国家层面到老百姓层面都越来越关注安全,这个产业会越来越好。

网络安全技术　走出国门

谈剑峰表示,研发 SOTP 技术的初衷,就是为了解决移动互联网和物联网存在的各种漏洞,实现安全与便捷的平衡。

目前,众人科技的身份认证类产品已经覆盖 19 个国家、国内 29 个省市自治区,为工商银行、农业银行、民生银行、华夏银行、西安银行等国内 36 家银行提供信息安全技术服务。

凭借出众的表现,SOTP 技术已走向国际市场。据谈剑峰透露,众人科技已一举拿下卡塔尔多哈的 2022 年世界杯,为世界杯提供整个安全服务技术,其中就有 SOTP 技术。

如何面对互联网,如何善用互联网?在上海创业十年的谈剑峰,目前最看好的就是网络安全行业。他认为,从移动互联网再到物联网,人们的衣食住行越来越离不开网络。"互联网就是一种工具,未来你离不开的工具。网络以及高科技的发展是人类进步和发展的必然趋势,也是必经之路。"

葛俊俊
人民网上海频道

打造科创中心南部核心区
——闵行区新定位实现经济发展方式转变新跨越

点评 郭 岚
上海社会科学院·经济研究所副研究员

闵行区作为上海市科创中心建设六大承载区之一，全力推进上海南部科技创新中心核心区建设，以"国家科技成果转移转化示范区"建设为契机，重点推进科技成果转移转化，深化科创中心建设内涵，实现成果转移转化的承载功能。强力推进，营造创新创业良好氛围，加强政府引导，完善科创政策体系，加强科创综合服务，举办各类创新创业活动，有力促进科技成果的转化和应用，营造良好的创新创业生态；整合资源，强化创新创业载体建设，推进创新创业孵化平台的建设,积极拓展产业链,聚焦建设国际化、专业化孵化器,打造众创空间、科技企业孵化器和加速器、产业园一体化的创新创业载体,形成低成本、全要素、便捷化的创新创业生态环境;发挥优势,推动军民融合深度发展,发挥闵行军民融合创新基础雄厚、资源丰富的优势,着力推进"民参军"机制和"军转民"开放创新,促进军工高科技技术向民用转化;区校联动,共建成果转化创新平台,针对产业领域内的创新需求,依托高校、科研院所打造一批创新功能型平台,促进相关领域的科技成果转移转化,推动产业链和创新链融合发展;政企联动,共建成果转化服务平台,以需求为导向,连接技术转移服务机构、投融资机构、高校院所和企业等,集聚成果、资金、人才、服务、政策等各类创新要素,构建科技成果转化服务平台,促进科技成果转化与应用;校企对接,推动科技成果转移转化,针对产业需求,组织产学研对接活动推动科技成果转移转化。

案例 卢羿:"不缺席,勇担当,做贡献" 闵行全力打造科创中心南部高地

2017年04月01日人民网上海频道

"十三五"期间,上海闵行区将主动适应与中心城区共同构成上海市主城区的新定位,实现经济发展方式转变的新跨越,形成上海具有全球影响力科技创新中心功能集聚区的基本框架,城市功能持续提升,全面实现更高水平的小康社会。

北有虹桥、七宝生态、莘庄商务区,南有紫竹高新区、莘庄工业区、闵行经济技术开发区……在这条城市联动发展轴上,闵行这条独特的城市发展走廊越来越精彩。

闵行区对上海的重要战略意义不言而喻。在建设南部科创高地的过程中,闵行区做了哪些工作?人大代表的眼中看到了哪些内容?未来,老百姓对闵行区的发展还有怎样的期许?

右为上海市人大代表、上海紫竹高新技术产业开发区工会主席卢羿

2017年全国两会前后,人民网上海频道对上海市人大代表、上海紫竹高新技术产业开发区工会主席卢羿进行了专访。

"真金白银"紫竹高新区多措并举助发展

作为上海科创中心建设的重要承载体,紫竹国家高新区2002年6月25日奠基建设。经过十多年努力,已在全国115家高新区内排名第17位。在习近平总书记提出要把上海建设成为全球最具影响力的科创中心同时,紫竹国家高新区也提出了"不缺席,勇担当,做贡献"的九字方针。

十多年来,一系列数据证明,紫竹国家高新区发展迅猛。2016年,技工贸总收入接近500个亿,引进注册企业已达1 000多家,上交国家税收56.18亿元。

从整个高新技术产业开发区建设看,如何呼应南部科创中心建设?

"我们也有具体举措。第一是从政策上,制定了一系列关于科创中心建设的扶持政策。特别是对于高端企业、领军企业以及新型的股权投资型企业等,制定了紫竹国家高新区关于创建具有全球影响力的科技创新中心的一个实施意见。"专访中,卢羿表示,系列政策不断落地,实实在在对这些企业进行了资助扶持。

为了加快引进海外高层次人才,紫竹国家高新区在中部挂牌海创基地基础上,设立"紫菁计划",主要针对附近高校科研人员来高新区创业。"我们也给了很多优厚的资助,包括创办资金和后期运营资助等。2016年,我们已经成功引进了包括斯坦福机器人研究团队在内的5家企业落户紫竹。"事实上,高新区为吸引海外高层次人才做了很多工作。"我们积极引进海外学校来教育园区进行发展;联合华师大、交大一起引入了里昂商学院以及南加州大学,联合海法大学等海外高校办学。这也是为培养适应全球科创中心人才需要的科研项目。去年已经取得了成功,9月份已经开班,集聚了国内不少优秀人才在这里就读。"

同时,紫竹国家高新区还搭建孵化平台,有专业的孵化公司,例如紫竹创投有限公司;也有孵化器苗圃,类似众创空间;更有与英特尔、中航工业一起联合开发的新型孵化器,进行专项孵化。"不同类型相结合,形成了一个很好的孵化平台。"卢羿介绍。

同时,园区更是拿出了"真金白银"推动科技创新,2016年拿出1个亿投资扶持园区小企业,成立了"小苗基金有限公司"。经过一年运作,大概选了十个项目进行了投资,投资额度将近5 000万,也引来了后期更好的投资平台青睐。

举措上更是在建设专业的产业集聚群——中国上海网络试听产业基地,这也是全国唯一一家国家级的网络产业试听基地。通过几年积累,引进了将近445家企业入驻,一年时间税收突破5个亿。卢羿表示:"这是很客观的。很多企业耳熟能详,比方说:优酷、土豆、喜马拉雅、优酷等,非常值得骄傲。"

10项举措　闵行全力打造科创中心南部核心区

在上海全市提出全球科创中心建设的同时,闵行区也在积极建设南部核心区。"它有10项举措,我们还有一个顺口溜,叫'一个目标,两个着力点,三区融合发展,四大功能'。"卢羿向记者介绍。

一个目标就是要建成全球科创中心南部核心区;两个着力点就是要提升科技的支撑力,提升产业的竞争力;三个区域的融合发展其实就是指校区、社区和高新区融合发展,即校区要进行引领,高新区要进行集聚,社区要进行承载;四大功能主要是研发机构云集、产业创新引领、成果转化承载与创新创业示范。

在卢羿看来,"这四大功能通过整合产业园区综合资源、高校研发资源、企业产业资源,以及政府的孵化资源,把我们闵行区构建成科创引导、产业协同、互利互惠、联合发展的一个产学研政完美体系"。

作为负责园区引进人才的负责人,卢羿对上海整个创业人才环境深有感触。"上海出台的科创人才政策30条,深得人心。政府真正在简政放权,提高效率,为上海就业引进更好的人才提供了很好平台。确实让全社会看到了我们上海的胸怀,看到了我们海纳百川的决心。"卢羿说,"新闻里热炒的'两证合一'试点,我们去年年底就开始实施了,在全国立了一个标杆。'两证合一'就是把外国人的专家证和外国人就业许可证二证合一变成外国人来华工作证。这样一个态度让我们更快、更便捷地引进海外人才,也让海外人才更放心来这里创业、学习和生活。"

为百姓说话 "热心真心信心"履职

"从当上人大代表到现在,算起来也有5年了,今年是任期最后一年。其实,初任的时候我很懵懂,现在则是很坚定地来行使这个权利。"五年的履职给了卢羿很多学习和思考的机会。

"当时,我就对自己提了几个要求。一个是'三心二意'。'三心',一个是热心,一个是真心,还有一个是信心;'二意'就是一个为民的意识,一个大局的意识。这个要求,有助于我在履职过程中更好地为老百姓说话,讲真话、不讲套话,办实事,去发现一些老百姓真真切切需要被发现的问题。能够很有底气地和政府有关部门去讨说法提意见。"履职期间,卢羿提出了加快推动闵行和紫竹高新区发展建设 15 号线的意见；利用休息时间，深入检察院社区工作室，去法院旁听一些合同案例等。"我看到了我们政府和两院工作人员作风的改变，也看到他们离我们老百姓的期望越来越近，社会在向更好的方向发展。"

作为一个基层的高新区园区工作者，卢羿希望上海能够以更开放的胸怀接纳海内外更多人才，有关部门加大改革力度、创新力度，把科创建设工作推向一个新的高潮。

韩　庆
人民网上海频道

创业神曲唱出"酸甜苦辣"
——"创业浦东"全球青年创新创业大赛展现新气象

点评 汪 怿
上海社会科学院·政治与公共管理研究所研究员

习近平总书记曾指出,未来总是属于年轻人的。拥有一大批创新型青年人才,是国家创新活力之所在,也是科技发展希望之所在。美国的CEO城市调查结果显示,年轻人是城市发展的动力,是创新创业的活力所在。在《创意阶层的崛起》的作者、美国学者佛罗里达看来,年轻人比例是创新城市的重要指标之一。因此,创新创业决定城市的未来,青年则是创新创业活力的来源。浦东在新的更高起点上再出发,以更大的责任担当、更好的精神状态当好排头兵中的排头兵、先行

者中的先行者,必须把眼光聚焦在青年人才、聚焦到引领未来的青年人才身上,打造平台、创造条件、塑造环境,让青年人才更便于创新创业,更乐于创新创业,更专于创新创业。

所谓更便于创新创业,指的是充分发挥现有创新基础、资源禀赋和独特发展优势,培育和形成良好创新创业生态系统,推动领军企业、高校院所、创业金融、创业服务、创业文化等要素协同互动,打造开放包容的人才发展环境和服务体系,尽可能降低人才特别是具备创新创业能力、掌握知识和技术的人才的创新创业的门槛,减少创新创业的成本,提高创新创业的收益。所谓更专于创新创业,主要指的是让具有创新创业本领的人才,擅长于此的人,能够集中精力做擅长的事情。所谓更乐于创新创业,指的是建构创新资源充裕、创新基础设施完备、创新主体支持、创新创业机制支撑、创新文化熏陶的综合环境,让对从事创新创业并对其有一定发展预期的人才能够心无旁骛地潜心研究或者暂时抛开繁华、忍受创业的艰辛,衣带渐宽终不悔地投入到创新创业活动之中,让他们能够感受到创新创业过程的艰苦和成功的喜悦。

> **案 例** **第六届"创业浦东"全球青年创新创业大赛启动**
> **真人秀路演"一路狂奔"创业神曲唱出"酸甜苦辣"**
> 2017年09月18日 人民网上海频道

2017年9月18日上午,第六届"创业浦东"全球青年创新创业大赛新闻发布会于浦东新区张江孵化器举行。据介绍,本届大赛由上海市共青团浦东新区委员会、浦东新区区委组织部、浦东新区人力资源和社会保障局、浦东新区科技和经济委员会、浦东新区知识产权局共同主办。旨在通过大赛吸引和凝聚青年人才,搭建浦东在青年创新创业展示交流、资源对接、项目孵化、人才培育等的工作平台。

第六届"创业浦东"全球青年创新创业大赛新闻发布会现场

主办方立足浦东科创中心建设,以"唱响浦东科创 Style"为大赛主题。人民网、新华网、央广网、国际在线、中国青年报、上海青年报、澎湃等30余家媒

媒体记者在大赛新闻发布会上踊跃提问

体及多家孵化器代表出席了活动。

"创业浦东一路狂奔,我们都在创业路上……"此次大赛一大看点,即体现创业青年"酸甜苦辣"的创业"神曲"同步发布。嘻哈音乐的动感,迸发出创业的激情,年轻人最喜欢的节奏彰显了"大众创业 万众创新"的时代精神。青年,是创新创业的主体力量,是浦东改革发展中勇立潮头的排头兵和先行者。主办方希望大赛不仅能征集到一大批有科技含量的创新项目,更能达到"以赛育人"的效果,为浦东二次创业积蓄后备力量。

发布会上,浦东新区团区委副书记卢霞代表主办方介绍大赛的赛制情况。据悉,本届大赛立足浦东,放眼全球,针对初创团队和注册未超3年企业设置雏鹰组和雄鹰组,经项目征集、初筛、初赛、复赛、决赛、闭幕,赛事共将历时2个半月。获奖团队除获奖金和基金支持,还将得到整合一系列服务资源的创业礼包和宣传资源。大赛期间,主办方将举办"青年创业训练营""创客栈活动""项目落地洽谈"等一系列配套活动,为创业青年提供展示交流的平台。

发布会上,记者了解到,区别于往届大赛,本次大赛还有一大特色,是将传统的决赛路演与"真人秀"结合起来,更有助于评审全方位观察团队素质,改变

浦东新区团区委副书记卢霞

了10分钟路演定胜负的状况,为创业者提供更多展现的机会。

主办方表示:"此次表现形式上引入了真人秀,使决赛路演的形式更丰富,就是想通过真人秀来拉开团队之间的差距。创业者的素质并不是通过一次路演就能考察出来的。一个项目的成败,技术含量很重要,但更重要的是创业者本身的性格、特质,我们希望通过这次比赛,能洞察到创业者的学习能力、应变能力、协作能力和沟通能力。当然,对于具体的任务环节设置,我们将和创业导师以及评审专家更深入探讨,以期为创业者提供一个公平竞争、发现自我的展示平台。"

活动现场,浦东新区人社局、区科经委、区知识产权局、国际人才城等主承办单位相关业务负责人就创新创业、人才服务方面的政策作了详细介绍。

"对符合要求的项目,我们将给予区科经委相关政策支持。"浦东新区科经委员科技创新服务处丁程美表示,对获得上海市级创新资金技术创新项目将给予10万元配套资助,对获得上海市创新创业大赛团队优胜且入驻浦东新区孵化器或众创空间内的苗圃项目或创业团队,每家给予5万元的奖励性后补助。

而在整体创新创业的环境上,浦东新区也是资源丰厚,充满活力。截至2016年底,浦东新区经备案登记的孵化器、众创空间达到103家,其中有国家级24家、市级59家、区级20家,涉及互联网、电子信息、智能硬件、生物医药等多个领域,孵化面积81.57万平方米。

浦东新区人社局就业促进与社会保障处副处长徐浙波表示,为提升青年群体就业创业能力,35周岁以下上海户籍青年、毕业五年内的本市大中专院校毕业生在浦东创业的,可依政策享受房租、社保费补贴,以及最高不超过300万元的创业贷款和贴息;上海户籍青年和本市大中专院校毕业生和毕业学年的学生,可以申请参加创业见习,并享受见习补贴。

2017年,浦东新区帮扶大学生创业1 088人,占帮创总数的59%;现存创业见习基地50家,今年有290人参加见习,该项补贴达到79万元。

一直以来,浦东把人才作为发展的第一资源,"创新驱动"实质上是"人才驱动",围绕"全球科创中心建设""张江国家科学中心"建设等国家战略,更好地服务人才、留住人。2017年6月16日,浦东发布了《浦东新区关于提高海外人才通行和工作便利度的九条措施》(提高通行和工作便利度九条),采取"降低门槛、搭建平台、优化服务、营造环境"四个方面的人才工作思路,打造一站式的海内外人才服务环境,吸引集聚海内外人才来浦东创新创业。

"为符合新政外籍人才办理永久居留,放宽外国留学生直接就业政策等;组建张江跨国企业联合孵化器,引进国际孵化器;深入推进上海自贸区海外人才离岸创新创业基地建设,支持海外人才跨境创业项目落地发展;2016年市、区共建的'上海国际人才网';试行自贸区新建商品

房配建人才公寓政策;通过与多家国际商业医疗保险机构合作,进一步深化海外人才商业医疗保险跨境结算制度……"浦东国际人才城主任黄逸飞介绍,通过降低门槛、搭建平台、优化服务、营造环境,浦东正努力让全球年轻人才、优秀人才能留下来,并且留得住。截至 2016 年底,浦东新区人才资源有 137 万人。目前入选中央"千人计划"人才有 219 人,上海"千人计划"人才有 231 人,浦东"百人计划"有 70 人。

关于创新创业中日渐重要的知识产权保护,浦东新区知识产权局知识产权管理处副调研员叶蓬表示,连续 3 年,知识产权局不仅在大赛组织经费上予以支持,还在大赛获奖项目知识产权风险评估上给予指导,降低青年创业的风险,特别是把"小微双创"的知识产权政策纳入大赛政策礼包,对初创型的小微企助推一把。

此外,对首件知识产权奖励(首件发明专利授权给予 1 万元奖励;首件商标获注册,并已实际使用的,给予 5 000 元奖励)、对实用新型和外观设计专利补贴(实用新型专利授权补贴3 000元/件、外观设计专利授权补贴1 000元/件)、对知识产权贯标认证奖励、对微观专利导航和对知识产权运营等5条知识产权扶持政策也极大地推动了小微企业创新的发展。

发布会上,由团区委、人民网上海频道和张江孵化器共同主办的"创业浦东一路狂奔"全球青创演播室也正式启动,这是为浦东创业青年专属打造的网络宣传平台,通过直面青年创业者创业路上的"酸甜苦辣",弘扬砥砺奋进、果敢拼搏的创业精神。

韩　庆　葛俊俊
人民网上海频道

第四篇

社会治理创新

城市社会治理的难点在基层治理，而基层治理中，最核心的问题是政府、政党、市场、社区、非政府组织、居民等多元力量如何在治理中实现合作治理。在过去的十多年中，上海人用自己的实践走出了一条"党委领导、政府负责、社会协同、公众参与、法治保障"的基层治理机制，让基层受益良多。

"绣花"功夫巧解治理难题
—— 上海创新社会治理奋力实现新作为

点评 **张结海**
上海社会科学院·社会学研究所研究员

城市社会治理的难点在基础治理,而基层治理中,最受核心的问题是政府、政党、市场、社区、非政府组织、居民等多元力量如何在治理中实现合作治理。在过去的十多年,上海用自己的实践走出了一条"党委领导、政府负责、社会协同、公众参与、法治保障"的基层治理机制,让基层受益良多。

破解基层治理难题的关键是架起联系群众的"连心桥"。迈进群众的门槛容易,走进群众的心坎难,这其中首要问题是摸清、了解群众的需求。十九大之后

上海进行了一次覆盖全市城乡范围的大调研,其目的正是为了掌握群众的需求,发现问题的关键所在。文中提到的静安区、杨浦区和金山区的三个问题的完善解决,都离不开党委和政府把群众的需求了解清、解决好。

治理不是控制,它的精髓在协调。定海路街道创造性地解决小区居民停车难的问题,正是协调了市场、单位、居民等多方力量的结果。协调还意味着治理是一个过程,江川路街道自己就制定了一套"居民议事黄金法则",一共五条,包括积极参与原则、公开议事原则、平等尊重原则、规则议事原则、过程注重原则。议事黄金法则让"小区流浪猫怎么处理,遮阳树如何修剪,物业费涨价听谁的,无主僵尸车该不该拖走"等问题都得到妥善解决。

最后,基层治理核心在党建。上海市在推动基层协商共治方面一直强调党组织的中心作用,文中提到普陀区委、静安区委、杨浦街道党工委、金山区委正是党组织中心作用的具体体现。我们期待上海在社会治理上有更大的作为!

案例 年终盘难点,上海社会治理再下"绣花针"
2017年12月07日《人民日报》中央厨房·大江东工作室

又到岁末,各地都开始了大盘点,今年,上海的"年终盘点"有点特别——

杨浦区平凉路街道第一睦邻中心的"空中花园"

全市上下都下沉到社区、企业、乡村,启动一场场专项调研,对照十九大报告提出的各项目标"抓重点、补短板、强弱项"。

社会治理是大调研重点关注领域之一。

2014年初,也是一场全市大调研,启动了上海社会治理创新。3年多来,上海取消街道招商引资职能,全面回归公共服务,"睦邻中心"建起来了,"小巷总理"底气足了,"美丽家园"不再是梦想。

然而,2 420万常住人口的特大型城市,创新治理并非一蹴而就。对照十九大提出的目标:"加强社会治理制度建设,完善党委领导、政府负责、社会协同、公众参与、法治保障的社会治理体制,提高社会治理社会化、法治化、智能化、专业化水平",上海社会治理仍有许多痛点、堵点、难点需要突破。

上海"年终盘点"盘出多少社会治理难点,这些难点如何破?

来,跟着大江东工作室一起随着上海基层干部去调研。

舍得绣花功夫,啃下"硬骨头"

2017年11月24日下午4点,南京西路上出现了一名特殊的"巡逻员"——静安区委书记安路生,身为南京西路"一级路长",他每个月至少上路巡逻一次。

当月,安路生两次"探路",既是例行巡查,也是对南京西路一处违建整治专项调研。

邻近南京西路的青海路44号是静安区南京西路街道居民区内最后一个成片违建。这幢建筑建于1935年,主楼,被上海中医药大学附属岳阳医院租赁使用;附楼的二、三层,住着10户人家,最长的在这里住了近60年。

幽暗、逼仄的楼梯,狭长的走廊,水管、电线在墙壁上交织出"蛛网"。没有独立煤卫,居民在走廊、天台搭出厨房、卫生间,数十年累积,已搭出违建14处。

拆违容易,居民安置难。因为是非居住直管公房,置换缺乏法律依据,成套改建成本巨大,导致难题长期搁置。

"硬骨头"还得啃!

违建要拆除,居民困难也要解决,这是社会治理必须面对的痛点、难点。

街道与各分管部门一起反复勘察,寻找整治突破点,区级层面也积极协调相关部门支持,单单整改方案就已经做了好几套,最终拿出一套平衡各方利益的疏堵结合方案,政府投入一点、单位支持一点、居民诉求标准降低一点,部分成套改建。这一套方案能不能为居民接受?12月3日,街道和居委会干部拿着改革方案,逐条与居民沟通,方案得到了大部分居民的首肯。"还剩下两三户,我们再和居民细致沟通。"南京西路街道党工委书记周惠诊说。

也是在11月份,普陀区区委在全区调研,82个部门和单位,285条问题,不少涉及社会治理,条条直指区域发展中不平衡不充分的痛点——

区内卫生资源、文化设施分布不均,原西北老工业区内要不要布局一家三甲医院?苏州河上再建9座桥的规划出台了,如何尽快落实,方便周边居民通行?有着20年历史的水产大市场关闭一年了,附近居民翘首以待新规划,蓝图如何画?

……

过去几年,上海在超大城市社会治理新路上已有不少探索和成功经验,但是随着社会治理的深入,一些深层次矛盾和问题凸显出来,这些都是难啃的"硬骨头",如何面对挑战?舍得花"绣花功夫",方能换来"美丽家园"。

练就"绣花功夫"还要靠长效机制。

"路长制"就是静安区探索精细化治理的新机制。全区共246条道路,一路一长,区四套班子25个局级干部在重点路段当"一级路长",各街镇180多名处级干部分别担任246条道路、319个路段的"二级路长"。做了路长,就要负责任,街镇"二级路长"必须每周全程走一遍,发现问题及时解决。自2017年6月启动至今,一级路长上报的问题699件,截至目前,已整改完毕530件;二级路长发现的问题1.5万余件,已完成处置98%。

良性互动,更多主体参与

下一站,我们来杨浦区看看。定海路街道党工委副书记、办事处主任吴岩正忙着协调区社会建设工作办公室、市房管局专项调研事宜,调研题目是小区停车难。

杨浦区延吉社区第二睦邻中心

"停车难"对于上海这个大都市来说,是大问题,也是老问题。

和乐苑、和润苑是定海路街道两个动迁回置小区,因为地面收费比地下车库便宜,地面停车"一位难求",地下停车场却空空荡荡。居民投诉地面活动空间被侵占;车主希望地下车位租金能惠民;开发商也委屈,车库管理维护都需要费用。

愁眉不展之际,一家专业机构的解决方案让吴岩眼前一亮,解了燃眉之急。

"夜间,将小区溢出车辆代泊至就近的超市、大学,缓解小区车位紧张;白天,将小区闲置车位提供给周边上班族,收入用于小区环境整治。"方案不仅设计了产权车位、机动车位的不同停车规则,制定潮汐收费方案,还依托大数据,设计了与周边机构停车资源共享办法。

停车难的破解过程,增强了吴岩们学习贯彻十九大"提高社会治理社会化、法治化、智能化、专业化水平"部署的自觉性,"社会治理要跳出党委政府大包大揽的传统思路,吸纳更多主体共同参与"。

近几年来,不断走向成熟的"党委领导、政府负责、社会协同、公众参与、法治保障"的社会治理机制让基层获益良多。杨浦区有54个睦邻中心,均通过政府购买服务的方式委托社会组织运营,为社区居民提供养老、助残、亲子、心理咨询等公共服务。目前,上海已建成社会组织服务中心239家,服务网络实现市、区、街镇三级全覆盖。

"共治共享体现着现代社会治理能力。"华东政法大学校长叶青说。十九大报告提出"打造共建共治共享的社会治理格局",相较十八届五中全会提出的"构建全民共建共享的社会治理格局","共治"一词使社会治理的内涵更加丰富。公共权力和社会力量协同治理,才能实现资源利用效率的最大化,从而实现公共利益的最大化。

身处社会治理前沿的基层干部也敏锐地发现,"过去,社会组织是补充、参与到社区服务中。现在,社会组织已经成为社区治理的重要主体"。前不久,上海市民政局、市社团局等部门集中发布了一批"承接政府购买服务的社会组织"推荐目录,189家社会组织被列入。目前,市一级和浦东、静安等13个区均出台了政府购买社会组织服务的相关政策。

杨浦区睦邻中心内亲子乐园

松绑放手,激发自治活力

让我们再将目光转向郊区金山,这里正在进行一场民宿业发展大调研。

此前,金山区委书记赵卫星自掏腰包去浙江桐庐考察了民宿。桐庐乡村生活、生产、生态的融合发展,以及政府、村民、企业的良性互动,给建设美丽乡村、打造乡村新型生态社区带来了新思路。

过去两年,包括金山区在内的上海各郊区以"五违四必"整治为契机,建设美丽乡村,打造乡村新型生态社区,河道的水变清了,宅前屋后绿树成荫,田间窝棚乱搭建的现象不见了,基础设施建设、环境整治除旧革新,重塑着乡村。

十九大提出的"乡村振兴"大文章,不仅要把大力发展农村生产力放在首位、坚持城乡一体化发展,还必须遵循乡村自身发展规律,保留乡村特色风貌。能不能从民宿产业入手,将经济发展、环境保护、文化传承结合起来,由外及里再造乡村?

"民宿业是乡村建设的一个入口,它对乡村文化、自然环境的重视和利用,天然与乡村治理建立起紧密关系。对民宿业感兴趣的大多是年轻人,而乡村有了年轻人才有希望。"金山区旅游局副局长周仁辉说。

但是,回到乡村做民宿的年轻人唐春海却感觉自己缩手缩脚,且不说现有消防、治安、食品安全等政策,制约着民宿的发展,单单自己租借的农宅前后环境治理、规划,唐春海也说不上话、使不上劲,"如果围绕民宿发展有一个自治平台就好了"。

将民宿做得风生水起的本地人曹月芳也有着同样的期待。曹月芳原来从事旅游业,退休后,将廊下镇山塘河旁的旧仓库翻建,办起了一间民宿。坐落在竹林间的两层小楼,廊前是新翻的田地,屋后是自家菜园,屋内挂着金山农民画、土布饰品,处处显示着金山民俗文化。

周边许多农户找到曹月芳,要将自家房子交给她作民宿,曹月芳不敢接。"民宿政策门槛高,普通农宅要作民宿得过许多'关',要和各政府部门打交道,和本地村民、村委相协调,又没有任何沟通平台,太难了。"

上海金山嘴渔村隐藏着不少美丽的民宿

从浙江、云南等地调研回来的周仁辉们意识到,民宿要发展,乡村治理资源要盘活,政府还需再放手。在充分调研、借鉴其他地区民宿业发展的基础上,金山区出台了《促进民宿业发展的意见(试行)》,民宿市场向个体经营者开放,通过联审联批的方式减少关卡,让市场更开放、监管更科学。

政策扶持之余,另一种形式的"松绑"也在酝酿之中。"引导民宿业发展的最佳方式还是行业自治,政府当鼓励民宿业成立行业协会,用行业自己的力量来规范推动业态发展。"

过去几年间,自治与共治是上海社会治理重点探索领域。在基层社区,听证会、协调会、评议会等,各种自治议事平台,让居民拥有更充分的知情权、发言权和监督权。这些社会内凝心聚力的自治平台突破了以往社会治理的困境,沟通了自下而上的通道,正盘活基层治理网络。如何在社会治理上有更大作为,上海探索方兴未艾。

郝　洪　叶　琦
人民日报社

从"传呼电话"到"公众号"
——上海基层社会治理"绣"出新花样

点评 王 韧
上海社会科学院·文学研究所助理研究员

创建智慧型城市,让城市生活更美好,是当前城市发展的重要方向,因此,为了满足人民日益增长的美好生活需要,实现社会的均衡发展,维护社会的和谐稳定,一些重要城市开始创新社会治理方式,探索促进城市发展的有益尝试。

最近,上海街镇掀起了"公众号"建设,如嘉兴旧改、今日张江等,大大吸引了社区群众的眼球,提高了其参与和关注的热度,达到了党建引领社区治理的新高度。一是倡导公共精神,大力弘扬社会正能量。比如,"美丽莘庄"分社区类和民生类两大类内容,其理念是民主、负责、公正、平等、法治、服务、公共利益等公共精神,因此受到社区居民的高度关注和积极参与。2017年暑期用短视频给人们呈现了高温下的"煎守"群体,传播效果极佳。二是多元主体共建社区,比如"今日张江",大到科学城规划,小到拆违后绿地建设、老街命名,居民纷纷留言,提出意见和建议。此外,还通过每年的"粉丝见面会",听取意见和建议。这就打破了传统的独立治理困境,实现了多个主体的有机联系,从而建立了良好的亲密关系,推动后续工作的有序进行。三是科技助力社会稳定、人民生活幸福,比如,"嘉兴旧改"能够让社区居民及时获取旧改新动态,杜绝了"小道消息",让民心安定。2017年7月,策划了一篇文章《拿钱? 拿房?》,帮助居民算清账,实现利益最大化,成为百姓的贴心人。利用网络科技正面引导社区居民看待事物的观点和动向,成为社会稳定和人民生活幸福指数提高必不可少的内容。

以公众号建设为代表进行的社区治理,激发了全民参与的积极性,实现了网络空间与现实空间一定高度上的融合,有力助推了十九大各项惠民政策落地,这必将提高社区治理现代化的能力,让社区居民生活得更美好。

案例 从"传呼电话"到"公众号" 上海街镇"绣"出新花样
2017年10月12日人民网上海频道

从20世纪六七十年代靠里弄阿姨妈妈一路小跑接通的"传呼电话",让上海秒成世界不可分割的一部分;到非典时期上海街道瞬间布防,严阵以待,将气势汹汹的大波病毒拒之城外——上海基层组织之高效、高能和与时俱进,一直有口皆碑。习近平总书记要求上海城市治理要下"绣花"功夫,上海街镇又绣出什么新花样了?听说,"阿姨妈妈"们纷纷玩起了公众号。

据不完全统计,上海200多家街镇,有近180家开通了公众号。那么,哪家街镇最"会玩儿"?哪家信息最暴击眼球?近日,人民网上海频道通过权威的榜单,进行了统计。

作为人民上海街镇微信榜单第一期,专注"旧改"信息发布的虹口区嘉兴路街道公众号"嘉兴旧改"从200多家街镇中杀出重围,拔得头筹。近日,记者与比较"会玩儿"的虹口区嘉兴路街道"嘉兴旧改"、浦东新区张江镇"今日张江"、闵行区莘庄镇"美丽莘庄"小编聊了聊。

开通时间有早有晚,但都"玩儿得挺溜"——止"谣言"、平"小道",满满的科技范儿

"嘉兴旧改"于2014年3月25日发布了首条信息。"定位于这样一个特定的主题'旧改',是因为嘉兴辖区里涉及旧改的地块多,居民迫切地希望能第一时间知晓更多的旧改资讯。再者,旧改地块存在不少人户分离现象,有了微

"张小江"卡通形象

信号,就能让人户分离的居民随时获取旧改新动态,尤其针对地块内传播的'谣言'、'小道消息'能够及时辟谣,以免居民因轻信谣言导致自身利益受损的情况出现。"

"今日张江"是2014年9月19日正式开通,如今,"今日张江"的代言人"张小江"已经三岁,俨然成为张江家喻户晓、人见人爱的"明星"。说起"今日张江"的开通,小编也是满满的自豪感。"张江,中国的小'硅谷',每天在张江园区里工作的人更是'科技范儿'十足,手里摆弄着高科技、电子产品,每天刷着

朋友圈,微信必然成为他们获取信息的重要渠道。"而且,张江区域大、人口多、发展快,为了打破时间和空间的限制,让生活和工作在张江的人们及时便利地掌握张江的方方面面,了解张江的过去、现在和将来,"今日张江"应时而生。

"美丽莘庄"是 2016 年 11 月 9 日正式上线与大家见面。其实早在两年多前,莘庄镇就已推出微信服务号"文明莘庄"。在这两年多的时间里,莘庄镇发展迅速,不仅外在环境越来越美,软实力也显著提升,尤其是在"培育莘庄温度　打造人文之城"背景之下,莘庄的城市内核全面提升。"文明莘庄"局限于服务号一个月只有四次的发布频率,显然已经无法满足更及时的发布需求,新推出的订阅号"美丽莘庄",一天可发布一次,以便更好更快地传递莘庄声音。

哪些文章比较受欢迎? 推送时间和频次重要吗? 小编们经验老到

"嘉兴旧改"开通以来,小编说,受欢迎的文章主要是旧改的最新资讯,比如谣言粉碎机、政策解读、签约进行时等。

"嘉兴旧改"没有明确的发布频次。"我们会结合征收进程实时推送资讯给居民,在地块征询、签约筹备、启动阶段发布频率高一些,平均每天发布一条信息,其他时间就结合实际情况不定期推送。"

"今日张江"小编表示,在张江,大家"当家作主"的意识很强,都对张江的未来充满关心和期待,大到科学城规划,小到拆违后建个绿地,大家都纷纷留言,提出意见和建议。"还有,张江的'吃货'也不少,比如我们有篇讲张江七碗面的帖子,阅读量一下就达到了 2 万+ 。再就是活动类的题材,比如'七一'红歌快闪、'八一'军歌快闪、'张江好声音'、'澎湃张江'健康跑,一经推出总是广受欢迎,一改'张江男''张江女'只会埋头工作、宅在家里的刻板印象,其实他们充满活力和热情。"

"今日张江"小编说,他们尝试过在不同的时间段发送来比较效果,也会定期做一些前台后台的数据分析。可能因为张江针对的对象主要是上班族,最终选定了下班和晚上的时间段(17:30—20:30)进行推送,基本上固定在每周一、三、五,每次三条,以培养粉丝关注的惯性。如果有需要的话,也会临时增加,以增强时效性。

"美丽莘庄"小编说,受欢迎的文章非常符合莘庄的特点:一是社区类文章,莘庄拥有 144 个小区,莘庄人也都是社区居民,对社区里发生的新鲜事非常感兴趣,如换物业、小区安保等;二是民生类文章,交通、医疗、教育等都是焦点。

"美丽莘庄"从最初的一周发布 3 次,每次 1 到 2 条,到现在的每日发布;从最初发布时间不定,到现在准点于工作日早上 7:30、双休日 8:30 固定发送;风格上也从最初的大众化,到现在精品化的设计。不仅是为了迎合推送阅读效果,更是为了迎合莘庄的美丽变化。"我们的单篇文章体量较小,适合通勤时快速阅读。再加上政府官微的第一波阅读人群集中在体制内,在工作日早上 7:30 进行推送,可争取第一波转发量。而一天一次的推送频次,可有助于增加读者黏性,培养读者阅读习惯。"

"拿房,拿钱?""和环卫工作同'煎'守"——打造"爆款",靠贴心策划

"嘉兴旧改"曾在 2017 年 7 月份精心策划了一篇题为《拿钱? 拿房?》的文章。"旧改刚开始的时候,有些居民可能连自己家的征收补偿、补贴、奖励都算

不清楚，更别说是拿全货币安置还是拿房安置了。所以我们来帮助他们解决实际问题，通过信息帮助他们理清思路，权衡利弊，算清账目，帮助居民争取策划利益最大化！"这篇文章就是以一套老房子为例，拿钱可以拿到多少，拿房可以拿到多大面积，看后一目了然，阅读量近万，达到了预期效果。

在 2016 年 7 月 1 日，时值建党 95 周年，"今日张江"精心策划了"七一红歌快闪"，把大家耳熟能详、脍炙人口的红歌与当下流行的"快闪"形式结合起来，不仅在人流密集的商场有实地演出，更通过视频剪辑形成短片，以微信平台推送，无论是现场感受还是微信播放，都令人深受感染。视频播放平台上累计点击量 7 000 多万，而微信的阅读量也达到了 36 600，成为"今日张江"当之无愧的第一"爆款"。其他精心策划的选题，比如"张江的一天""别了，张江老街"等，也都不负期望，拥有了 2 万＋、1 万＋的阅读量。

2017 年夏，上海创造单日史上最高温，刷新了 145 年来的"连续酷暑"纪录。"美丽莘庄"小编策划的选题"高温下的'煎'守！让我们一起为 TA 们点赞！"，用短视频跟踪交警、环卫工、建筑工人等群体，用一天时间轴的形式展现劳动者的不易，传播效果超赞。

如何"吸粉",怎样提高阅读量?他们这样说……

"嘉兴旧改":旧改在内容上贴近实际,事关居民的切身利益,对他们有帮助,他们愿意转发、推荐给有需要的朋友。现在几乎人人有手机,人人有微信,在旧改地块张贴微信公众号二维码,居民随时可以扫码加关注。上门宣传的社区干部工作证上都印有二维码,在走访居民的时候也可以"加粉"。另外还会发放一些便民的宣传品,在上面印上二维码,扩大知晓率。

"今日张江":我们在吸引粉丝上"将心比心",主要有三招:网络性、科学性、互动性。语言风格上,多用网言网语,紧跟网络热点;内容上,依靠阅读量、点赞量、留言量等数据分析,分析粉丝的关注点,与我们的信息和资源有机结合,尽量做到"投其所好";与粉丝的互动上,会让粉丝尽量参与进来,比如近几年张江的十大民生实事项目、一些规划绿地方案、老街命名等,满足粉丝"我的地盘我做主"的参与意识。另外,还有一些活动,通过平台进行报名、评选,为

在张江居住的居民小丁每次收到微信推送后,都会迫不及待点开翻看身边又发生了什么"大事"(费周群摄)

粉丝提供便利。同时充分利用区域内的资源为粉丝争取和提供"小福利",还会每年举办粉丝见面会,组织了"铁杆粉丝群",经常讨论,听取意见和建议。

"美丽莘庄":最初会给粉丝提供一些福利,比如抢话费、送门票等,但分析下来好像只能起到短期增粉的效果。重要的还是做强内容,秉持内容为王,才能增加活跃粉丝。莘庄镇的优势在于居委微信矩阵,文章推送后,各居委会一起转发,各个居委的朋友圈是广大居民,这样就扩大了影响力。此外,"美丽莘庄"还着力把党政声音转化为老百姓看得懂、喜欢看的语言,更具亲和力。

旧城改造、环境整治、社区服务……说到底还是"内容为王"。说咱老百姓想听的身边事,帮咱老百姓解难解的题,服务咱老百姓最需要的那些点……正能量接地气篇篇说在心坎上,政府的服务实实在在,当然能让百姓爱看爱转过瘾!

唐小丽
人民网上海频道

给公益项目插上"互联网+"翅膀
——陆家嘴街道探索"互联网+党建+公益"新模式

点评 罗 婧
上海社会科学院·历史研究所助理研究员

公益是一门实践的学问,是为人民服务的一种体现,如何把党建与公益相结合,如何利用"互联网+"的作用展开"党建+"公益的模式,如何使公益项目服务精准、项目贴心、成效明显、群众满意,陆家嘴是深度城市化及生产力最活跃的地区,其街道党工委为我们探索了一条可以借鉴的模式。

第一,通过"互联网+"形式,组建"金色纽带"党建项目的平台,确保平台的双向性,"陆家嘴党建"线上平台可提供前期的需求提取、资源整合,便于线下调研、线上发动等方式。

第二,架设公益项目资源、需求的"立交桥"。充分"三张清单"在党建中的作用,即把握自下而上的需求提取、区域化的资源整合、多方参与的项目运行及专业化的成效评估,在项目调研、产生、运行和评估等阶段中架设资源、需求的"立交桥"。

第三,切实对接需求,加强党群一体化建设。陆家嘴街道向来有在工地项目建立工地临时党支部和综合公会的惯例,如今建立了党群服务站,便于整合工地临时党支部和临时项目工会的资源,以便加强党建为引领,形成"互联网+党建+公益"的区域化大党建格局。

互联网不仅使我们的日常生活得以更加便捷,还能展开迅速的调研与调整,陆家嘴街道利用"互联网+"不仅使得公益活动能切中群众切实的需求,而且将党建活动深入到基层,大力促进了党建与公益的发展。

案例 陆家嘴街道:探索"互联网+党建+公益" 给公益项目插上"互联网+"翅膀

2017年09月29日人民网上海频道

为迎接党的十九大胜利召开,近日,在一建集团上海船厂如火如荼的项目建筑工地上,陆家嘴街道党工委开展了"爱在陆家嘴 温情暖中秋"进工地活动。

陆家嘴街道党工委书记倪倩出席并讲话,街道党工委副书记、社区党委书记王云芝为项目工地党群服务站揭牌。街道党工委副书记杨福成、一建集团党委书记、董事长徐飚等出席。街道总工会专职副主席陈依岚向项目站点赠送清凉慰问品。

据悉,"陆家嘴公益城"进工地项目已经是连续第四年在一建集团的工地上举办了,作为"金色纽带"区域化党建的"拳头产品","陆家嘴公益城"旨在提供精准化服务,着力构建以区域化党建为引领的城市基层党建新格局。活动每年为工地上的外来务工人员送去服务和爱心,为生产力最活跃的地区送去最具活力的党建活动。

此次活动,在过去两年的活动基础上,升级了从项目前期调研、各方参与到活动评估的全过程,突出精准服务,保证公益项目的内容让参与方能够提升"获得感"。

"爱在陆家嘴 温情暖中秋"进工地活动启动仪式

探索"互联网+党建+公益"模式

"互联网+"在党建公益项目中应该扮演怎样的角色?

陆家嘴街道党工委副书记、社区党委书记王云芝告诉记者,"金色纽带"党建项目运行机制中平台是双向的、需求和资源整合也是双向的,通过"互联网+"形式,双向认领的"多车道"就打通了。所以,陆家嘴街道一直在进行探索,使公益项目从前期的需求提取、资源整合开始就结合"陆家嘴党建"线上平台,通过线下调研、线上发动等方式,让服务更精准、项目更贴心、成效更明显、群众更满意。

活动主办方向项目站点赠送慰问品

据介绍,本次进工地活动开始前,街道就在信息平台上的"区域党建"菜单中提前进行了线上推送,并提供服务项目认领,内容多是根据陆家嘴地区商务楼宇中"两新"党组织党员和白领的实际情况量身定制。以资源整合为例,通过微信平台开展资源、需求的征集,一大批居民、单位前来认领公益项目,有的居民为农民工提供缝补衣物、修理自行车的服务,也有社会组织认领了为建筑工人拍照并寄回家的公益服务。

记者了解到,目前,包括为接受化疗的患者捐赠假发的"青丝行动"、地区传统保留项目"公益城进工地"等7项陆家嘴品牌公益项目均已入驻"陆家嘴党建"信息平台。

架设公益项目资源、需求的"立交桥"

如何充分发挥资源、需求和项目这"三张清单"在党建公益项目中的作用?

陆家嘴街道在不断梳理"三张清单"的过程中,牢牢把握自下而上的需求提取、区域化的资源整合、多方参与的项目运行及专业化的成效评估这几个方

认领公益项目的居民为农民工提供服务

面,在项目调研、项目产生、项目运行和项目评估等几个阶段中架设资源、需求的"立交桥"。

王云芝表示,用数据决定项目内容设置,是这次公益项目开展的最大特色,街道在项目开展前期就针对工地建设者发放了100多份需求提取表,通过收集提取需求,将工人最喜欢、最需要的服务内容进行了排序,并形成了"需求清单",并通过对接驻区单位进行整合,最终形成了本次活动的三个区域,18项服务咨询内容的"资源清单"。

项目还根据需求排名先后,进行权重分析,落实服务项目的需求比重,进行精准服务。此举一改往常组团式服务热门项目排长队,冷门项目无人问的尴尬局面。

切实对接需求,党群一体化建设初见成效

党群一体化建设可以给传统的群团工作带来哪些变革?作为深度城市化的社区,也是生产力最活跃的地区之一,陆家嘴街道一直有在工地项目上建立工地临时党支部和综合工会的惯例,这次活动上,街道党工委和一建集团党委

"爱在陆家嘴 温情暖中秋"进工地活动现场

共同为项目点党群服务站点揭牌,同时,群团也作为党建工作的一个重要抓手,通过工会的服务,群团的深入,把党建做实。

"这次党群服务站的建立,就是通过整合工地临时党支部和临时项目工会相关资源,做实以党建为引领,群团为抓手的大党建格局。同时,通过服务外来建设者、服务辖区单位,激发大家参与区域治理,为实现城市的卓越治理做出贡献。"王云芝介绍。

"在十九大召开前夕,陆家嘴街道充分发挥党建在社区自治共治的作用,通过搭建'互联网+公益'平台,充分收集驻区内各类行业、各类人群的需求,不断整合辖区内企业资源,形成社会动员、多方参与、专业评估的'互联网+党建+公益'的区域化大党建格局。"陆家嘴街道党工委书记倪倩表示。

董志雯
人民网上海频道

千年古镇的新时尚
—— 上海美丽乡村田园综合体有了样板村

点 评 张虎祥
上海社会科学院·社会学研究所助理研究员

"三农"问题一直以来就是深化改革和建设小康社会的重要领域。进入新世纪以来，随着现代化、信息化的持续推进，农村发展也迎来了新的契机。"遵循乡村自身发展规律，补农村短板，扬农村长处，注意乡土味道，保留乡村风貌，留住田园乡愁。"在枫泾镇的实践中，农民既充分挖掘并展现了传统文化遗产——"农民画"的魅力，同时又引入了信息化助力的新型农业模式，在传统与现代的交汇中实现了农村的发展与自身生活的改善。在经济收入增长的同时，农村文化建设也逐次推进，整体面貌焕然一新。可见,新农村建设要因地制宜,从自身特色出发,并创造性地将传统与现代元素相结合,才能够走出自身发展的特色之路。

案例　金山区枫泾镇：千年古镇的新时尚
2017年09月12日人民网上海频道

仲夏时节梅雨至,氤氲的水雾早早将上海金山枫泾古镇笼罩起来——走进这座1500年历史、素有"三步两座桥,一望十条港"之称的镇子,粉墙、黛瓦、小桥、流水、人家,随处可见的传统水墨景致,不禁让人产生穿越时空之感。

小镇北部的中洪村,是远近闻名的"中国特色村——农民画村"。陈惠芳一家就是村里土生土长的"农民画世家",上自90多岁的阿奶,下至第四代的孙辈,一家9口都会作画。

农民画家陈惠芳在作画(枫泾镇供图)

"我现在以画画为生,村里像我们这样的有6户人家。"随着"金山农民画"的招牌越擦越亮,单靠画画,陈惠芳一年就有10万元左右的收入。

农民画,让像陈惠芳这样的枫泾农家女捧上了"铁饭碗";而近年来"科创小镇"的打造,则吸引着越来越多的创业者纷至沓来。

小镇来了一群"开着玛莎拉蒂来种地"的 90 后

几年前,"开心农场"游戏风靡网络,白天"种菜",晚上"偷菜",大家玩得不亦乐乎。而有这样一批人,却从游戏中看到了蕴含的创业商机。

"我们就是要把网络中虚拟的农场变成现实。"年轻的小伙子邹明华信誓旦旦地说。早先从事互联网行业十多年的邹明华,对网络社交十分熟悉。有了这个想法后,他与小伙伴们一拍即合,到处找场地,直到 2017 年 3 月初来到枫泾。

"枫泾,满足了我们对这个项目的所有想象。"邹明华坦言。

"那天,他们一群小伙子,开着玛莎拉蒂,浩浩荡荡就来了,说是来种地的。"作为枫泾"科创小镇"的总经理,彭连荣对这群充满创业激情的 90 后们初次到来的场景记忆深刻。双方沟通下来,一切顺利,邹明华团队承包了 60 亩地,用来作线下的"开心农场"。

7 月 28 日,现实版的开心农场——开开农场正式开园,这一项目也首创了"手机种植、共享菜园"的新模式,借助互联网 APP,将田园和都市生活结合在一起。

葱葱郁郁的开开农场(枫泾镇供图)

团队的农创之梦能变为现实,邹明华格外感慨。"从那个被人耻笑的梦想到今天,短短四个月就实现了项目落地、APP 上线,实现了为广大都市人打造一个零门槛绿色体验的根本理念。"

"承包的网友们可以选择种什么菜,只要在网上提出要求,我们就在现实中实现,周末节假日也特别欢迎承包者到现场体验。"作为团队里唯一的 80 后,"老大哥"邹明华表示,后续还会继续开发养鸡、养鸭等副业。"我们的农场不仅仅是一个有机蔬果种植基地,我们还希望把它打造成集食宿行游购娱于一体的综合性生态园区。"

枫泾"科创小镇"的金字招牌,吸引来的不仅仅有这群"种地的 90 后",还有"住在旧金山,挣钱在金山"的"兰花博士"匡羽、提前两个月让小龙虾上餐桌的开太鱼基地……

黄桃+ 农民画,美丽乡村田园综合体有了样板村

每到一年中最热的季节,便也到了枫泾黄桃大量上市的时节。

在枫泾,有个"黄桃村",叫新义村。如果不仔细考究,这个地处"吴根越

新义村的黄桃雕塑门头(枫泾镇供图)

脚"的普通江南村落,与沪上其他乡村并没有什么太大的分别。但走到村口,一个硕大的黄桃雕塑的门头会让人觉察出它的与众不同。走进村子,片片桃园满目葱茏,村民们在园子里忙活着。

几年前,由于经济作物单一,村集体实力单薄,新义村还是个名副其实的经济落后村。村里修建的厂房早已破败,根本招不来像样的企业。

近年来,随着美丽乡村示范村建设的推进,新义村的环境已有了不少变化——河道清澈了,旁边还设有栏杆,安全了不少;原来破破烂烂的5个小鱼塘现在已经打通,成为五秀湖景区,周边建起了观赏平台,还修建了一座石桥;村内的道路都安装上了路灯,新建的公交车候车亭设计得古色古香……

67岁的村民陈金英原来是村里的妇女干部,谈起生活的变化,陈阿姨感慨道:"过去生活很艰苦,祖祖辈辈都是靠种地,种点水稻、小麦,收入很少。现在好了,不愁吃穿了,村里通了公交,到哪儿都方便了,家里有老人的,还有志愿者上门服务来了……"

2010年7月,尤利明担任新义村党总支书记兼村委会主任。摆在尤利明面前的是一个一穷二白的新义村:每到年终,枫泾镇各村的招商引资成绩单上,新义村常年排名全镇末尾;集体资产保有量入不敷出,仅有的几间厂房因为破旧,成了招商引资的最大短板。

而到了2014年年底,新义村招商引税达到1 300多万元,村级经济实力有了质的飞跃——新义村不仅还清了历史欠账,还能拿出不少资金用于改善民生。这种飞跃缘于2010年的一个选择。

2010年,尤利明和他的团队经过考察,认为村子土壤肥沃、地势高爽、河流充沛、排灌方便,非常适合种植黄桃。但祖辈惯于种水稻、小麦,村民难免心中存疑。尤利明自己带头种植了50亩黄桃树。随后,他又动员自己的岳父改种黄桃,又强拉村"两委"成员带头示范。看到村干部带头种起了黄桃,一些胆大的村民有了跃跃欲试的想法。

3组的岳成浩一家率先加入到黄桃种植队伍中来。经过几年努力,他成了村里的黄桃种植大户,如今他的黄桃种植面积达到126亩,每年到了采摘时候,老岳看到硕果累累的枝头总是感慨:"当初要不是跟着书记干,现在还是打零工,哪里有每年几十万的收入。"

11组的李炳南今年52岁,他种了将近80亩的黄桃。老李以前靠着木匠手艺维持生计,一年收入也就一两万,这几年靠着种黄桃、卖黄桃,一年收入已达十多万。说起自己的转型,李炳南感慨地说:"最初我也不敢种,尤书记带了头,还鼓励我种,他给了我种黄桃的信心。"

新义村黄桃丰收(枫泾镇供图)

目前,新义村已经发展为枫泾镇的黄桃种植大村,全村种植面积已有1500多亩,占全村农田面积的1/3。

另一组数据更是让人欣喜：2014年，新义村农民人均纯收入22 130元，2016年增长到28 976元，2017年预计3万元。

在枫泾，"农民画村"中洪村和"黄桃村"新义村，都已经成了美丽乡村建设的代表。如今，中洪村被评为"中国美丽休闲乡村"和上海市"美丽乡村示范村"；新义村被评为全国"一村一品示范村"和上海市"美好家园示范村"，为全镇美丽乡村建设树立了标杆。

农民画村——中洪村（枫泾镇供图）

按照计划，枫泾2017年的目标是力争每个村都能形成自己的区域特色，在全镇范围内打造出2—3个生态、产业、文化融合的区级美丽乡村示范村，创建新义村为市级美丽乡村示范村。

唐小丽　轩召强
人民网上海频道

自筹资金圆了电梯梦 "银发族"不再望楼兴叹
——普陀区长征镇社区居民自治成样本

点评 臧得顺
上海社会科学院·社会学研究所副研究员

在上海许多早期建造的老公房内,没有电梯,老年人上下楼非常困难。这个问题如何解决?2015年年底,上海市普陀区长征镇怒江苑小区多层住宅7号楼加装电梯工程顺利竣工并投入运行。这是上海首个居民自筹资金加装电梯的成功案例,而且整个过程完全体现了业主协商自治的理念。老人爬楼的苦不堪言,社区居民看在眼里、急在心里。适逢市里多层住宅加装电梯的政策支持,居民代表从发起倡议、意愿征询,到汇报居委、筹集资金,再到制定详细的资金分配方案、正式开工,历时近两年,其间的每一步、每一环,都是协商自治在基层社区治理的最精彩体现。要不要加装电梯?要征得大部分社区居民的同意,这是协商民主的起点;怎样加装?要征集财政补贴不够的资金,这是协商民主的难点。所有的事务、所有的环节,都由居民代表自主解决,最终实现老年人的电梯梦。这说明,基层社区治理的核心是自治,方法是协商。

案例 筹资金64万圆了电梯梦 "银发族"不再望楼兴叹
——普陀区长征镇居民自筹资金加装电梯样本记录

2016年03月29日人民网上海频道

2017年4月印发的《中共中央、国务院关于加强和完善城乡社区治理的意见》,明确了今后一个时期我国推进城乡社区治理的总体方向。上海主动适应新形式新要求,形成了一套党建引领下重心下移、服务靠前、做实基层力量、强化信息支撑、加强法治保障的城乡社区治理体系。其中,党建引领是基层治理中贯穿始终的主线。

2015年10月,在普陀区长征镇怒江苑小区,多层住宅7号楼加装电梯工程顺利竣工,并投入运行。这是上海首个居民自筹资金加装电梯的成功案例,而且整个过程完全体现了业主自治的理念。

普陀区长征镇怒江苑小区7号楼成功加装电梯

怒二居民区党总支书记毛萍芬说,老公房加装电梯最大难点就在不可标准化。每一栋老公房的情况都不一样,7号楼"天时、地利、人和"的条件可能很难复制。但在7号楼加装电梯过程中,党员群众协作共同解决难题,党建引领社区自治的经验却是"标准化""可复制"的。

老人上下楼太辛苦　只好住进养老院

"上海有大量老公房,多层住宅加装电梯能不能加大推进力度?" 2016年初,上海两会上,多位人大代表对老龄化社会的这一热点问题大声疾呼。

多层住宅一般是指7层以下(含7层)的居民住房,是当前我国城市居民的主体住房。早期建造的多层住宅基本上没有安装电梯设施,随着社会老龄化现象越来越严重,老人上下楼困难成为社会关注的一个新问题。

普陀区长征镇怒江苑小区是上海大众汽车公司于1998年建成的小区,不算老公房,但也是售后公房。7号楼共7层楼高,底层是车库,上面有6层住户,一梯两户,总共12户,其中60岁以上的老人占了70%,大家每天爬楼都苦不堪言。

家住602室的朱红红是加装电梯的牵头操办人,让她萌生装电梯念头的,是因为自家的老母亲。因为没有电梯,朱红红86岁的老母亲过去上上下下都是靠人背的,最后无奈只得入住敬老院。

而住在五楼的陆雅薇也遇到了同样的难题,自己的父亲因为爬不动楼,只好去别人家住。

老人住在养老院,无法随时照应;住在别人家,也给别人家添了许多麻烦。怎么办? 2014年初,朱红红和陆雅薇得知市里有支持多层住宅加装电梯的政策后,便动了心,和其他住户一说,也得到了响应。考虑到楼背后正好有一处空当,可以装电梯,于是两人一起发起了申请安装电梯的倡议。

46个图章全盖齐　电梯入住居民区

公房加装电梯,虽是众人期待,但真正实施起来,要过两大难关,首先是要征得楼内所有居民同意,其次就是解决钱的问题。2014年3月20日,7号楼就加装电梯事项进行了第一次意愿征询,楼内12户居民全部同意。

之后,居民代表把加装电梯这件事汇报给了居民区党总支及业委会,怒二居民区党总支书记毛萍芬表示,这是涉及到居民切身利益的大事,党组织会大力支持和密切配合。然后,业委会、居委会也就此征求了小区全体业主的意见,同意率达到75%,超过了法律规定的2/3。经过测算,电梯成本、土建、安装以及楼道装修费用共需64万,财政最多补贴24万。

于是,7号楼的居民们前前后后开了三四十次会议,不仅定下了加装电梯的出资比例,今后电梯的电费、维护费等,也一揽子定好了方案:一楼住户不出钱,二楼每户出1.2万元,楼层越高出钱越多,最高的六楼每户承担11.6万元(财政补贴前)。

财务出身的朱红红刚刚退休,为装电梯这件事推掉了2次返聘,专门负责办理申请、报批等最繁杂的手续。而楼内,业主先后也开了不下30次会,统筹了资金、工作责任等细则。"人家都说我们能装上电梯是奇迹,"朱红红说,"我们这栋楼里的居民没有任何背景,为了装电梯,我们跑了60多个部门,终于盖齐了46个图章。"

好事多磨。因为考虑到安全问题,一般不允许对有人居住的房子实施改建工程,2015年1月,即将开工的工程又差点搁浅。为了开工报告的审批,朱红红专门跑了市政府。后来,市、区30多个部门开了协调会,终于批准他们开工。

2015年3月8日,怒江苑小区7号楼四位居民代表撬动了楼内第一锹土,加装电梯工程在鞭炮声中热闹开工,并举行了开工仪式。

2015年10月28日,经过全体业主一年多的努力,这栋7层住宅成功装上

加装电梯工程破土动工

了电梯,并且开始试运行。

群策群力解难题　业主自治造奇迹

多层住宅加装电梯,怒江苑小区在上海不算首例。此前,静安、宝山有两个小区也进行了电梯加装,但都是企业赞助完成的,而怒江苑小区 7 号楼电梯安装费则是居民们自掏腰包,因此,能顺利开工,靠的就是大家心齐。

据怒江苑业委会主任马善祥介绍,多层住宅加装电梯最难的一点是底层居民的反对。"不仅是上海,在全国各地都是这样。7 号楼的高层住户原本也担心一二楼的住户会不会不同意。没想到当他们拿到征询单时,二话不说,大笔一挥就勾了'同意'。他们表示,楼上的住户每天爬八九十级台阶,的确很苦恼,将心比心,装电梯应该支持。"

在与怒江苑业委会签订的《加装电梯协议书》上,从 101 到 602,全部 12 户业主都签了名,一个也不少。住在三楼以上的居民觉得过意不去,他们决定给 101 室和 102 室住户发一点"和谐奖"。"钱也不多,大概每户 5 000 元吧,表表心意。"朱红红说,"可是,他们怎么也不肯要,说'大家都是邻居,有情意在,这钱不能收'。"

如今，一进 7 号楼的门，一部崭新的电梯特别惹眼，米黄色的大理石外框，楼道地面瓷砖也都经过翻新，墙面还点缀了图案。为了电梯和楼道卫生，楼里居民专门请了一位保洁工每天打扫，楼上居民说，这个保洁费不要底楼居民出。

加装电梯出资金额和维护保养分摊比例方案

居民朱红红把自己的经验做成了最新版"电梯加装流程图"，供后来者复制参考。她说："目前我最大的心愿是把这部电梯维护好，为加装电梯的老公房做个榜样！"

居委书记毛萍芬说，自从 7 号楼电梯加装成功后，时不时会有本市及外地的市民、领导前来参观学习。"单元楼居民从提出申请到建成运行花费了一年多的时间，其中经历了资金分配、居民协商、审批手续等层层难关，如今居民自筹电梯终于建成运行，其中少不了各级相关部门的支持，更不可或缺的是社区自治的力量，也为今后其他小区探索此类工作提供了可借鉴和参考的经验。"

唐小丽

人民网上海频道

微信"yi"平台解决小区烦心事
—— 闵行区梅陇镇社区自治共治新气象

点 评 李友权
上海社会科学院·社会学研究所博士

提高社区自治共治水平是社会治理的必然要求，但社区自治共治机制不健全、社区组织与成员参与不足、社区良性互动局面尚未形成等一直是困扰社会治理的难题。"互联网＋"智慧社区建设技术的发展为社区搭建了自治共治的平台，构建形成社会治理的创新模式。闵行区梅陇镇的社区微信"yi"平台是社区自治共治的一个基础平台，拓展了居委会、业委会、居民、业主参与社区事务的渠道，社区主体可以平等地在该平台上信息沟通、民主议事、民主监督、矛盾调处等，提高

了社区居民参与社区事务的参与度,弥补了线下活动参与的不足,实现了线上与线下的深度融合,发挥了业委会等组织参与社区治理的作用,激发了社区自治共治活力,形成了良性的社区自治共治氛围。"互联网+"智慧社区建设在助推社区自治共治、推进基层民主社会建设上空间广阔,作用巨大。

案例 闵行区梅陇镇：业委会工作难做？ 梅陇镇用微信"yi"平台成功化解

2017 年 04 月 01 日人民网上海频道

闵行区梅陇镇以社区自治、共治作为推进基层民主社会建设的重要内容,结合"田园模式","创全"、创建"美丽家园"和"三长"队伍建设等工作内容,深化业委会建设,发挥当家人的积极作用,提高社区居民、业主参与治理小区事务的参与度,逐渐形成良性的自治、共治氛围。

建立社区微信"yi"平台,健全 4 项机制

社区自治与共治,关键在于群众的参与,参与的前提便是信息的有效沟通。梅陇镇社区中心以"互联网+"的智慧社区建设为契机,大力推广小区微信"yi"平台("易""议""翼""忆""益""宜"),实现信息化管理模式,提高群众自治的热情,进一步加强小区管理与服务。

社区微信"yi"平台的构建以居委党建工作、业委会工作和"田园模式"作为小区自治共治的主要内容,通过开设"智慧党建""业主之家"和"平安家园"栏目提升居民、业主对社区建设的感受度。

社区微信"yi"平台固化4项工作机制，体现4个着力：一是建立党建引领的工作机制，明确居委书记是小区自治、共治管理的第一负责人，居委专职副书记作为业委会辅导员并负责"yi"平台操作，着力解决业委会参与小区建设的角色问题；二是建立信息公开机制，要求小区各项工作上传至"yi"平台，包括居委党组织、居委、业委会等各项工作，着力解决业委会信息不透明问题；三是建立议事讨论机制，要求小区各项重大事项必须在"yi"平台上征求意见，着力解决业委会闭门造车问题；四是业主大会电子投票表决机制，创新业主大会召开形式，着力解决业主大会组织和参与的短板。

社区微信"yi"平台呈现4大效果，凸显6个"yi"：一是业主大会新形式，拇指表决更简"易"；二是社区大事共商"议"，党建引领添新"翼"；三是社区风采来展示，精彩瞬间时时"忆"；四是动态信息常更新，阳光"益"事创新"宜"。

据悉，由梅陇镇社区中心牵头，在房管办事处和综治办的协助下，通过2个月的时间帮助梅陇镇所有住宅小区建立了微信"yi"平台。

建立党建引领工作机制　传递社区正能量

小区内的一些重大事项，既是业委会的分内事，也是居委会的本职工作，所以居委会和业委会这两副担子需要居委党组织一肩挑，微信"yi"平台就发挥了居委党建引领的作用。通过平台开设的"智慧党建""业主之家""平安家园"三个栏目上主要发布政府、居委会、业委会、社会组织等相关信息。所有信息必须在党组织召开的"四位一体"会议通过后进行发布，业委会不得擅自将有关决定未经党组织审核就公告于业主。微信"yi"平台作为小区的官方发布平台，实现了政府管理和基层群众自治的功能互补,及时传播正能量。

望族新苑小区就是通过"yi"平台发挥着居委党组织党建引领的作用。居委将每月一次的"四位一体"议事内容搬到了微信"yi"平台上,将小区中的大小事用活泼生动的语言征询和告知小区居民、业主。比如,在开展的小区消防演习活动,居委事先在平台上征求了居民意见,征集到了热心志愿者的参与,并将所有工作安排和组织任务上传至微信平台。由于事前宣传组织到位,居委、业委会和物业工作任务分配明确,在志愿者的积极配合下,消防演习取得了很好的效果。又如:小区要增设地下车库门禁系统,在"四位一体"会议讨论后,居委将征求意见稿上传至了微信平台,并很快得到业主许多有益的建议,在之后的"四位一体"会议和业主大会表决中都顺利地通过了。只要事关小区建设,居民、业主动动拇指就能在第一时间看到和参与,使群众及时了解居委、业委会工作和小区动态,通过微信"yi"平台,传递一个散发正能量的乐活小区。

实行议事讨论机制　解决小区烦心事

梅陇二村141—185号停车管理征求意见

微信"yi"平台提供线上的互动交流,发展成为广大业主为小区发展建言献策的阵地。依靠此平台,梅陇镇住宅小区业委会形成了收集意见、确定主题、制定方案、表决实施、组织协调等讨论事项五步工作法。

如:梅陇二村141—185号小区在平台上征集到了小区群众最关心的是停车难的问题,不少业主因为找不到车位就将车子停进绿化带,晴天起灰尘,雨天溅泥浆。为此业委会就是否增加小区停车位,如何改造绿化、打通"生命通道"等问题在平台上征询业主意见,经过反复讨论和研究,最终形成了具体方案。由于这项工作始终在群众参与下,得到了群众的积极响应,最后有 80% 以上的业主实际参与了业主大会的表决,通过率达到 95% 以上。在工程实施过程中,在居委和业委会的组织协调下,方案得到了小区业主的积极配合,解决了梅陇二村居民的烦心事。

物业管理是小区业主关心的一件大事,物业管理的满意度体现在物业公司能否及时处理业主在物业管理中的矛盾。为此,在微信公众号平台的"业主之家"内设置了"物业管理及整改"的二级栏目,要求物业公司在三天之内给予在线上反映问题的业主答复,对于共性的或者难点问题,居委党组织及时组织召开"四位一体"会议,并将会议有关内容上传至平台,在业委会和业主的监督下,督促物业公司整改到位。

实行信息公开机制　激发业主参与热情

业委会工作信息的公开、透明和规范,不仅便于业主查阅和监督,更能让业主及时了解小区情况与动态,发挥"主人翁"意识,积极参与到小区建设中来。

上海欣苑业主实名注册活动

比如,业委会将小区维修资金、公共收益及重大项目等内容上传至微信平台,业委会换届的所有程序和工作安排也全部呈现在微信平台上。绿地春申小区在建立微信"yi"平台后,收到了很好的效果。经过一年的运作,以实名加入小区微信公众号的业主有570户,接近总数的84%。2016年小区业委会只用了三个月就顺利完成了换届,实际投票率高达81%。

探索电子投票表决机制　创新业主大会召开形式

微信"yi"平台的核心功能是业主大会电子表决系统,通过创新业主大会电子书面表决机制提高业主大会召开效率。在实际工作中业委会组织召开业主大会很不容易,而且,不管是集体讨论还是书面征求意见都存在不尽如人意的地方,容易出现假票、作弊投票等问题,由此产生的上访屡见不鲜,严重的还会导致业委会工作陷入瘫痪。

鉴于此,梅陇镇在2016年经过与闵行区房管局、镇房管办、镇律师团的讨论、沟通和论证后,邀请软件开发公司根据业主大会的表决逻辑开发出了一套电子表决系统。借助大数据管理优势,使用电子书面征求意见的形式召开业主大会,通过现代信息手段保障业主大会的公正公开。

唐小丽
人民网上海频道

环境治理的"张江样本"如何炼成
—— 浦东新区张江镇整治违建新理念

点评 **李友权**
上海社会科学院·社会学研究所博士

"张江样本"生动诠释"为政之道,以顺民心为本,以厚民生为本"的内涵,科学论证"抓民生也是抓发展"的论断,集中体现以人民为中心的发展思想。无论是拆违,还是环境治理,"张江样本"核心点都在于社会治理工作中坚持以人民为中心的发展思想。一是有广泛深厚的民意基础,整治违章搭建与整治环境等是市民热线和网格工单中群众的要求与呼声;二是共建共享美丽家园群众得益,全面拆违、改善区域面貌、提升环境品质,群众有直接获得感,认可度、满意度得到提升;

三是领导干部发挥带头带动作用,不仅以身作则,规范个人及直系亲属行为,而且身先士卒,坚决主动"拔钉子""啃硬骨头",领导干部"行的正、站的直",工作有底气,能够让群众信服,政府形象与公信力得到提升。"张江样本"坚持以人民为中心的发展思想,反映上海基层政府深入学习贯彻治国理政新理念新思想新战略的大智慧。

案例 浦东新区张江镇:必拆违建今年"清零" 环境治理的"张江样本"如何炼成?

2017年05月02日人民网上海频道

2017年5月2日上午,随着施工机械的轰鸣声,浦东张江一长达15年的无证建筑开拆,张江路沿街店铺楼顶加层搭建的彩钢板房也同步拆除。

与此同时,张江还采取了三个举措:镇三套班子领导带队,逐个村居开展"拖地式"再排查;向全镇居民发放8万多份"共建共享美丽家园"倡议书;通过微信、微博、社区报、政府官网、居村宣传栏、小区电子屏、公共场所张贴等多种形式向社会公布有奖举报违建电话、信箱等联系方式。

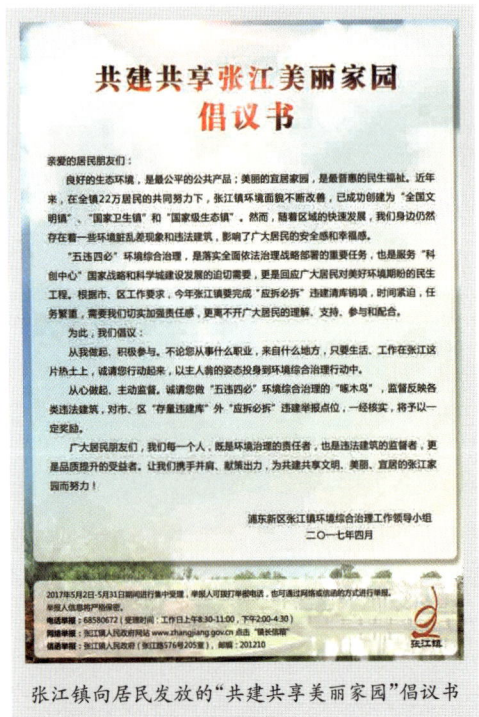

张江镇向居民发放的"共建共享美丽家园"倡议书

张江镇地处浦东中部,面积42.96平方公里,人口23万。伴随园区开发和快速城市化进程,"五违"现象一度较为突出,排摸存量违建高达236万多平方米,人民群众反映强烈。对此,张江镇早在2014年9月就在全区率先拉开了"五违"整治大幕。

据张江镇副镇长翟磊介绍,2014年、2015年、2016年,张江镇拆违分别为12万、25万、106万平方米(完成浦东新区下达任务420%),连续三年保持翻番势头、实现无新增违建、无新增违法用地。2017年力争实现"两个零"——必拆违建清零、新增违建为零。2017年1—4月拆违68.2万平方米,已完成新区下达任务量105%,进度列浦东各镇第一。

环境整治时"加减乘除法"一起做,在张江,没有不敢拆、不真拆的违建,坚决"拔钉子"啃"硬骨头"

翟磊说,在张江,环境整治时"加减乘除法"一起做。补短板环境脏乱做"减法",根治了8个成片区域和老旧小区的顽症;安全隐患做"除法",消除了12个低端市场"三合一"消防隐患;环境品质做"加法",建设了6个生态休闲公共绿地便民空间;公共服务做"乘法",实施了一批老旧小区整新,设立健身点、停车位等便民惠民设施。

"加减乘除法"带来的不仅仅是环境的变化,更可贵的是政府公信力和群众满意度的提升。居民群众自发写了12封感谢信、送了5面锦旗,还邀请基

张江川杨河一带(整治前)

川杨河生态绿廊规划效果图

层干部一起包馄饨庆祝环境改善和品质提升。2015年,韩正、应勇同志批示将张江镇城市管理和社会治理的做法转发全市,2016年4月韩正同志实地视察张江"五违"整治现场。

据了解,张江镇2015年3月率先取消镇、村两级招商引资和园区开发经济职能,将精力转到公共管理、公共服务、公共安全和民生保障上。通过全面拆违、改善区域面貌、提升环境品质,群众有了直接获得感,拆违就有了广泛的民意基础。每月梳理"12345"市民热线和网格工单等反映事项并发给各村居、企事业单位,排名前五位的大多是违法搭建、环境脏乱、无证经营占道、存在消防安全隐患,群众对此深恶痛绝,期待环境改善。通过持之以恒的问题销项和环境改变,群众认可度、满意度提高了,各方开展环境治理积极性更高了。

除了群众的认可和支持外,还有主要领导带头亲力亲为。面对自身和家属多次受到违建当事人和社会闲散人员威胁、恐吓,张江镇主要领导毅然决然地提出"不惧任何艰难险阻,不怕任何压力干扰"。在张江,没有不敢拆、不真拆的违建,坚决"拔钉子"啃"硬骨头",并带头冲在第一线、重大拆违到现场,难点对象亲自谈、面对压力敢于顶。镇里三套班子领导、调研员、副调研员分片包干,带头到矛盾最集中的地方去、到难度最大的地方去,亲自约谈啃"最硬的

有着张江"最牛违建"之称的张江路605号旁违建被拆除

骨头",做到"千斤重担大家挑,人人肩上有指标"。各级干部日夜奋战在"五违四必"第一线,不胜其烦做违建者的思想工作,"磨破了鞋皮,说破了嘴皮",攻克了一个个难点,通过每天通报、每周排名"晒"拆违动态数据、"晒"点位销项进展、"晒"后续建设情况,形成比力度、看强度、赛进度浓厚氛围。

"法治化、科学化、精细化、智能化","张江样本"的形成离不开科学、系统的"张江做法"

强化依法治理,善于运用法治思维和法治方式。2014年11月,张江出台《张江镇深入推进依法行政、加强执行力建设的十项规定》,成立镇决策咨询委员会,配备政府法律顾问,通过购买服务推进"律师进村居",为每一个村、居委配备律师,全程参与"五违四必"环境整治,让律师成为基层法治"守门员"。凡是重大执法启动前,镇主要领导均会同区法制办、区执法局和两名律师等相关各方反复研判,确保依法办事,不留后遗症。近三年,全镇涉及"五违"整治行政诉讼,全部胜诉,无一败诉。

坚持系统治理,提升区域环境品质让群众受益。张江镇明确,"五违"整治不能"头疼医头,脚痛医脚",而要系统综合治理,坚持"由近及远、由表及里、标本兼治、注重长效"原则,由此形成了"五个五"理念与做法:坚持"五个转变"理念,即"从点上向面上转变、从突击向常态转变、从面子向里子转变、从整治向防治转变、从硬件向软件转变",不仅整治成片"五违",同时推进住宅小区、大街小巷环境治理。制定了全镇 27 家部门、单位环境治理的职责及分工,镇领导带队 12 个推进工作组督导,机关事业单位与各村居结对推进,"地毯式"排查、"拖地板式"整治"五违"。

在张江,还有《张江镇党员、干部和公职人员在"五违""群租"整治违规违纪责任追究实施办法》和《干部选拔任用负面清单》等规章制度,全镇财政和集体供养的公职人员及其直系亲属违建或"群租",一律列入"应抓、必拆、先拆"重点,限期在规定时间内拆除,并作为干部选拔任用和参选党代表、人大代表前置条件,形成"党员干部带头拆"到"家家户户一起拆"。坚持"五个并举"机制,即"拆建管美用"并举,以"拆"治顽疾、以"建"补功能、以"管"促长效、以"美"造环境、以"用"惠民生,推进系统治理"一条龙"。

注重长效治理,加强"群防群治"和源头治理。坚持集中整治为标、源头预防

原韩荡村工业区 16 万平方米违建群(整治前)

原韩荡村工业区16万平米违建群（整治后）

为本。2016年初，张江出台了五项整治长效管理办法，建立健全网格化、信息化、精细化管理网络，各村居每日巡查并发动楼组长、志愿者监督，发现"五违"立即拍照、及时上传。2016年7月22日建立张江"一号课题"微信群，镇班子成员和各部门、各单位主要负责人共212人入群，成为网上在线指挥部，第一时间发现问题、联动处置、及时反馈。通过日常"巡诊"、主动"门诊"、及时"出诊"、看好"急诊"、疑难"会诊"机制，将违建遏制在萌芽状态，减少当事人损失、消解对立情绪。

为避免"五违"整治一边"拖地板"、一边开"水龙头"，张江还运用"互联网＋"理念，提高城市精细化、智能化、长效化管理水平。2015年率先运用"无人机"巡查，建立了"无人机天上拍、巡查员地上巡、网格化监督"立体监管模式，实现源头管控与快速处置，连续三年无新增违建。2016年又率先开展"浦东e家园"试点，2017年率先在河道综合治理中引入信息化智能动态监测技术，建立了"技防"实时监测＋"人防"动态监管的常态长效治理机制，水里、岸上、空中都有"眼睛"。全方位的"空中拍"，全流域的"地面巡"，全时段的"水下测"，为张江环境整治后的长效治理插上了"互联网＋"的科技翅膀。

唐小丽
人民网上海频道

城市骑手的"速度"与"激情"
—— 上海城市创新治理新挑战

点评 苏 宁
上海社会科学院·世界经济研究所副研究员

一年一度的"双十一"购物高潮刚过,"双十二"接踵而至,城市中1000万外卖与快递的"骑手"们又进入高强度的"速度与激情"季。大量"城市骑手"集聚、高速通行于相对紧凑的城市空间中,交通安全问题、"最后100米"配送质量问题也层出不穷,摩擦不断。

事实上,城市骑手是中国互联网经济跨越式发展的重要贡献者和关键就业人群。以移动互联、电子商务、第三方支付、快递网络为核心的互联网经济,已成为中国经济快速发展以及城市发展质量提升的重要支撑。而快递员,是实现互联网价值链与用户实体对接的关键人群。城市骑手的速度与规模,从某种程度上反映出中国互联网经济发展的水平与影响力。

另一方面,我国城市,特别是超大型城市治理水平提升与配套资源的增长速度又跟不上互联网经济的几何级数爆发式增长。中国城市依托互联网经济形成的强大需求,是世界城市发展历史上前所未有的。因此,城市管理部门在交通、居住区基础设施上应超大规模、迅速增长的快递员数量和快递活动量而进行调整和配套方面,并无成熟经验可以借鉴,只能"摸着石头过河"。这种情况,也反映出中国城市快速增长的网络经济发展需求,以及与城市治理服务"共同品"之间的矛盾。

解决骑手的服务质量与城市安全之间的矛盾,需要互联网经济运行主体与城市治理主体之间的双向互动与创新支撑。一方面,互联网企业需要在企业经营管理的制度设定方面,更多考虑企业的社会责任,强化对快递人员安全服务的制度管控设定,让安全、高质量服务的快递小哥获得更高的激励,从而防止劣币驱逐良币的野蛮生长困境。另一方面,作为城市治理主体的政府相关部门,应顺应互联网经济的发展规律,从智能交通、互联网末端服务基础设施建设、政府——企业——社区互动等多方面着手,在规范、引导"城市骑手"安全服务用户方面走出一条具有引领性的城市治理创新之路。

> **案 例** **外卖快递的速度和安全——"城市骑手"的乐与愁**
> 2017年11月20日人民网上海频道

24小时,天猫1682亿元、京东1271亿元……刚刚过去的"双十一",对各大电商平台而言,是一场狂欢盛宴,但对物流快递业来说,却是一年一次的"大考"。据国家邮政局数据显示,11月11日至16日期间,全行业处理的邮件、快件业务量将超过15亿件。

互联网经济的快速崛起,以"外卖小哥"为代表的"城市骑手"们迅速蹿红。有数据统计,中国外卖骑手数量已突破1 000万人。仅饿了么旗下"蜂鸟"配送员就达到300万,美团外卖活跃骑手也超过50万。

然而,人们在为享受到便利服务和为骑手们的速度点赞同时,也为骑手的"野蛮生长"及其带来的众多衍生问题所困扰——在骑手的"江湖"里,速度与安全的这杆天平该如何倾斜?骑手末端配送的"最后100米"症结出在哪儿?要实现像"绣花"一样的城市精细化治理还有多长的路要走?

赶时间多送单少挨罚,骑手成交通事故"重灾区"

中午12:10,正值用餐、送餐高峰时段,上海陆家嘴地区,浦东南路东昌路路口的绿灯还未亮起,几辆标有"某某外卖"字样的骑手就已迫不及待地向马路对面冲了过去;东昌路行人道上,也不时有外卖骑手擦身呼啸而过……这样

浦东陆家嘴地区,骑手在准备送外卖的食物(梁振宇摄)

的场景,对附近的居民和办公白领们而言,早已成为最熟悉的一幕。

据上海公安交管部门9月份公布的数据显示:2017年上半年,上海发生涉及送餐外卖行业的伤亡道路交通事故76起,饿了么和美团外卖各占26%,其中骑手交通违法行为是事故发生的重要原因之一。

"2小时到家""24小时直达"……对于下单用户,意味着效率和信任,但对于骑手,安全与效率就像鱼与熊掌不可兼得。

来自安徽、今年21岁的"90后"李博,高中一毕业就投入了快递骑手大军,到现在已经是第三个年头了。他表示,选择这份职业,就是选择与危险相伴,虽然自己从来没有出过事,但是同事经常小伤不断,车祸不停。

"在路上一般车速30多码吧!碰到车不太多的窄路口就会闯过去,看到交警就不闯了,也没发生过事故。不过同事有出事的,大都是小磕小碰,不算太严重。"

李博坦言,尽管快递行业发展很快,但快递骑手的安全保障管理还不是很规范。"自己的安全要自己负责,出了事公司还会罚款。"他对现在的生活并不满意,因为除了安全问题,年轻的他更不愿意动不动就看客人脸色,他打算慢慢退出这一行。

和李博一样每日驰骋于上海大街小巷的郭师傅,在做外卖骑手前干过多种职业,如今拼了十几年的他,已在驻马店老家买了房,女儿也已上幼儿园。

三十出头的郭师傅显得成熟稳重得多,他表示绝不会拿自己的安全做赌注。"一天赚个一两百块钱,万一出了车祸就相当于一个月没赚钱。俺又不缺啥,干啥非得抢那几分钟?"他向记者透露,公司待遇还不错,不仅给骑手们配了电瓶车,还上了意外险。

"风里来,雨里去"是城市骑手们的日常真实写照。外卖骑手小赵告诉记者,作为一名外卖员,如果没有按照规定的时间把东西送到顾客手里,顾客会收到一个红包,这个红包就是扣的他们自己的奖金。"这是一个苦行当,都是为了谋生。如果路上不小心打翻了顾客的汤,也会被投诉。"

"我们是'被'高薪了,其实并没有。"记者在调查中发现,城市骑手的普遍待遇并没有达到传说中动辄上万元的价码。"现在对地形比较熟悉了,一般每天大概能跑三四十单,收入大概在七八千元。我们同事有跑得好的,一个月能拿到一万多。"

只有极少数的快递公司会给员工缴纳五险一金,大部分城市骑手都是属于这座城市的流动人口。不仅如此,城市骑手的职业认同感也并不高,"客户想骂就骂,说实话有时候我是真的有点生气的,不过每个人都有自己的难处吧,服务行业就是一定要忍。"EMS快递员小陆跟记者推心置腹,"一份工作除了养家糊口,我们也希望凭着自己的劳动得到社会的尊重,我们希望为这个世界贡献一份温暖。"

据了解,避免超时罚款、拼命接单挣提成,是外卖骑手们经常超速、闯红灯和疲劳行驶的重要原因。这些问题也一直让交警部门头疼。

五角场环岛,交警在不停地引导非机动车行驶(梁振宇摄)

下午3时许,上海杨浦五角场环岛,今年刚刚入职的莆警官在路边不停地吹哨引导非机动车行驶。工作间隙,他向记者介绍:"这个环岛车流量非常大,各个路口几乎都处于爆满状态,非机动车在这儿行驶非常不安全,因此我们在五个路口都出动了警力,引导其绕行。"

记者注意到,面对交警指挥,绝大多数骑手非常配合。"但总有极少数人非要铤而走险,不听指挥,我们追也追不上,心里总是为他们这种孤注一掷的行为捏着一把汗。"莆警官表示,发现骑手交通违法时,交警一般会当场对骑手本人进行罚款。对于如何提高骑手们的交通安全知识普及率,莆警官坦言确有难处:"我们警力跟不上,平常也没有时间去给他们上安全课,另外快递、外卖骑手也非常分散,很难覆盖。"

城市骑手"野蛮生长","最后100米"配送摩擦不断

"叮……"中午12点刚过,宋阿姨手机上收到了"格格小区"发来的收件提示短信——自从所在小区物业安装了这个名为"格格小区"的储物柜,以往经常来送件的那位中通快递员再也没有按响过她家门铃。

宋阿姨是上海市浦东新区东方路1881弄的老住户,她所在的小区里共装了四个"格格小区",离她家最近的一个走路过去也要十分钟,这对年纪大了腿脚并不是很利索的宋阿姨来说,无疑增加了一份额外负担。况且,她对装这个

业主从"格格小区"里自取快递(陈晨摄)

"格格小区"事先毫不知情,"很突然的,也没跟我们业主商量,就装了这个,快递就偷懒了不来家里了,我是想不通这个快递服务到底是怎么回事。"

"周一到周五快递基本都是放在格格小区。"走在小区里,记者正好碰到送快件的韵达快递员小陈,"因为工作日70%—80%家里都没人,如果业主给我打电话强烈要求我送到家里,我再送过去。不要求的话,他们自己去取就可以了。"

正说着,小陈就接到一位业主质问他不把快件送到家里的电话。"电瓶车没有电了。"小陈回复说。随后业主也没有再继续追问便挂断了电话。

小陈继续跟记者倒起苦水:"电梯房还行,老公房我辛辛苦苦爬了六楼送上去,家里没人,我再辛辛苦苦扛下来,这样工作量太大,人吃不消。所以我一般就放在格格小区、蜂巢这样的地方,再不济我就放物业或者门房,大部分小区都有统一代收快递的地方。"

相比之下,快递员小李尽管没有注册"格格小区"的账号,但也有不少苦恼——业主家里没人的时候,快递该放在哪里?"我一般进了楼道门,就放在业主门口的水表箱或者鞋柜上。"时间一长,小李在小区里和一些业主已经形成了共识,"不安全也会有的,我也是经过了业主的授权才敢放的。"

而在宋阿姨看来,一方面快递不送到家,给业主增加了一份负担;另一方面快递骑手经常在小区里横冲直撞,对于老人和小孩也存在安全隐患。记者在采访时也了解到,特别是小区里带孩子的老人会被骑得飞快的电动车吓到。一名奶奶告诉记者:"我们都要看好小孩的,因为小区里没有人车分离,还是挺危险的。"

对此,东方路1881弄的一名张姓物业人员表示:"一般情况下都没有安全问题,如果真出了安全问题,我们立刻会用对讲机,告诉保安把小区的几个大门都封住,这些骑手就出不了小区。"不过,物业的一位保安告诉记者:"快递行业流动性很强,很多人两三个月就转行了,大部分快递公司每两三个月都是新面孔来小区。"

骑手们的"最后100米"问题,导致了物业和业主的矛盾不断升级。对于物业的解释,业主陈小姐觉得这是在放任骑手们野蛮生长,"其实他们就是没有管理办法。"

"快递发展到今天,日益凸显的问题就是在末端。一方面,快递的成本在上升,不管信息化的装备还是其他方面,成本是不低的;但另一方面,由于我们的低质同价的竞争阻碍了快递业价格相应的上升,末端服务成本的补偿造成了困难,还有我们城市骑手的尊严也因此受到了挑战。而最后的100米,即使我们在推动智能化包裹箱的使用,但是目前更多的还是依靠人的上门服务,这种服务是需要成本补偿的。"中国快递协会副秘书长杨骏在接受采访时表示,"所以业界有个说法,现在是快递行业在优胜劣汰必然经历的一个过程。去建立有效的机制,能够使快递的收入和付出相匹配,不断得到提升,并且在各个生产环节能够合理分配,这才是根本解决末端服务的途径。"

根子在"饿了么""美团"们,骑手请"慢些"

城市骑手带来的诸多难题,也给传统的粗放式城市管理方式带来巨大冲击,这既是互联网经济对原先固有城市管理方式的挑战,也是对政府是否能平衡好城市精细化管理中安全与效率关系的考验。

城市骑手究竟该如何管?在11月6日举行的上海市人大"道路交通管理"专题代表建议督办会上,不少代表提到,饿了么、美团等外卖送餐人员使用非机动车比例急剧上升以及交通违法行为频发的现状。

刘民钢代表认为,如果要处罚违法的外卖送餐人员,首先要罚相关企业,因为用户数据在企业手里,"该让企业管的事情就要让企业来管"。吴建荣代表也提到,这些送快递的小哥一般是外地来沪人员,他们对城市交通法规相对陌生,政府应该组织对这些送餐、快递人员的培训和教育,而这应该由企业来买单。

上海市工商局透露,在针对"道路交通管理"领域违法行为的整治过程中,他们紧抓销售环节,坚决打击各类非法销售拼(改)装车、超标电动车违法行为。仅2017年上半年,就检查经营户3 357户,立案66件,查处不合格电动车29辆,合计罚没款115 027元。2017年8月还约谈了饿了么、美团、百度外卖，将交通违法整治办的有关要求进行了通报，并听取相关企业的情况汇报和下一步工作打算，督促网络快餐平台公司落实企业责任，将对送餐人员的管理作为企业管理的延伸。

上海市公安局副局长俞烈表示，他们一直在聚焦快递、送餐等新兴行业，主动上门开展交通安全教育活动，目前已先后约谈顺丰、饿了么等12家快递、外卖送餐企业，积极推动落实企业交通安全主体管理责任，督促行业企业完善自律、自治机制。其间，还指导饿了么试点建立"一人一车一证一码"的"骑手记分管理"等机制，并在行业内推广，从源头减少交通违法现象。

"十一"长假前夕，上海小陆家嘴地区，一个外卖小哥被交警周小成拦了下来。原来，这里是"禁非区"，快递、外卖等非机动车需推行。

小哥沮丧地打开"骑手交通文明"APP，周小成用手机扫了下"二维码"，填写好他的违法记录，小哥手机 APP 上的"我的违法记录"中"我的记分记录"栏迅速显示结果。按规定，违法记分满 12 分需要学习，满 24 分则要做半天文明志愿者，满 36 分则会被限制进入外卖行业。

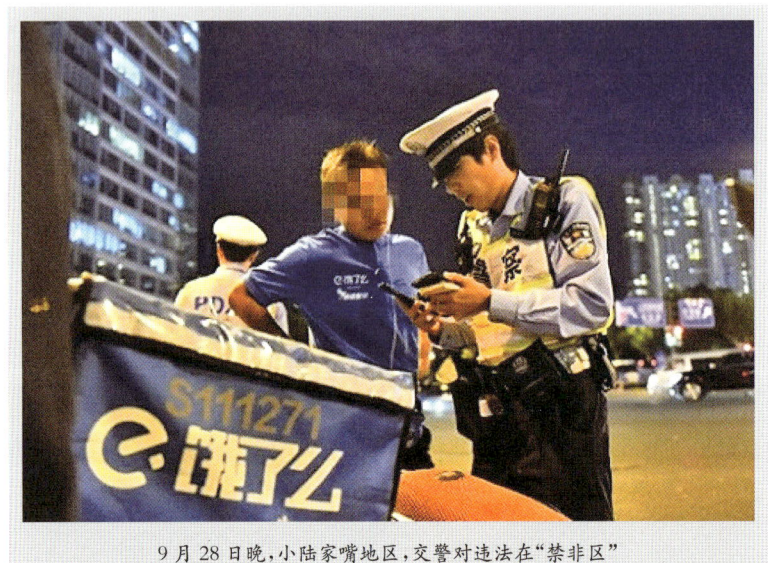

9月28日晚，小陆家嘴地区，交警对违法在"禁非区"内行驶的"外卖"骑手手机扫码记分（谈佳峰摄）

在 2017 年的 9 月 28 日,浦东交警将当前流行的前端手机 APP 数据采集,后台大数据分析研判进行整合,正式推出"浦东外卖骑手交通管理 APP 平台",充分借鉴机动车驾照记分制度来管理外卖骑手,对其实施精细化、智慧化交通管理。目前,浦东新区已有 3 750 多名外卖骑手注册认证该 APP,在全区的覆盖率已接近 80%。这一举措的出台,已大大降低了浦东新区内骑手们的交通违法现象的出现。

对于浦东交警的创新之举,上海交通大学中国城市治理研究院副院长李振全教授格外赞同,"运用大数据、互联网等技术手段,推动快递配送智慧化、智能化水平,对城市骑手行业进行精细化管理,必须建立科学量化的标准和可操作、易执行的程序,利用高效的数字化管理工具,重视数据积累和分析,创新监管方式"。

"解决城市骑手的最后 100 米问题,制度是关键。"对于外卖、快递等物流末端服务问题,李振全态度明确。"最后 100 米问题涉及多方主体和复杂的利益关系,单纯依靠市场无法达成令各方都满意的结果。政府相关部门应出面进行协调,建立起精密的制度和一系列具体而周密的操作规范,对权利义务关系进行重新划分和调整。"他认为,应尽快建立并完善相关法律法规,将发展快递业纳入国民经济和社会发展规划,合理安排快递末端服务网点建设、合理布局社区智能包裹柜分布规划等。

"另外,协同治理主体,建立政府、企业、社会多方参与的体制机制。党的十六届六中全会明确提出,要建立'党委领导、政府负责、社会协同、公众参与'的社会管理格局。最后 100 米问题的解决,同样需要政府、企业、物业、居民多方协商、共同出力,单纯依靠任何一方的力量都无法达成最佳解决效果。"

李振全指出,目前市场上存在的五种快递配送模式,因参与各方站位和考虑问题角度不同、利益需求不同等,各有优缺点,不区别场景而设立统一模式的末端网点显然无法满足差异化的业主需求。"因此,在最后 100 米问题上,需要针对不同场景和人群的个性化和多样化的需求,提供更加细分和细致的服务和差别化解决方案。企业应有细分市场的布局意识,根据不同场景搭建适宜的第三方网点。政府管理也不能采取粗暴的'一刀切'方式,而应针对不同场景和模式的特点、难点进行有针对性的差别化管理。"

陈　晨　轩召强　龚　莎　梁振宇　韩曜成　杨铭宇
人民网上海频道

一碗惊动了李克强总理的馄饨
—— 梦花街馄饨复出折射上海社会治理新理念

点评 于 辉
上海社会科学院·经济研究所副研究员

　　加强基层食品安全治理体系和治理能力建设,是我国"十三五"期间实施食品安全战略的重点和难点。实践中,基层食品安全治理常常面临人情与法理的矛盾冲突。一方面,城市中存在一些谋取生计、未租店面但颇有口碑的民间传统美食,其实属"非法经营",面临取缔;另一方面,无证无照经营触碰法律底线和城市安全红线,依法取缔,保护的是大多数人的合法权益。如何做到人情、法理兼顾,各方共赢,考验着城市管理者的治理智慧。

梦花街馄饨的合规复出，正是人情与法理兼顾的治理创新之举。对最初无证照经营以及卫生条件堪忧的梦花街馄饨依法取缔，守住了食品安全底线，此为法之所在。而政府多方举措促使网上订餐平台"饿了么"与梦花街馄饨牵手合作，通过企业出资帮助梦花街馄饨找到新址，进行后期设计装修，配齐厨房设备，承担一半左右房租，使得草根餐饮合规化，既解决了该家庭生计问题，又保留了传统美食，此为情有所属。该创新之举是地方政府建设人民满意服务型政府的典范，其以主动服务的精神，激发了市场的活力，回应了群众的关切和诉求。

梦花街馄饨草根餐饮合规复出，人情法理双兼的实现路径表明，寻求市场与监管的"最大公约数"，制度创新尤为关键。该实现路径充分考虑了政府、企业、社会、市场等构成要素之间的联系，是基于有为政府、企业社会责任担当、市场参与各方协同共治的一种创新。是坚持"放管服"理念实质，将政府作为引导者和规范者，充分发挥市场决定性作用，也是响应中央要求的深化简政放权、放管结合、优化服务的创新尝试。

案例 是总理喊话让停业两年的梦花街馄饨复出吗？
2017年01月23日《人民日报》中央厨房·长三角工作室

上海滩那碗用猪油下的小馄饨又能吃到了

被坊间誉为"上海滩十碗最好吃的馄饨"之一的梦花街馄饨，在历时近两年的歇业后，终于重新开张。2017年1月20日至22日，梦花街馄饨试营业三天,计划于元宵节后正式开门迎客。

馄饨店搬了新址,现位于上海市黄浦区中华路光启南路口,黄浦区人才中心楼下,离梦花街不算远。新店面装修的颇有艺术感,毫不逊色于当年《梦想改造家》节目组改造后的梦花街 19 号。

梦花街馄饨新店面(屠知力摄)

还是熟悉的猪油打底,还是金黄的蛋丝、碧绿的香葱、大馅薄皮、量大份足……就是上海小囡从小吃到大的"妈妈的味道"。虽然换了新址,价格倒没有水涨船高,招牌鲜肉小馄饨 7 元 14 个。

以前,梦花街馄饨只做早市,搬到新店址改成全天营业。试营业期间,顾客的热情简直"井喷",早市 7 点开始,中午不到,一天的馄饨就已卖光。毕竟积攒了 20 多年人气,不少老顾客都馋了两年了。

宋家下岗三姐妹,用 20 年做了一碗令人百感交集的小馄饨

梦花街馄饨,为啥停业近两年?

20世纪90年代,在梦花街19号出生的宋家三姐妹,在实施产业结构大调整的背景下加入上海百万下岗工人的大军。没学历没技术,如何把日子过下去?为了帮女儿们渡过难关,父母将客堂间破墙,用以开店卖馄饨,三姐妹告别了在灯具厂、仪表厂、塑料厂当先进工作者的日子,开始和馅熬汤煮馄饨。

说不上有什么独门秘方,她们只是厚道地做着小本生意,20多年下来,馄饨铺从最早每天两三块钱的流水,到后来一不留神成为"网红",不少人不辞辛苦专程跑到上海老城厢捧场。

宋家三阿姨宋惠玲说:"挣的是份辛苦钱,说不上生意,就是份生计。"

不过,名气给宋家带来的,并不只是喜悦。

改造前的梦花街馄饨铺

改造前,梦花街馄饨铺的环境确实糟糕。包馄饨在黑乎乎的客堂间,拿东西得侧身相让;煮馄饨在家门口,搭着五彩的塑料棚子弯着腰下锅;吃馄饨就在小巷子占道支出几张台子。梦花街是一条蜿蜒曲折的老旧小巷,灰扑扑的外墙,裸挂着纵横杂乱的电线,灶台水池搭在屋边……

2015年夏季,梦花街19号被上海广播电视台《梦想改造家》节目选中,节目延请了来自台湾的大牌设计师,让这间老屋焕发新生。三姐妹第一眼看到父母的新家,又哭又笑道:"装修得太灵了,馄饨都不舍得做了。"

馄饨铺更红了,树大招风。

梦花街宋家三姐妹在装修一新的梦花街19号包馄饨(屠知力摄)

这么多年,馄饨铺并不符合申请营业、卫生等执照的条件,又是典型的违规"居改非",环保、消防标准都不达标,一直属于非法经营。结果,从刚装修到即将恢复营业,梦花街19号在一个月里被投诉6次,特别是在装修时影响到居民的相邻权。无证无照的馄饨铺,依法停业已成定局。而换址重开,在寸土寸金的上海,对于小本薄利的梦花街馄饨铺而言,几无可能。

从2015年夏天开始,这碗埋在不少上海人记忆深处的老城厢馄饨,成为食客心中的遗憾。

一碗惊动了李克强总理的馄饨

对于基层社会治理这一课题而言,这碗下了20多年的馄饨,浓缩着一个两难局面。

一方面,梦花街19号一家人,在下岗后自行创业,用一碗馄饨解决了3个困难家庭20余年的生计,也算大众创业的一种形式;另一方面,无证无照经营触碰法律底线和城市安全红线,依法取缔,保护的是大多数人的合法权益。法不容情,无可厚非。

人情和法理,正是基层社会治理经常面对的矛盾和冲突。如何破题,需要勇气,更需要化刚为柔的智慧。

小馄饨铺引发社会治理的大课题。李克强总理在2016年11月视察上海时为此喊话,举例梦花街馄饨和阿大葱油饼,说小食店可能确实存在证照等问题,"但我们基层政府部门也应更多从百姓角度考虑一下,尽量寻求更多人的'共赢'。监管也不一定是冷漠的,要多带一点对老百姓的感情"。

法治不可动摇,安全必须保障,和谐亦要达成。这一切,要制度创新,也需要管理者具备同理心,更需要市场那只"看不见的手"助力。

梦花街一家人

上海基层政府为此做了不懈努力。在总理喊话之前,便"以小窥大",做了各种方案,希望以主动服务的精神,让梦花街复出,激发市场活力。上海,花了近两年的时间,终于找到了一只"市场的手"。

知情人士透露,梦花街馄饨重开的背后,是市场化波涛的推动。"由政府部门牵线搭桥,企业积极和市场监管部门互动,大家一齐努力来留住这碗上海老味道。"

这家企业,便是创立于上海的网上订餐平台"饿了么"。"大半年里,政府陪着我们,前前后后沟通了几十次,我自己跑了也有十几次了。"负责这一项目的总裁特别助理姚臻对记者说。

姚臻自己小时候就吃过梦花街馄饨,"馅大汤鲜、皮子比较硬,我们从小吃到大,希望能努力把这个味道传承下去"。打包把生馄饨带走在上海常见,他们考虑用互联网思维,让顾客能在网上订餐平台独家买到梦花街馄饨,通过市场化运作让品牌做得更好。

于是,企业出资帮助梦花街馄饨找到新址,进行后期设计装修,配齐厨房设备,并承担一半左右房租。梦花街馄饨得以再度亮相,宋家再度"全家总动员",和馅、熬汤、煮馄饨……

带着从总理到基层政府的关切、从企业到食客的人情味,并浓缩着上海滩各方情谊,"梦花街馄饨"新生了。

曹玲娟
人民日报社上海分社

打造新时代美好生活先行区
—— 周家渡街道启动全面建设"美好周家渡"

点　评　李宗克
上海社会科学院·智库建设处副研究员

习近平总书记在党的十九大报告中指出,中国特色社会主义进入新时代,我国社会主要矛盾已经转化为人民日益增长的美好生活需要和不平衡不充分的发展之间的矛盾,全党同志要永远把人民对美好生活的向往作为奋斗目标。

美好生活的向往反映了改革开放40年来人民群众不仅对物质文化生活提出了更高要求,而且在民主、法治、公平、正义、安全、环境等方面的要求日益增长。人民群众需要呈现多样化、多层次、多方面的特点,包括更好的教育、更稳定的工作、更满意的收入、更可靠的社会保障、更高水平的医疗卫生服务、更舒适的居住条件、更优美的环境、更丰富的精神文化生活。

在这一背景下,浦东新区周家渡街道提出建设"美好周家渡"的发展战略,是创造人民美好生活这一发展新思想的生动体现。周家渡街道围绕上海特大型国际化城市发展定位,结合周家渡街道世博社区特点,从政治建设、社会建设、平安建设、生态建设和文化建设五个方面提出了"五美五好"的总体格局,充分体现了美好生活发展目标在上海基层社区的全方位要求。深入推进"美好周家渡"发展战略,将为提升上海城市治理水平,探索满足人民群众美好生活需要在基层社区的具体实现路径,积累更加丰富的经验。

在这个过程中,要特别注重发挥基层党建的核心引领作用。要坚持上海"推进区域化党建,提高社区共治水平"的社区治理创新实践,将"凝聚党员、凝聚群众、凝聚社会"作为重要方向,以精准高效服务群众为着力点,以党建联建为基本方法,以价值引领、人才引领、专业引领和项目引领为主要内容,推动形成适应多元社会、实现跨界资源整合的现代化国际大都市社区治理格局。

| 案 例 | 打造新时代美好生活先行区　周家渡街道启动全面建设"美好周家渡" |

2017年12月25日人民网上海频道

党的十九大胜利闭幕后,上海浦东新区周家渡街道党工委经过充分酝酿,提出全面建设"美好周家渡",着力打造新时代美好生活先行区。2017年12月25日下午,全面建设"美好周家渡"启动发布仪式在街道社区文化中心举行。

启动会邀请了浦东新区区域化党建促进会周家渡分会成员单位、区党代表、人大代表、社区代表等嘉宾出席会议。来自周家渡机关事业单位的党员干部、基层党组织书记、居委主任,32个居民区群众代表共计200余人参加了发布活动。

全面建设"美好周家渡"启动发布仪式

党员群众期待"美好周家渡"建设

启动仪式前,与会人员纷纷在共建"美好周家渡"承诺墙上签名表达美好心愿,并通过《周家渡》宣传片了解了周家渡街道走过的光辉岁月,还欣赏了精彩的舞蹈表演《渡口变迁》。

"对于'美好周家渡',我期待已久。"周家渡街道居民陈慧君认为,周家渡位于世博园区,而世博精神即"城市,让生活更美好";党的十九大提出,要解决人民日益增长的美好生活需要和不平衡不充分的发展之间的矛盾,周家渡街道此次提出建设"美好周家渡"是非常好的契合点。

据介绍,周家渡街道区域面积 5.52 平方公里。其中,1.76 平方公里位于世博园区内,有中华艺术宫、梅赛德斯演艺中心以及即将入驻的中国银联、金砖银行、中国电科、益海嘉里、吉富投资、电力投资、远东新世纪等企业。3.76 平方公里主要下辖 32 个居委会。各类居住小区 76 个,老旧小区占比 73%。截至 2017 年 11 月底,街道实有人口 14.4 万,其中户籍人口 10.95 万,60 岁以上人口 4.8 万。街道辖区内有市政道路 15 条,其中干道 5 条。区域内地铁线路 4 条,地铁站点 6 个。

"从破旧的老城区到现代化的世博新城区,是周家渡街道领导班子坚强领导的成果。虽然老城区存在这样那样的问题,但我相信周家渡党工委班子求真务实,敢于创新,勇于担当,我相信周家渡未来会更美好。"周家渡街道党员刘霞表示,作为党员,将永远做好人民群众的带头人,不忘初心,砥砺前行,同时,凝聚周家渡力量,实现人民美好生活:宜居、健康、安全、幸福。

以"五美五好"为总体布局

目前,周家渡街道主要以居住集群为主,群体结构、服务对象相对稳定,出行交通便捷,但人口老龄化日趋明显,城区老旧现象持续加重,服务空间地域的限制较大,对周家渡社区群众对美好生活的向往成为新的发展壁垒。

发布会上,周家渡街道党工委书记、人大工委主任张安平详细介绍了全面建设"美好周家渡"的具体内涵及发展战略。

张安平表示,为更好贯彻落实党的十九大精神,高举习近平新时代中国特色社会主义思想伟大旗帜,立足新时代,取得新发展,积极回应人民群众对未来生活的美好憧憬和更高期盼。周家渡街道按照"目标导向、问题导向、效果

周家渡街道党工委书记、人大工委主任张安平介绍全面建设"美好周家渡"具体内涵

导向"的原则,提出了以"五美五好"为总体布局的美好周家渡发展战略,以厚植发展优势、赢得发展主动,实现超越式发展,着力打造美好生活先行区。

张安平指出,"五美"和"五好"即:在政治建设方面,彰显党建引领美,实现党员形象好;在社会建设方面,彰显幸福生活美,实现宜居宜业好;在平安建设方面,彰显平安祥和美,实现民主治理好;在生态建设方面,彰显自然环境美,实现美丽家园好;在文化建设方面,彰显文化自信美,实现人文精神好。

作为浦东历史最悠久的街道之一,地处世博核心区域的周家渡城区,应是充分演绎"城市,让生活更美好"主题的主要承载区、实践区、形象展示区和样板区。张安平指出,这也激励着周家渡人民一定要以提升城市品质为主线,着力打造更加人性化、更加精准化、更加有品位的城市美好生活。让城市的发展更具韧性,生活方式更加绿色、健康,人与自然更加和谐相融,生活品质更加优质美好。

"美好党建360"凝聚力量

全面建设"美好周家渡"离不开党员同志发挥先锋模范作用。周家渡街道提出,将通过"美好党建360"工程建设,积极培育、选树和宣传一批事迹感染人、品德引领人、精神激励人的"最美"党员先进典型,大力锻造和发挥党员在"美好周家渡"建设过程中的先锋形象和表率作用,进一步汇聚起建设"美好周家渡"的磅礴力量。

同时,紧紧围绕"宜商、宜居、宜业、宜游、宜乐、宜食"于一体的幸福生活目标,加快构建涵盖底线民生、基本民生、质量民生的幸福生活总体格局。包括加快15分钟生活圈建设以及打造若干个开放度高、功能多元、上下联动、左右互通的旗舰型"家门口"综合服务园。

同时,针对社区老龄人口多的特点,以健康关爱社区老年人为立足点,依托"家门口"服务体系,加快推进"9073"社区养老体系建设。

毗邻世博园区的周家渡有着悠久的人文历史底蕴和厚重的精神文化积淀,渡口工人的团结协作精神、包起凡的工匠精神、陈海新的海新精神、"世博奶奶"鄂梅的志愿者精神,都是周家渡精神中浓墨重彩的不朽力量。新时代的周家渡人应该继续传承和弘扬这种精神,并顺应新时代要求,不断取得新升华和发展,凝炼对党忠诚坚定、对祖国厚义情深、对事业执着进取、对社会奉献友爱、对人民担当负责的新时代周家渡精神。

周家渡街道领导班子郑重向街道群众承诺宣言

全面建设"美好周家渡"启动发布仪式现场

向公众作承诺宣言　宣示决心与信念

启动会最后,周家渡街道班子领导在党旗下重温入党誓词,并郑重向街道群众作出承诺宣言,宣示领导集体坚定的政治信念、建设美好周家渡的决心、敢于突破的改革创新精神。周家渡街道将汇聚起社区百姓的聪明才智和磅礴力量,高举新思想、共谋新发展、开启新征程、迈向新时代,为全面建设"美好周家渡",实现人民群众对美好生活的向往而不懈奋斗!

从一个破旧的老城厢、白莲泾棚户区,一步一步,发展到今天现代化的世博新城区,是周家渡成长的缩影;建设"五美五好"的美好周家渡,是破解老城厢发展不平衡不充分难题,为街道成立60周年谋篇布局,探索新路径。

"今天,'美好周家渡'的启动以及对群众干部的动员,是全力建设周家渡光辉灿烂的美好明天,不断满足周家渡人民群众对美好生活的向往。不管是过去、现在、将来,周家渡街道'美好周家渡'的建设一直在路上。"张安平如是说。

发布会上，浦东新区组织部、宣传部、地工委、世博管委会等的相关领导参加了"美好周家渡"建设启动仪式。

轩召强　葛俊俊
人民网上海频道

图书在版编目(CIP)数据

砥砺奋进　追求卓越：上海四个"新作为"2017年基层实践／上海社会科学院,人民网上海频道编著.—上海：上海社会科学院出版社,2018
 ISBN 978-7-5520-2233-9

Ⅰ.①砥… Ⅱ.①上…②人… Ⅲ.①中国共产党－基层组织－党的建设－上海　Ⅳ.①D267

中国版本图书馆CIP数据核字(2018)第015690号

砥砺奋进　追求卓越：上海四个"新作为"2017年基层实践

编　　著：上海社会科学院　人民网上海频道
责任编辑：应韶荃　陈慧慧
封面设计：周清华
出版发行：上海社会科学院出版社
　　　　　上海顺昌路622号　邮编 200025
　　　　　电话总机 021-63315900　销售热线 021-53063735
　　　　　http://www.sassp.org.cn　E-mail:sassp@sass.org.cn
照　　版：南京前锦排版服务有限公司
印　　刷：上海丽佳制版印刷有限公司
开　　本：720×1000毫米　1/16开
印　　张：21.5
字　　数：301千字
版　　次：2018年1月第1版　2018年1月第1次印刷

ISBN 978-7-5520-2233-9/D·475　　　　　　　定价:150.00元

版权所有　翻印必究